大いなる謎 真田一族

最新研究でわかった100の真実

平山 優

PHP文庫

○本表紙図柄＝ロゼッタ・ストーン（大英博物館蔵）
○本表紙デザイン＋紋章＝上田晃郷

はじめに

日本列島が戦乱に明け暮れた戦国時代、幾多《いくた》の大名や国衆《くにしゅう》（在地領主）がその荒波の中で滅び去っていった。徳川家康《とくがわいえやす》が江戸幕府を開き、大坂の陣で戦乱が終焉《しゅうえん》を迎えた時、辛《かろ》うじて戦国を生き延びた人々は、滅び去った者たちに比べれば、物の数ではないほど少数であった。

生き延びた人々は、戦国の記憶を家伝の文書《もんじょ》、記録、そして遺物で伝えたが、それでも彼らのことをしっかりと調べようとしたら、幾多の「記憶の壁」にぶちあたることとは私たち歴史学者の多くが経験するところであり、その実態に迫ることはそう簡単ではない。

戦国の「記憶の壁」とは何かといえば、それは史料に他ならない。彼らの出自や経歴を物語る史料は、生き残った人々の手元ですら、ごくわずかであることが多い。残された史料が語るものが、歴史の流れのごく一部分だけにすぎず、その多くは永遠に知られることのない忘却の彼方《かなた》に消え去ってしまった。

本書の主人公である真田《さなだ》家の人々は、戦国を生き延びたごく少数のうちの人々であり、また多くの史料を今日に残した希有《けう》な事例の一つでもある。しかしながら、真田家は同じ戦国の生き残りである上杉《うえすぎ》、毛利《もうり》、島津《しまづ》氏と比較すると、圧倒的に史料は少ない。なぜなら、彼らが戦国大名家であるのに対し、真田家は武田《たけだ》氏に仕えた数ある国衆の一つにすぎなかったからだ。

ましてや、真田家中興の祖として大いに活躍した真田幸綱《ゆきつな》の時に、不幸にして故郷を逐《お》われ、家伝文書などもこの時失われたと考えられており、その来歴は、幸綱が武田信玄《しんげん》に仕えて以後に限定される。それでも数多《あまた》の武田家臣や武田氏に従属した国衆に比較すれば、真田家の史料は多い方なのである。

その後、真田家が武田氏滅亡や本能寺《ほんのうじ》の変、天正壬午《てんしょうじんご》の乱という一連の大変動を乗り越え、一躍《いちやく》周辺諸国へ影響力を拡げたのは、幸綱の子・昌幸《まさゆき》の活躍ゆえである。信濃《しなの》国小県《ちいさがた》郡の一国衆にすぎなかった真田家が、史料に頻繁に登場するようになるのは、昌幸がそれだけ周辺諸国にとって無視しえぬ存在感を発揮するようになったからに他ならない。

それではなぜ、戦国真田一族は、幸綱の代に一文無しになって故郷を捨てざるをえない不幸な境遇から、豊臣秀吉《とよとみひでよし》によって大名に取り立てられるまでに成長できたのか、また徳川家康を苦しめた宿怨《しゅくえん》は、その流れの中でどのように形作られたのであろうか。真田家に関する様々な疑問に答え、縺《もつ》れ絡《から》まる歴史の糸を繙《ひもと》きながら解説しようとしたのが本書である。

真田一族については、すでに江戸時代から庶民に絶大な人気を誇り、繰り返しその事績が顕彰《けんしょう》されてきた。近年、またもや真田一族に注目が集まり、何度目かのブームを巻き起こしている。それは漫画、ゲーム、映画、ドラマ、小説など、様々な媒体《ばいたい》の影響によるものであるが、そのことにより、老若男女の区別なく幅広い人々の心を捉えつつ、真田人気は戦後七十年の今日、大きなうねりをみせようとしている。二〇一六年の大河ドラマが『真田丸』に決定したのも、平成の真田ブームを受けてのことなのだろう。

しかし、真田一族の実像を知ろうとすると、そこには多くの空白や闇《やみ》が立ちはだかる。知りたいことがなかなかわからないし、それを解説する書籍が少ないと苛立《いらだ》ちを感じる方も多かろう。その責任の一端が、私たち歴史学者の怠慢《たいまん》にあることは間違いないが、それだけでは済まない原因がある。それこそ冒頭で述べた、「記憶の壁」に他ならない。史料不足という「記憶の壁」ばかりは、私たちでは如何《いかん》ともしがたい。しかし、真田一族の歴史で、どこまでが判明しており、どこかがわからないのかを通覧できるよう配慮することも私たち歴史学者の責任である。

そこで本書では、真田一族の歴史を通覧しつつ、幾多の疑問に現在判明する範囲で答えることを心がけて編集した。

真田一族には、生き残りをはかるために、知謀の限りを尽くし、時には一族が分裂し、骨肉相食《こつにくあいは》む事態を招きながら、その命脈を保ち、成長を遂げようと努力を重ねた人物が多く登場した。

真田幸綱、昌幸父子や信尹《のぶただ》（昌幸弟）などはまさにその代表的な人物である。一方で、どう足掻《あが》いても勝てる見込みのない戦いに身を投じ、華々しく散華《さんげ》していった人物も現れた。滅びゆく豊臣秀頼《ひでより》に殉《じゅん》じた真田信繁《のぶしげ》（幸村《ゆきむら》）は、最も著名な人物であろう。彼の生涯は、もともと「判官贔屓《ほうがんびいき》」の傾向が強い日本人の琴線《きんせん》を、今日まで揺らし続けてきた。こうした派手な生き様を示した人々がいるいっぽうで、父祖が築き上げた成果を引き継いで真田家の存続に心胆《しんたん》を砕《くだ》き、生涯努力し続けた人物もいる。弟・信繁の華々しい実績と人気の陰に埋もれがちながら、幕藩体制下での真田家存続に尽力した信之《のぶゆき》である。信之の冷静沈着かつ的確な政治手腕なくして、真田家存続は困難であっただろう。

真田一族の歴史は、静と動、明と暗という変幻自在の動きをみせ、一筋縄ではいかない個性的人物が数多く登場し、波瀾《はらん》に満ちた面白さと悲劇性をあわせもつ。そこに真田一族が、多くの人の心を惹《ひ》きつける秘密があるのだろう。本書は、彼らのドラマチックな生涯を、現時点での最新研究の成果をもとに、できるだけ史実に忠実に記すようつとめた。

戦国時代という荒波を、真田一族はなぜ乗り越えることができたのか、その謎に満ちた歴史の世界に皆様をご招待しよう。

平山　優

大いなる謎　真田一族

目次

第一章　真田幸綱編
～謎だらけの出自、本領の失陥と奪還、冴えわたる調略の数々～

第二章　真田昌幸編
～信玄の薫陶、勝頼時代の飛躍、独立大名への道、そして関ヶ原～

第二章　真田信之・信繁編
～好対照の前半生、決別とそれぞれの戦い、そして真田家の危機～

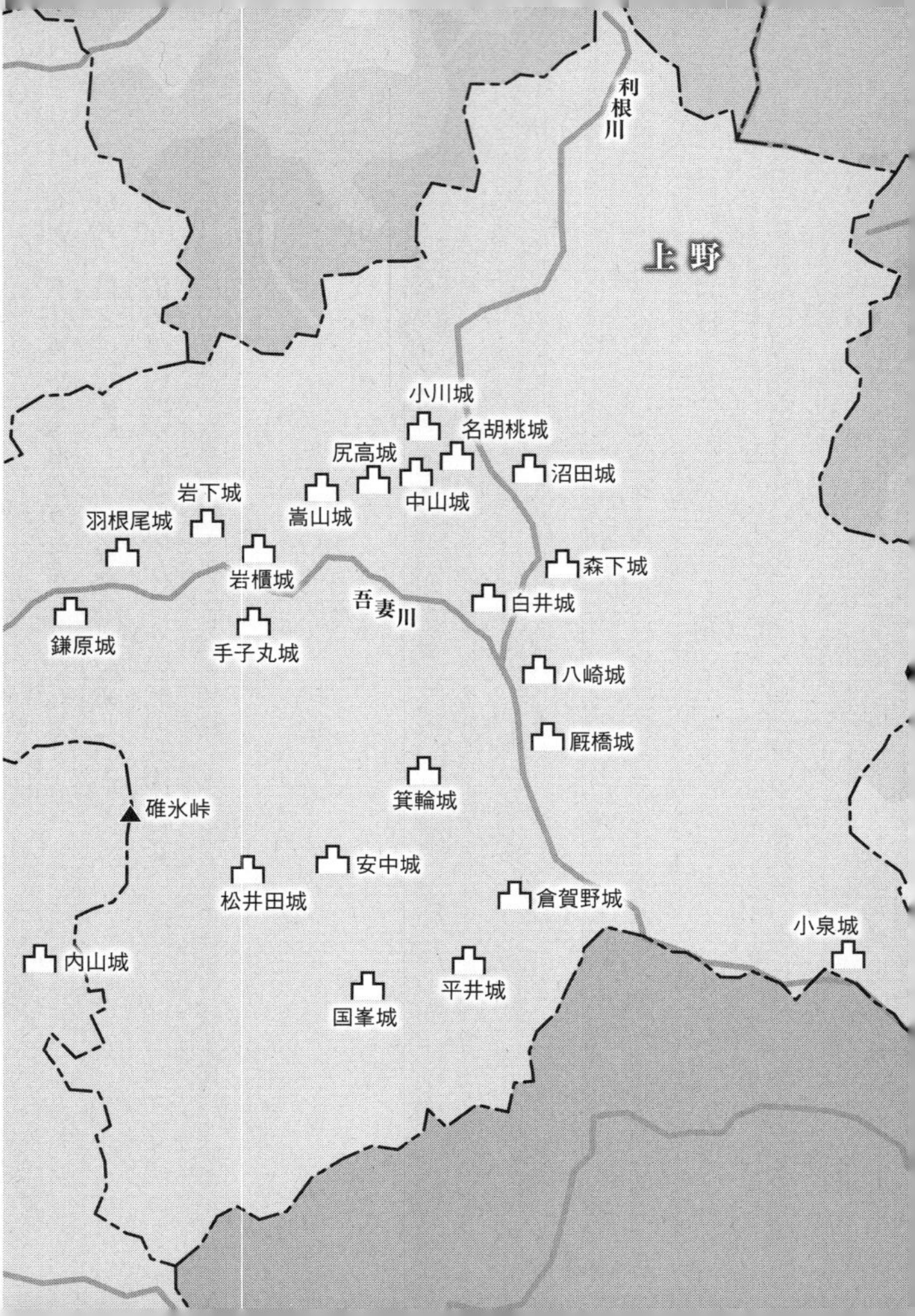

利根川
上野
小川城
名胡桃城
尻高城
沼田城
岩下城
中山城
嵩山城
羽根尾城
森下城
岩櫃城
吾妻川
白井城
鎌原城
手子丸城
八崎城
厩橋城
碓氷峠
箕輪城
安中城
松井田城
倉賀野城
小泉城
内山城
平井城
国峯城

真田領周辺図

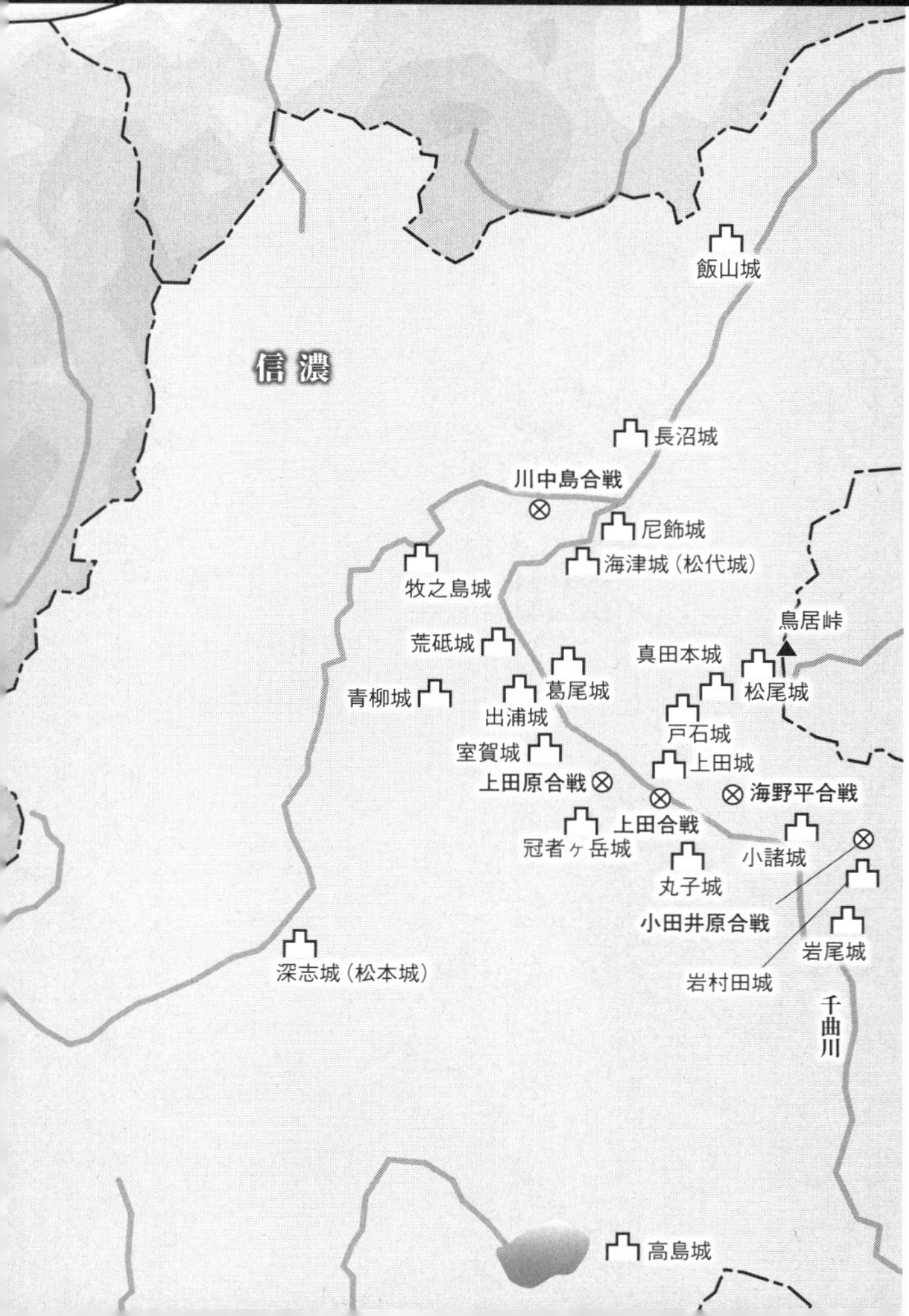

信濃
飯山城
長沼城
川中島合戦
尼飾城
海津城（松代城）
牧之島城
鳥居峠
荒砥城
真田本城
葛尾城
松尾城
青柳城
出浦城
戸石城
室賀城
上田城
上田原合戦
海野平合戦
上田合戦
冠者ヶ岳城
小諸城
丸子城
小田井原合戦
岩尾城
深志城（松本城）
岩村田城
千曲川
高島城

武田領周辺図——天正9(1581)年頃の情勢

第一章

真田幸綱編

~謎だらけの出自、本領の失陥と奪還、冴えわたる調略の数々~

Q1　真田氏は、いつどのようにして誕生したのか？

真田《さなだ》氏は非常に人気がありますが、実は祖先や系譜ばかりか、戦国時代以前の動向はまったくといってよいほど不明な氏族です。

「幸村《ゆきむら》」の名で知られる真田信繁《のぶしげ》の祖父で、武田信玄《たけだしんげん》に仕えたことで有名な真田幸綱《ゆきつな》（一般には、「幸隆《ゆきたか》」の名で知られる）以前の真田氏の系譜や動向は、真田氏が近世（安土桃山《あづちももやま》、江戸時代）に作成した系譜類しか手掛かりがありません。

ところがこの系譜類は、まったく信頼性に欠けており、どこまでが事実なのかは明らかになっていません。後で紹介しますが、真田幸綱は、清和《せいわ》天皇の子孫を称する名族・滋野《しげの》一族の海野《うんの》氏の嫡流《ちゃくりゅう》とされています。しかし、これは完全なる脚色と考えられています。おそらく、出自をよく見せるためにそうしたのでしょう。

真田氏が近世に作成した系譜類によれば、真田氏は海野棟綱《むねつな》の子・真田幸綱から始まることになっています。ところが「信州《しんしゅう》滋野氏三家系図」によると、真田氏は海野長氏《ながうじ》の子・真田七郎幸春《しちろうゆきはる》から始まることになっているのです。このように系譜類によると、真田氏は海野氏から早い段階で分かれた一族であるとされます。ただこれも証拠がなく、裏付けがとれません。

なお真田氏の祖は、本拠地・真田郷（長野県上田《うえだ》市真田町）が古代信濃《しなの》の国牧《くにまき》（馬・牛を飼育して朝廷に納めるための場所）の範囲であったことから、その管理・経営にあたった国府の在庁官人（有力な役人）大伴《おおとも》一族の子孫ではないかという学説が一志茂樹《いっししげき》氏らによって提唱されましたが、いずれも確実な裏付けがあるわけではなく、推測の域を出ません。

また最近では、真田氏は信濃ではなく、上野国《こうずけ》（群馬県）発祥ではないかという説が一部から提起されています。実は私もそのように考えています。なぜなら、かなり後の時代になりますが、天正《てんしょう》十七年（一五八九）、上野国沼田《ぬまた》・岩櫃《いわびつ》領（利根《とね》・吾妻《あがつま》郡）の領有をめぐって対立していた真田昌幸《まさゆき》と北条氏政《ほうじょううじまさ》は、豊臣《とよとみ》秀吉《ひでよし》の裁定により、沼田城を含む沼田領三分の二を北条領、名胡桃《なぐるみ》城を含む三分の一を真田領とすることで決着しました。

実はこの裁定の決め手は、昌幸がこの地域を「真田墳墓《ふんぼ》の地」と主張したことにあります。つまり、吾妻郡は真田昌幸の祖先に繋《つな》がる由緒《ゆいしょ》があったことが考慮され、昌幸の知行《ちぎょう》（支配地）とすることになったわけです。

真田本城から真田郷（長野県上田市真田町）を望む

　これまでは、この地域に「真田墳墓の地」という事実はないとされてきましたが、果たしてそうでしょうか。秀吉の裁定に影響を与えた「真田墳墓の地」という主張がまったくの出鱈目《でたらめ》であったら、たちまち多くの上野国の証言者によって反論されたことでしょう。しかし、北条方からそのような反論がなされていないのです。このことは「真田墳墓の地」という主張に何らかの根拠があったことを示しているのではないでしょうか。

　これは私の推測ですが、真田氏の祖先は、実は上野国吾妻郡より上信国境（群馬・長野の県境）の鳥居峠《とりいとうげ》を越えて真田郷に勢力を張り、やがて信濃国の海野氏との繋がりを重視し、上野国での祖先の痕跡《こんせき》を消していったのではないでしょうか。もちろん、まだ推測に過ぎず、今後の考証が待たれます。いずれにせよ、幸綱以前の真田氏の歩みについては、今も謎に包まれているのです。

Q2　幸綱登場前の真田家の歩みは、どのようなものだったのか？

系譜類での「真田氏の系譜は滋野一族である」という主張は、少なくとも室町・戦国期においては自他ともに認定されていたようです。

応永《おうえい》七年（一四〇〇）の大塔《おおとう》合戦を記録した『大塔物語』によると、参加した禰《ね》津《づ》越後守《えちごのかみ》遠光《とおみつ》の麾下《きか》として「実田《サナ》」（真田）と登場することから事実と考えられます。禰津氏は滋野一族の有力三氏（海野、望月《もちづき》、禰津）の一員であり、その指揮下に真田氏はあったようです。続けて永享《えいきょう》十二年（一四四〇）の結城《ゆうき》合戦に際して、参陣した武士の中に「真田源太・同源五・同源六等」と記録されていたといいます（『信陽雑誌《しんようざつし》』）。

後者の史料は出典や原本が必ずしも明確でなく、全面的に信頼できないかもしれませんが、真田氏の人物が「源」を冠する仮名《けみよう》（通称）を使用していることは注目されます。このことは、幸綱の子・真田信綱《のぶつな》の仮名が源太左衛門尉《げんたざえもんのじょう》、昌幸が源五郎《げんごろう》、幸綱の孫・信幸《のぶゆき》（後の信之）が源三郎《げんざぶろう》、信繁（幸村）が源次郎《げんじろう》であったように、「源」が、真田家の人間であることを示す通字《とおりじ》として成立していたことを窺《うかが》わせます。つまりここにみえる真田氏こそ、戦国期真田氏に繋がる祖にあたると考えられるのです。

Q3　真田「幸綱」と真田「幸隆」、どちらが正しいのか？

真田弾正《だんじょうのじょう》忠幸綱については、その諱《いみな》（実名）がよく問題にされます。一般には、幸隆の名で知られますが、その出典は『甲斐国志《かいこくし》』人物部のようです。同書は、江戸時代に完成した、甲斐国（山梨県）の地誌であり、極めて完成度が高く、現在でも甲斐の歴史を研究する際の基本文献の一つと評価されています。ここに真田弾正忠は「真田幸隆」として項目立てされているのです。

では、『甲斐国志』は何に基づいて「幸隆」と記したのでしょうか。同書に手掛かりはありませんが、すでに軍記物類にはその名で登場するので、その方面からの影響でしょうか。果たして真相はどうなのでしょう。真田弾正忠に関する確実な記録を追っていくと、実は壮年期までの史料に「幸隆」と書かれたものは皆無であることがわかります。彼の諱を記した史料は二つあります。

①「奉修営四阿山《あずまやさん》御宮殿　大檀那《おおだんな》幸綱幷信綱」

②「天文九季己亥四月廿六日　玉窓貞音大禅定尼　真田弾正忠幸綱母儀」

①は長野と群馬の境にある四阿山の山家《やまが》神社奥宮社殿の造営を、永禄《えいろく》五年（一五六二）に息子・信綱とともに実施した際の銘文《めいぶん》。②は「高野山蓮華定院《こうやさんれんげじょういん》過去帳」の真田弾正忠生母に関する記録です。いずれも彼の諱は「幸綱」と明記されています。

また戦国武将は、家中の結束を強めるために、自分の諱の一字を与えることがありますが、真田氏の一族や家臣の中で、確実な史料で諱が確認できる人物には「綱」はあるものの、「隆」を名乗った人物はまったくといってよいほど見当たりません（「隆」は後世の系譜類でしか所見がない）。つまり、真田弾正忠が家中の人々に与えた諱は、「隆」ではなく「綱」であったと推察されるのです。

では、「幸隆」は完全な誤りなのでしょうか。実は、これも否定できないのです。その根拠を示しましょう。

③「高野山蓮華定院過去帳月牌《がっぱい》」（『信濃史料』）

「月峯良心庵主　奉為真田一徳斎《いっとくさい》幸隆公
　真田安房守《あわのかみ》殿建之
　　天正二甲戌五月十九日入寂」

ところが、この記述と一致する高野山蓮華定院の「過去帳月牌」は現在まで発見されていません。『信濃史料』が何に基づいているのか確認できないのです。長年、高野山で過去帳類の調査に携わっている丸島和洋《まるしまかずひろ》氏によると、『信濃史料』の根拠は判然としないものの、「真田一徳斎幸隆公」と「公」の敬称がついていることから、後世の記述である可能性を指摘しています。つまり、真田家歴代の顕彰が行われるようになってからの記述である可能性が高いのです。

また見逃せないのが「真田安房守殿建之」とある部分です。真田昌幸が安房守と名乗ったのは天正七年（一五七九）末から同八年（一五八〇）正月ごろのことであり、父死去直後の天正二年（一五七四）の供養《くよう》ではないことがわかります（当時の真田家の当主は兄・信綱）。このことからも、後世の記述の可能性があります。

しかし、丸島氏も指摘するように、江戸幕府が編纂《へんさん》し、幸綱の孫・真田信之が健在の時代に成立した『寛永諸家系図伝《かんえいしょかけいずでん》』にも真田幸隆と記録されていることから、何らかの根拠があったことは間違いないでしょう。

以上から、真田弾正忠幸綱が「幸隆」と名乗った可能性は高いといえます。しかし③を注意して見ると、「幸隆」は、一徳斎という道号《どうごう》（出家者の通称）を伴って記されています。つまり、「幸綱」は、出家を契機として、「幸隆」に改名したと考えるのが自然なのです。

そうならば、その読みは「ゆきたか」ではなく、「こうりゅう」とすべきでしょう。私は出家後の道号は原則音読みであることを重視し、よほどの根拠が発見されない限り、「幸隆」は「こうりゅう」とすべきと考えています。

Q4　いつ、誰の子として誕生したのか？

真田幸綱ほど、出自が諸説紛々《ふんぷん》として定まらぬ人物はいません。ただ幸綱が、滋野一族の流れを汲《く》む海野氏と深い関わりがあることは、ほぼ諸記録が一致しており（一致していることが必ずしも正しいことを証明するとは限らないが）、また生年が永正《えいしょう》十年（一五一三）と推定されることも定説となっています。

では幸綱は、海野氏とどのような関係にあったのでしょうか。これも諸説が混乱しており、列挙します。

①海野氏の嫡流である海野棟綱の子
②海野棟綱の息女の婿《むこ》
③海野棟綱の子・幸義《ゆきよし》の嫡男、つまり棟綱の孫
④海野棟綱の息女が生んだ男子

このうち、現在、有力となっているのは、④であり、海野棟綱の息女が、真田右馬佐頼昌《うまのすけよりまさ》に嫁ぎ、その間に誕生した嫡男が幸綱であるといわれています。ただし、幸綱の父を真田頼昌とするのは、『良泉寺《りようせんじ》「矢澤《やざわ》系図」』のみを根拠としており、必ずしも確実な史料によって裏付けられているわけではありません（次ページ資料1参照）。

また、後に真田氏の重臣となる矢沢頼綱《よりつな》・常田隆永《ときだたかなが》は、真田幸綱の弟であると諸系譜がほぼ一致して記しており、これは事実と推定されます。こうしたことから、真田幸綱は、真田氏の嫡流として誕生し、兄弟が小県《ちいさがた》郡の有力豪族である矢沢・常田氏を継ぎ、勢力を伸張させていったと想定されます。

また、彼の諱が、幸綱であるのは、海野氏の通字「綱」を継承したものと思われ、以後、幸綱─信綱の二代にわたって引き継がれました。このことからも、当初

〈『良泉寺「矢澤系図」』(原本)〉

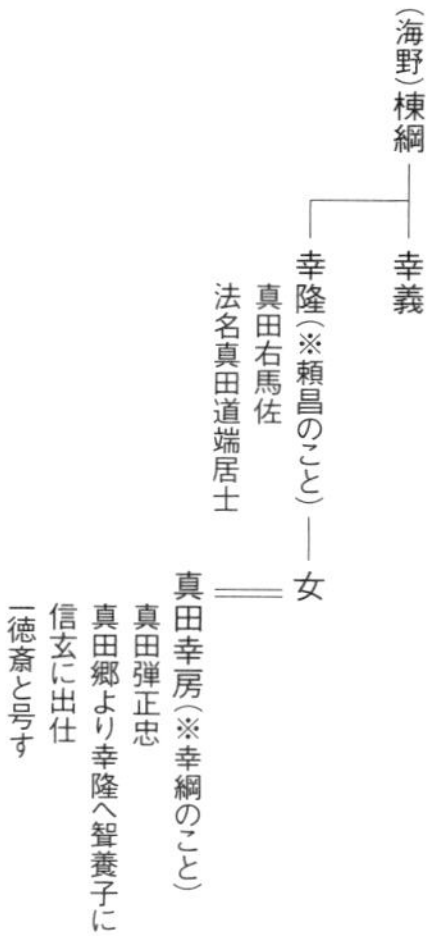

〈真田家推定系図〉

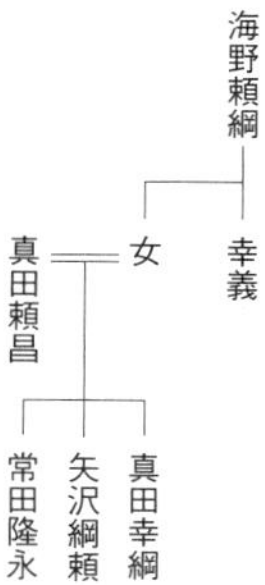

解説：右図は、『良泉寺「矢澤系図」』の原本の一部を省略したもの。「幸隆」と「真田幸房」の名があるが、官途名と法名から、それぞれ「真田頼昌」と「真田幸綱」の誤記とわかる。この系図によると、真田幸綱が真田頼昌の婿に入ったこととなる。そして他の系譜類によると、矢沢頼綱と常田隆永が幸綱の弟であることは事実と考えられ、この二人の父親は真田頼昌であると記されている。以上のことから、真田家の系図は左図のように推定できる。

資料1：『良泉寺「矢澤系図」』

の真田氏は、滋野一族の海野氏の強い影響下にあったのは事実と想像できます。

　この海野氏との関係を断ち切り、真田氏が自立を始めるのは、幸綱が出家したとみられる永禄八年（一五六五）以後で、さらに三男・昌幸が真田氏の家督を継ぐ（天正三年〈一五七五〉）と、「幸」を通字とし、武田氏から偏諱《へんき》（諱の一字）として授与された「信」と「昌」をそれに次ぐものとして位置付け、男子の名前を付けていることなどからも、完全に海野氏の影響を払拭《ふっしょく》したことがみてとれます。

ところが、二〇一四年に寺島隆史《てらしまたかし》氏（元上田市立博物館館長）が興味深い論文を発表されました。それによると、小県郡の国衆《くにしゅう》（在地領主）海野氏の麾下である「海野衆」の一員に、真田右馬助綱吉《うまのすけつなよし》という人物がいました。真田右馬助は武田氏滅亡後、真田昌幸に仕えたものの、後に小諸《こもろ》城主・仙石秀久《せんごくひでひさ》に仕えて三百貫《かん》文《もん》の知行を与えられ、重臣に列せられました。

時期的にみて、仙石秀久に仕えた真田右馬助は、綱吉の息子に相当すると考えられます。寺島氏は、真田幸綱ではなく、この真田綱吉こそが、真田氏の本流ではないかというのです。

寺島氏の指摘するところを紹介しましょう。前掲④の出典である『良泉寺「矢澤系図」』には、真田幸綱と矢沢頼綱の父を「真田右馬佐頼昌」と記し「法名号真田道端居士《こじ》」と記録しています。真田右馬佐と矢沢氏が近い関係であることは、他の史料からも事実と考えられます。

そして江戸時代の文政《ぶんせい》年間（一八一八～一八三〇）に、真田家が真田郷にある長谷寺《ちょうこくじ》の位牌《いはい》七基（真田幸綱夫妻、真田昌幸夫妻、真田信綱・昌輝《まさてる》兄弟）を修造していますが、その中に「真田道端大禅定門」が加えられており、他の六基と大きさも同格扱いになっています。これらから、真田右馬佐頼昌は幸綱の父であり、その官途《かんと》「右馬助」を引き継ぐ真田右馬助綱吉は、真田の本家筋《ほんけすじ》であった可能性が高いというのです。

ところが、本家筋の真田綱吉の系統は、分家の幸綱に武田氏のもとでの戦功で大きく水をあけられ、真田郷などを受け取ることができなかったものと推定されています。この研究は極めて興味深く、真田氏の出自とその後の展開を読み解くうえで念頭に置く必要があるでしょう。

真田氏は天文《てんぶん》十年（一五四一）、武田氏、村上《むらかみ》氏、諏方《すわ》氏に攻められて本領の小県を逐《お》われ、上野国に亡命しました。その際に、真田幸綱は居城・松尾《まつお》城下にあった祖先の墓所を廃棄、埋設したものの、その後復旧させた痕跡がないとの指摘が古くからなされていました。

その理由は本家筋ではない幸綱にとって、先祖を祀《まつ》る意識が乏しく、むしろ没落した名族・海野棟綱との関係を強調することで、真田家初代としての地位を確立しようという意図があったのではないでしょうか。こうした政治的な思惑《おもわく》もあって、本来の真田氏の歴史や系譜は排除され、やがて忘却されることになったのでしょう。今後のさらなる検証が待たれます。

Q5 真田一族はなぜ、本領の真田郷を失ったのか？

武田氏に関する軍学書である『甲陽軍鑑《こうようぐんかん》』（以下、『軍鑑』）などによると、若き日の真田幸綱は、信濃の有力武将・村上義清《よしきよ》とたいへん仲が悪かったと記されています。それは、双方の勢力範囲をみるとよく理解できます。

村上義清は埴科《はにしな》郡坂木《さかき》（長野県坂城《さかき》町）に居館を構え、その背後に堅城で知られる葛尾《かつらお》城を本拠地とし、清和源氏の流れを汲む国人衆《こくじんしゅう》でした。その領域は埴科郡を中心に水内《みのち》郡、更級《さらしな》郡、高井《たかい》郡に及び、勢力は信濃守護・小笠原《おがさわら》氏をも凌《しの》ぐほどであったといいます。

特に、村上氏の要衝《ようしょう》・戸石《といし》城（砥石城、長野県上田市）は真田氏の本拠地・真田郷と指呼《しこ》の間にあります。この城は、もともとは真田氏もしくは滋野一族の小宮山《こみやま》氏が築いた城を村上氏が奪取したと推定されており、戸石城の存在は真田幸綱にとって脅威《きょうい》であったことは想像に難くありません。葛尾城主・村上氏の勢力拡大が、真田氏を圧迫していたため、双方は激しい対立関係にあったのでしょう。

やがて村上義清と、真田氏を含む滋野一族の積年の対立は、天文十年（一五四一）五月、武田・村上・諏方三氏連合による滋野一族攻めによって、クライマックスを迎えます。

甲斐統一と今川《いまがわ》・諏方両氏の同盟締結を果たした武田信虎《のぶとら》（信玄の父）は、信濃経略を指向するようになり、天文九年（一五四〇）には佐久《さく》郡攻めを始めました。信虎は、その年に息女・禰々《ねね》御料人（信玄の妹）を諏方頼重《よりしげ》の正室として嫁がせて諏方氏との同盟を強化すると、滋野一族と険悪な村上義清を誘い、武田・諏方氏とともに小県郡侵攻を企図《きと》。義清はこれを了承し、天文十年五月十三日、武田軍は佐久郡に、諏方・村上軍は小県郡に侵攻を開始したのです。

海野棟綱を統領とする滋野一族は各地で抵抗しますが、三氏の連合軍に相次いで敗退。この合戦で、海野棟綱の嫡男《ちゃくなん》・海野幸義《ゆきよし》（真田幸綱の伯父《おじ》とみられる）は、村上軍と激戦を展開し、上田郊外の神川《かんがわ》で戦死したと伝えられます。『真田御武功記』によれば、幸綱は海野幸義の戦死を目の当《ま》たりにし、自らも討ち死にの覚悟を決め、敵陣に突入。ところがどこからともなく現れた巫女《みこ》が幸綱を制して手にしていた鉾《ほこ》を渡し、「この鉾を使って敵陣を突破し、ここから脱出せよ。そして時機を待て。妾《わらわ》は白鳥明神《しらとりみょうじん》の使いである」と述べ、忽然《こつぜん》と姿を消す。これを霊験《れいげん》と悟った幸綱は、討ち死にを思いとどまり、家来たちと力を合わせて敵陣を突破して、戦場を脱出したといいます。この逸話は、もちろん史実ではありませんが、幸綱を守ったとされる白鳥明神とは、海野氏の氏神《うじがみ》であり、真田氏が海野氏との紐帯《ちゅうたい》のもとにあったことを窺わせる逸話といえます。

各地で抵抗を続けた滋野一族ですが、五月二十五日に総崩れとなり、海野棟綱をはじめとする滋野一族と家臣の多くは関東管領《かんれい》・上杉憲政《うえすぎのりまさ》を頼って上野国に亡命。幸綱もこれに従いました。

なお、この時に、真田一族や滋野一族は、それぞれの思惑からでしょうか、別々の道をたどりました。たとえば、真田幸綱の弟とされる矢沢綱頼は、武田・諏方・村上氏に懇請《こんせい》して本領への帰還を許されています。また滋野一族の禰津元《もと》直《なお》も、諏方頼重に嘆願《たんがん》して、帰郷を許されました。

戦後、武田・諏方・村上三氏は旧滋野一族の所領を分割しますが、小県郡から佐久郡北方に及ぶ広大な領域が、村上義清の支配下となりました。この中には、真田幸綱の本領はもちろん、滋野一族領のかなりの部分が含まれていました。

このことから幸綱が、村上義清打倒と本領回復に執念を燃やし、そのために武田信玄（当時の名は晴信《はるのぶ》で、信玄と号するのは永禄元年からだが、本書では便宜上、信玄で統一）に身を寄せたことや、『軍鑑』が義清と幸綱は宿怨《しゆくえん》の間柄と記したのには理由があったことがわかるでしょう。かくして、真田一族・矢沢氏は村上氏の支配下に入り、真田氏の本拠地・真田郷も村上領となりました。この他に、海野氏の遺領や禰津氏は、諏方氏の支配下に入りました。

このように海野棟綱を統領とする滋野一族は、天文十年の海野平《うんのだいら》合戦を契機に、敵味方に分かれて活動することを余儀なくされたわけです。彼らが再び同じ旗印のもとで合流するのは、武田信玄の勢力が村上義清に迫ってからのことです。

Q6　上野に亡命している間、何をしていたのか？

上野国亡命中の真田幸綱については、その活動を知る確実な史料がありません。『加沢記《かざわき》』『真武内伝《しんぶないでん》』をはじめとする真田関係の軍記物しか頼るべき記録がなく、それらをもとに紹介しましょう。

『加沢記』によると、上野に到着した幸綱は、箕輪《みのわ》城主・長野業正《ながのなりまさ》の案内で、関東管領・上杉憲政の居城・平井《ひらい》城（群馬県藤岡市）を訪問。憲政は、名将・幸綱の訪問を喜び、書院にて重臣たちの居並ぶなか引見《いんけん》したといいます。憲政の座は、左右に真紅の大総《おおふさ》をつけた釣簾《つりすだれ》、毛氈《もうせん》を敷いた高麗縁《こうらいべり》の厚畳《あつだたみ》、床の間には水墨画の観音像《かんのんぞう》、そして鶴亀の香炉《こうろ》が置かれるという華美なものでした。憲政は幸綱に、長野業正のもとに身を寄せるよう言い渡しました。

箕輪城到着後、幸綱は嫡男・信綱に対し「信州で仄聞《そくぶん》していたが、憲政がうつけたる大将だというのは間違いない。いかに関東管領の高位にあるとはいえ、あまりにも事々《ことごと》しい。さらに代々の老臣らが居並んでいるとはいえ、憲政の寵臣《ちょうしん》らが幅を利《き》かせている様子がありありとみえた。上杉家は将来が危《あや》うくみえた」と述べたといいます。智将と称される幸綱らしい逸話です。このことを伝聞した武田信玄は、秘《ひそ》かに重臣・原昌胤《はらまさたね》を通じて幸綱を招いたとされます。

さて、箕輪在城時代の幸綱は、上野国吾妻郡の羽根尾《はねお》城主・羽尾《はねお》入道幸全《にゅうどうこうぜん》と昵懇《じっこん》の間柄となり、その息女を娶《めと》ったと伝えられます。しかしながら、これが事実なのか、また事実としてもその時期もわかっていません。しかし羽尾氏は、幸綱の本領・真田郷と鳥居峠をはさんで密接に繋がる地域の領主で、しかも箕輪城主・長野業正の配下でした。羽尾氏が上野に盤踞《ばんきょ》した滋野一族で、その家紋が「六連銭《ろくれんせん》」であったことが、上杉謙信《けんしん》が作成した「関東幕注文《まくちゅうもん》」に明記されています。

これは、真田氏と羽尾氏が古くから同族関係にあったことを示しており、幸綱が海野棟綱と行動を共にしなかったのは、同族の羽尾氏とその寄親《よりおや》たる長野氏を頼みにしたからだといえそうです。すなわち、幸綱が地理的に本領真田郷と近い羽根尾を支配する羽尾氏と緊密に連携しようと図るのは極めて自然なことだからです。

また羽尾氏と海野氏との関係について、『古今沼田記《ここんぬまたき》』などによると、羽尾幸全は海野棟綱の孫にあたり、本領・羽根尾を名字として羽尾を称していたことになります。事実、羽尾幸全の弟・幸光《ゆきみつ》、輝幸《てるゆき》はともに海野を称しており、上野海野氏の中心に位置していました。

これに対し、海野氏の流れを汲むとされる真田幸綱は海野氏を称していないので、亡命後すでに嫡男・幸義を亡くしていた海野棟綱は、羽尾幸全の弟・幸光を養子に迎えた可能性もあります。

このことを示唆《しさ》する記録もあります。『一徳斎殿御事績稿《でんごじせきこう》』によると、海野棟綱は病が重くなると、弟・左京亮《さきようのすけ》（幸義）を枕頭《ちんとう》に呼び寄せ「自分には息子はいるものの、幼少のため乱世を生き抜くことはできないだろう。そなたが陣代《じんだい》

（後見人）となり、先祖相伝の所領を預けるので、息子が成人したならば我が跡を相続させてほしい」と遺言し死去したというのです。ところが、棟綱没後、左京亮は自分の武威を頼み棟綱の息子を蔑《ないがし》ろにし、そのため「真田幸綱三兄弟と不和になり、幸綱は上野を立退《たちの》いた」と記しています。

ここにみえる棟綱の弟・左京亮幸義はすでに戦死しているので誤記でしょうが、幸義を羽尾海野幸光と考えると話は面白くなります。まだ想像の域を出ませんが、上野国における海野氏の痕跡が羽尾氏しかいないことは事実なので、棟綱の名跡《みょうせき》が羽尾海野氏に継がれたとすれば、真田幸綱は羽尾氏の息女を一時娶ったものの、海野家中の混乱があったために、羽尾氏のもとを離れ、上野を去ったとも考えられます。

さらに興味深い記録があります。信濃・松代《まつしろ》城下（長野市松代町）にある真田氏の菩提寺《ぼだいじ》・真田山長国寺《しんでんざんちょうこくじ》の記録（『長国寺書上』）です。それによると、長国寺を開山した晃運和尚《こううんおしょう》は、もと上野国後閑《ごかん》の長源寺《ちょうげんじ》の住職を務めていたが、その時に箕輪城で不遇の身を託《かこ》っていた幸綱と出会ったといいます。

幸綱と知遇を得た晃運和尚は、彼の才能を見抜き、幸綱を中国の名将・韓信《かんしん》に匹敵《ひってき》する器量と評価し、必ず本領回復の本意を遂げられようと激励。これに感動した幸綱が、本領回復の折には、一宇《いちう》を建立《こんりゅう》し必ず住職として迎えようと約束したといいます。

この時、幸綱も晃運もともにその場の戯言《ざれごと》として破願《はがん》しながら約束したといいますが、後に幸綱が本懐《ほんかい》を遂げたことからにわかに実現したと記されています。このことと関連して、『真田町誌』は吾妻郡の雲林寺《うんりんじ》の伝承も紹介しています。それは、幸綱は羽尾氏の厚意で雲林寺に匿《かくま》われ、そこで晃雲和尚と出会ったというものです。もちろんこれらの伝承を証明する史料はありませんが、長野氏、羽尾氏、真田氏を繋ぐ線がよく理解できるのも事実です。

さて、幸綱が箕輪城に在城していたころ、長野氏の家臣が戯言で「双六《すごろく》の初重五の重と信濃衆ハ引とハみへて居られさりけり」という狂歌を詠《よ》んだといいます（『真武内伝』『真田御武功記』）。この狂歌の信憑性《しんぴょうせい》や解釈は極めて難しいものがあります。ただ、ここにみえる「重」は、双六のぞろ目を指す用語です。「初重」は「重一」で一の、「五の重」は「重五」で五のぞろ目をそれぞれ指すと推定されます。当時の双六のルールは判然としませんが、いくつかの解釈が可能でしょう。まず、末尾の「引とハみへて居られさりけり」を、「引いたようにみえるが実はいられなくなったのだ」と解釈すると、それは「信濃衆」が本領・信濃国にいられなくなったことを指すと推察できます。

問題は、「初重」「五の重」の解釈ですが、「ぞろ目のように信濃衆が続々と逃げてきた。本領（双六のゴール）に居続けよう（目指そう）としたが、ぞろ目が出続けてどんどんと離れていってしまい、撤退したようにみえるが入れない（いられない）というのが実際だ」などのように読み解けるでしょう。

いずれにせよ、長野氏の家臣は、本領を失い帰ることが叶《かな》わぬ真田幸綱ら信濃衆を内心は蔑《さげす》んでいたことがわかります。これが、上野亡命中の信濃衆の一部と上杉方諸将との不仲の原因となり、幸綱は秘かに同志の信濃衆を誘って今後の身の振り方を協議し始めたといいます。

しかしこれは、上杉氏内部の分裂を画策した武田信玄の謀略で、この狂歌は箕輪城内に潜入していた武田方の間者《かんじゃ》（スパイ）が広めたのだといいます。

Q7　幸綱の亡命時、上野国をとりまく状況はどのようなものだったのか？

真田幸綱らが亡命していた上野国の情勢は、まさに時代の画期《かっき》ともいうべき激動の時代にありました。これは、上野国主で関東管領・上杉憲政が、越後国へ亡命に追い込まれた事実とあわせて考える必要があります。

当時の上野国をとりまく情勢を検討すると、憲政が没落した原因は、二つの画期的な事件にあるといえます。第一は、天文十五年（一五四六）の河越《かわごえ》合戦、そして第二は天文十六年（一五四七）の小田井原《おたいはら》合戦、での敗退でした。

すでに関東での戦局は、天文七年（一五三八）十月、第一次国府台《こうのだい》合戦により北条氏が優位に立っていました。相模《さがみ》の北条氏綱《うじつな》（北条氏康《うじやす》の父）は古河公方《こがくぼう》・足利晴氏《あしかがはるうじ》を擁《よう》しつつ、小弓《おゆみ》公方・足利義明《よしあき》を奉じる安房の里見義尭《さとみよしたか》らと対決。この決戦で、足利義明らが戦死して小弓公方は事実上滅亡し、房総の反北条勢力は大きな打撃を受けました。古河公方・晴氏は大いに喜び、北条氏綱を関東管領に任じています。

これに危機感を覚えた上杉憲政（山内《やまのうち》上杉氏）は、同年十一月、積年の対立を越えて上杉朝定《ともさだ》（扇谷《おうぎがやつ》上杉氏）と結び、北条氏への反撃を試みました。折しも北条氏綱の死去（天文十年〈一五四一〉七月）、北条氏康と今川義元《よしもと》の駿河《するが》東部での対立（河東《かとう》一乱、天文六〈一五三七〉～十四年〈一五四五〉）など重要な事件が発生し、山内・扇谷両上杉氏は武蔵《むさし》へ反攻を開始。

とりわけ河東一乱の勃発《ぼっぱつ》は、北条氏にとって正念場でした。今川義元は富士川《ふじかわ》を越えて善得寺城《ぜんとくじ》（静岡県富士市）に入り、同盟国・武田信玄の援軍を受けました。一方、北条氏康も、すでに武田氏に関係改善を呼びかけており、さらに信玄の仲裁で今川氏との和睦《わぼく》を模索していたのです。信玄は、今川・北条両氏の和睦斡旋《あっせん》を行いながらも、今川軍の駿河東部侵攻を背後から支えました。

ちょうど同じころ、上杉憲政と上杉朝定は北条方の武蔵・河越城を包囲します。前後からの敵を受けた氏康は、一刻も早く今川・武田氏との和睦を実現すべく、戦わずして吉原城《よしはら》（静岡県富士市）を放棄し、駿河と伊豆《いず》国境の黄瀬川《きせがわ》まで後退しました。この結果、今川義元も態度を軟化させ、長久保《ながくぼ》城（静岡県長泉《ながいずみ》町）の明け渡しなど、駿河国富士・駿東《すんとう》郡の割譲を条件に和睦、同盟に応じたのです。これがまもなく、武田・北条・今川三氏の三国軍事同盟に繋がっていくこととなります。

この間、上杉憲政は北条氏康に不信感を募《つの》らせていた古河公方・足利晴氏の河越出陣をも実現させ、優位に立っていました。ところが武田・今川氏との和睦を実現した北条氏康は、反転して河越城救援に赴《おもむ》き両上杉軍と決戦、これに大勝するのです。いわゆる河越合戦です（俗に「河越夜戦」といわれるがその証拠は存在しない）。

この合戦で、上杉朝定が戦死して扇谷上杉氏は滅亡し、山内上杉氏も馬廻衆《うままわりしゅう》だけでも三千余騎が戦死する大打撃を蒙《こうむ》りました。この敗戦の衝撃は大きく、武蔵国・天神山城《てんじんやま》（埼玉県長瀞町《ながとろ》）の藤田康邦《ふじたやすくに》、忍城《おし》（同行田市《ぎょうだ》）の成田長泰《なりたながやす》らが相次いで憲政から離反し、逆に憲政の本国上野は北条氏の侵攻にさらされることとなりました。

河越合戦での敗戦から一年後の天文十六年八月、上杉憲政は再び信濃国で手痛い敗戦を蒙ります。それは武田信玄が、信濃国佐久郡の志賀《しが》城主・笠原清繁《かさはらきよしげ》を包囲したことに始まります。笠原氏は憲政の重臣・高田憲頼《たかだのりより》父子の縁戚であり、信濃国佐久郡や上野国に広く一族が散在する依田《よだ》一門とも深い関係がありました。そのため、武田軍の侵攻を知ると、志賀城には高田憲頼父子や依田一門が続々と援軍にかけつけ籠城《ろうじょう》したといいます。

しかし頑強な抵抗も空《むな》しく、志賀城は水の手（給水源）を断たれ窮地《きゅうち》に陥《おちい》りました。これを知った上杉憲政は、援軍を派遣。碓氷《うすい》峠を越えて小田井原に布陣した上杉軍は、八月六日、武田軍と激突したものの壊滅《かいめつ》してしまうのです。上杉軍は、名のある武将十四、五人、雑兵《ぞうひょう》三千人余を失ったと伝えられ、その首級《しるし》は志賀城外に懸け並べられました。これを見た志賀城は意気阻喪《そそう》し、同十一日に陥落。

この合戦で、上杉氏の衰退は決定的となり、天文十七年（一五四八）十月、国《くに》峯《みね》城（群馬県甘楽《かんら》町）の小幡憲重《おばたのりしげ》が北条氏に通じて離反し、憲政の居城・平井城を攻撃。こうして本拠地・平井が直接攻撃にさらされる事態に陥り、もはや上野国を支配する上杉憲政の斜陽《しやよう》は明らかでした。

その後、北条氏康による平井城攻めが天文十九年（一五五〇）から本格化すると、家臣の降伏や離反などで上杉方は動揺。まもなく憲政を支える馬廻衆までが彼を見放すと、憲政は平井城を捨てて由良成繁《ゆらなりしげ》、長尾景長《ながおかげなが》を相次いで頼るものの拒絶され、上越《じようえつ》国境（群馬・新潟の県境）に逃れたといいます。そして永禄元年（一五五八）ごろに、越後の上杉謙信（当時の名は長尾景虎《かげとら》で、上杉氏を名乗るのは永禄四年以降。本書では便宜上、上杉謙信で統一）のもとへ亡命したのです。

以上のように、真田幸綱が亡命していた天文十年から同十五・十六年ごろの上野国をめぐる情勢は、関東管領・上杉憲政の衰退と北条氏康の勢力伸長という新旧交代劇のただ中にあったといえます。

Q8　武田信玄に仕えたきっかけは？ その時期は？

真田幸綱が上野国を去り、武田氏に臣従《しんじゅう》したのがいつ頃なのかについては、諸説あって定まっていません。

真田方の諸記録によると、

①天文十三年（一五四四）説（『信陽雑誌』）

②天文十四年（一五四五）説（『沼田記』）

③天文十五年（一五四六）説（『滋野世記』『真武内伝』）

などがあります。また戦前から戦後の研究者には天文十一年（一五四二）説（猪坂直一《いさかなおかず》氏、小林計一郎《こばやしけいいちろう》氏）を提唱するものもありますが、その根拠は明らかではなく、採用できません。

確実な記録に、幸綱が武田氏の家臣として登場するのは、天文十八年（一五四九）三月のことなので、幸綱の武田氏臣従がそれ以前であることは間違いありません。ではその時期はいったいいつなのでしょうか。

そこで武田方の『軍鑑』が記す幸綱の活動を検討してみると、彼が武田氏のもとに身を寄せたのは、天文十五年ごろのことであるとされています。同書によると、長野業正のもとにいた幸綱の才能を見抜き、武田信玄に推薦したのは、山本《やまもと》勘助《かんすけ》だったとあります。

また、信玄と村上義清が激突した上田原《うえだはら》合戦（天文十七年〈一五四八〉）に、幸綱は参加したとも記されています。いずれにせよ、諸史料では、幸綱が武田氏のもとに身を寄せた時期の決め手は、見出《みいだ》せないというのが現状なのです。

では、その時期を絞り込むことはできないのでしょうか。その方法として、関東管領・上杉氏よりも武田氏に付く方が、村上義清を放逐《ほうちく》し本領を回復する可能性が高いと幸綱が判断したであろう条件を数え上げてみましょう。

幸綱が、上杉憲政のもとを去った理由として、

①関東管領・上杉氏の勢力の退潮が決定的であり、信濃への侵攻がもはや不可能とみなされる情勢になったこと

②信玄の勢力が関東管領・上杉氏よりも上とみなされる情勢になったこと

③信玄が、幸綱の本拠地を占領する宿敵・村上義清と対立関係に入ったこと

などを想定することができます。

まず、①の上杉憲政の勢力衰退は、その兆候《ちょうこう》として、二つの事件が挙げられ

ます。まず一つは、天文十年七月、上杉憲政の信濃侵攻です。この出兵は、前月の六月に甲斐の武田信虎が息子・信玄に追放されるという政変が起きたことを好機とみて実施されたと考えられています。

憲政は、海野棟綱らを帰還させるべく、上杉軍三千余騎を信濃に派遣。上杉軍は佐久・小県郡に入ると芦田《あしだ》郷やその周辺で乱取《らんど》り（掠奪《りゃくだつ》）を行い、その地域を荒廃させました。これに対し、武田氏と村上氏はまったく対処できず、諏方頼重のみが軍勢を率《ひき》いて出陣。上杉軍は、諏方軍の高い士気を見て合戦を不利と判断し、和睦交渉を行うこととなりました。

この結果、諏方頼重は上杉氏と単独講和を結び、芦田郷などを諏方領とし、この地域の領主・芦田信守《のぶもり》を諏方氏の家臣とすることなどで合意しました。上杉軍はせっかく信濃に侵攻したのに、まともに諏方軍と対戦しようとしなかったばかりか、村上領にも攻め込まず、諏方頼重と講和を結んで早々に引き揚げてしまいました。かくして上杉軍の庇護《ひご》のもとで海野・真田両氏が本領へ復帰する目論見《もくろみ》は完全に崩れ去ったのです。

この時上杉軍が早々に撤退したのは、同じ七月に上杉家臣の那波宗俊《なわむねとし》（上野国・明石《あかし》城主）、長野賢忠《ながのかたただ》（同国・厩橋《まやばし》城主）、佐野助綱《さのすけつな》（下野《しもつけ》国・桐生《きりゅう》城主）、成田新田《にった》親泰《ちかやす》（武蔵国・忍城主）、上杉憲賢《のりかた》（同国・庁鼻和《こばなわ》城主）と横瀬泰繁《よこせやすしげ》（上野国・金山《かなやま》城主）との間で戦闘が勃発しており、また北条氏康が北上を開始して扇谷上杉朝定と合戦に及ぶ情勢になっていたことが原因であると指摘されています。

つまり上杉憲政は怖じ気《おけ》づいたのではなく、足下で内訌《ないこう》が生じ、また北条氏の侵攻が確実となった情勢下で信濃での合戦に踏み切る余力はないと判断したと思われます。しかし幸綱ら上野亡命者たちの落胆《らくたん》は想像に難くありません。

そしてもう一つは、天文十五年四月二十日の河越合戦でしょう。先述のように、上杉憲政は上杉朝定らとともに、宿敵・北条氏康が駿河東部で今川義元・武田信玄の軍勢と対立している間隙《かんげき》を衝《つ》いて、北条綱成《つなしげ》が籠城する河越城を包囲。しかし、圧倒的有勢にもかかわらず、今川・武田両氏と和睦して救援に来た北条氏康にあっけなく敗れ去り、しかも上杉朝定らを戦死させてしまう大打撃を受けました。これにより、上杉憲政の退潮はもはや誰の目にも明らかになってしまいました。

その退潮は、天文十七年二月十四日、武田信玄が上田原合戦で、村上義清に敗れた際にも露呈《ろてい》します。村上義清は、合戦直後の二月二十二日に、上杉憲政家臣・小林平四郎に書状を送り、武田氏撃滅のために軍勢の派遣を要請。これには、当時武田氏に降《くだ》り、その家臣となっていた佐久郡の国衆・大井貞清《おおいさだきよ》も、村上義清と秘かに結んで、同じく小林氏に支援を求めていました。ところが、絶好の機会にもかかわらず、上杉憲政は信玄の敗退に乗じて信濃に軍勢を派遣することはありませんでした。もはや、他国へ出兵する余力を、上杉氏は失っていたのです。

次に、②についてです。信玄と上杉憲政の勢力差を決定的に印象づけたのは、天文十六年八月六日の小田井原合戦でしょう。先述のように、この合戦は武田氏が佐久郡の志賀城主・笠原清繁を包囲した際、憲政による援軍が惨敗し、志賀城が陥落《かんらく》したものです。この敗戦以後、上杉氏は、二度と信濃に出兵することはありませんでした。①で述べた、上田原合戦直後に上杉憲政が、村上義清と大井貞清の来援要請に応じなかったのは、この痛手によるものと考えられます。

最後の③についてですが、『軍鑑』によると、村上義清が信玄をはっきりと敵と認識したのは、志賀城の笠原清繁を討ったことにあるといいます。義清は、誼《よしみ》を通じていた笠原氏を武田氏に滅ぼされたことを怒り、信玄との決戦を意図したというのです（これ以前から、義清は秘かに反武田方の糾合《きゅうごう》を目論《もくろ》んでいたともあるので、敵と認識したのはもっと早い時期と推定できます。しかし決戦が不可避とあり、その準備に入ったのは笠原氏滅亡が契機であるといいます）。

以上のことから、幸綱が、上杉憲政の庇護のもと、村上義清打倒を諦《あきら》め、信玄のもとで村上氏を撃破することを選択したと考えられる時期は、ほぼ天文十五年から十六年に絞《しぼ》られるでしょう。興味深いことに、『軍鑑』が、幸綱の武田氏臣従を、天文十五年と記していることと、史実をもとに絞り込んだ時期が符合《ふごう》しています。このような理由から、私は幸綱の武田氏臣従を、天文十五年ごろと推定しています。

Q9　上野を去り、武田家に仕えるうえで支障はなかったのか？

真田幸綱の上野退去に関する経緯を語る確実な史料は、まったく残されていません。ここでは、二次史料に記される経緯をいくつか紹介しましょう。

『真田御武功記』や『真武内伝』などによると、武田信玄は秘かに村上義清打倒を持ちかけて幸綱を誘い、家臣となるよう招きました。幸綱は熟考の末、招きに応じることとし、同志の信濃衆と密談のうえで上野を脱出したといいます。

なお『真武内伝』は、幸綱が上野国を去って信玄のもとに身を投じたいと長野業正に正直に打ち明けたところ、業正はこれを咎《とが》めず、上信国境まで警護をつけて送り届けてくれたと記し、また『名将言行録《めいしようげんこうろく》』は、幸綱は仮病を装い信濃への脱出の機会を窺っていたが、業正は彼の真意を察し、良薬を求めるため上信国境の余地峠《よじ》まで行かれるがよいと言って幸綱を送り出し、その妻子も荷物とともに後を追わせたと伝えています。もちろん、史実かは定かではありません。

ただ、先述のように、私は幸綱の武田氏臣従が、天文十五年（一五四六）ごろと推定しています。実はこの推定と、幸綱の上野退去に関連すると思《おぼ》しき出来事があるのです。この前年にあたる天文十四年七月、駿河東部を舞台に、今川義元と北条氏康が戦闘状態に突入。いわゆる「第二次河東一乱」です。信玄は甲駿《こうすん》同盟により今川支援のため出陣しましたが、この前年より武田は北条との関係改善に動いており、出陣した信玄のもとに、氏康から和睦調停の依頼とみられる書状が届いています。

これを受け信玄は、義元・氏康に上杉憲政を加えた和睦斡旋に乗り出し、天文十四年十月に上杉・北条・今川の三者和睦を実現させました。これを基礎に、武田氏は、北条・今川氏と甲相駿《こうそうすん》三国軍事同盟を成立させたことはよく知られています。

このように、天文十四年から同十五年にかけて、武田氏と上杉氏はまだ敵対関係に陥ってはおらず、友好関係を維持していたとみられます（小田井原合戦は天文十六年〈一五四七〉）。幸綱が、一族や亡命中の信濃衆とともに大きな障害にあわずに上杉氏のもとを去ることが可能であったのは、武田氏が上杉氏に話を通してのこととみることも可能なのです。

これならば、幸綱の上野退去は比較的順調に運んだはずであり、それが困難だったとの記録がほとんどみられない理由も説明がつきます。ただ、まだその証拠が摑《つか》めないのが現状です。

Q10 信玄に仕えた後、実際にはどんな活躍をしたのか？

武田氏に帰属した真田幸綱が史料に最初に登場するのは、天文十八年（一五四九）のことで、そこからは智将と称される幸綱らしい活躍があったことが窺えます。

『甲陽日記』（『高白斎記《こうはくさいき》』）に「十四日土用、七百貫文ノ御朱印《ごしゅいん》望月源三郎《げんざぶろう》方へ被下候《くだされそうろう》、真田渡ス、依田新左衛門《しんざえもん》請取《うけとり》」とあります。これは、村上義清に味方

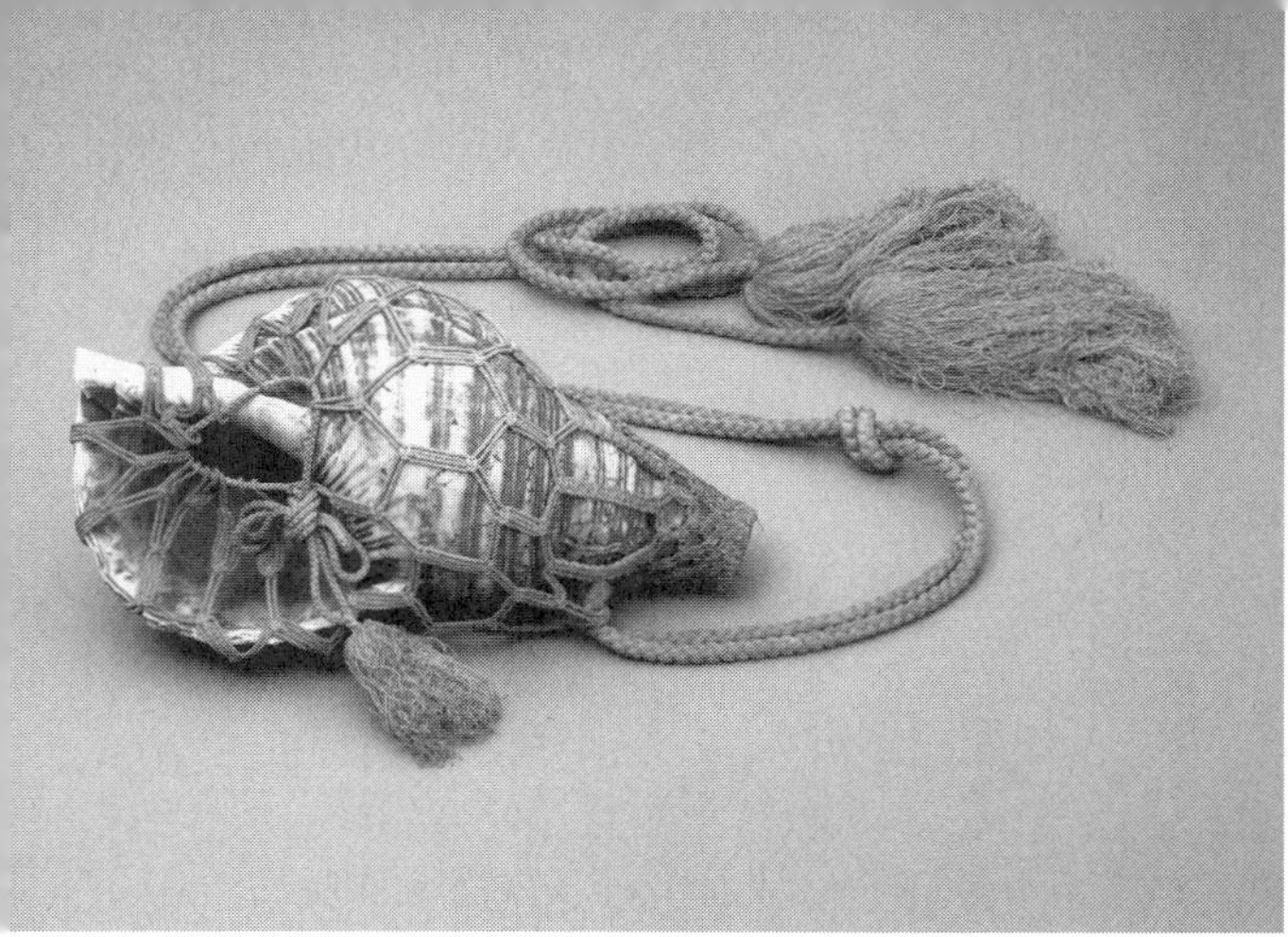

伝真田幸隆所用の法螺貝（真田宝物館所蔵）

して佐久郡・布引《ぬのびき》城に籠城していた望月源三郎（後の信雅《のぶまさ》）が武田氏に帰属した時の記録です。武田信玄は、望月源三郎に七百貫文を与える朱印状を発給しましたが、これを望月氏に手交《しゅこう》したのが幸綱でした。

ここに幸綱が登場するのは、望月氏の武田氏帰属に幸綱が関与していたためと推察されます。このことは、当時幸綱が、武田氏によって佐久郡に配置され、敵方への調略《ちょうりゃく》（内通者を得るなど、策略によって相手方に揺さぶりをかけること）に参画し、その中心となって活動していたことを示しています。また、望月氏の調略に幸綱が動いたのは、望月氏も滋野一族である縁によるものでしょう。

しかし残念なことに、それ以前の幸綱の活動については明らかではありません。『軍鑑』によると、

①幸綱は天文十五年十月、碓氷峠を越えて侵攻してきた関東管領・上杉憲政軍を飯富《おぶ》虎昌《とらまさ》・小山田《おやまだ》備中《びっちゅう》守《のかみ》虎満《とらみつ》らとともに撃破

②同年十一月、飯富・小山田・板垣信方《いたがきのぶかた》らと密談の末、真田と同じ海野一族の須野原《すのはら》若狭《わかさ》・惣左衛門《そうざえもん》兄弟を村上義清のもとへ送り込み、彼らがあたかも真田に背《そむ》いたかのように装わせ、真田の城を乗っ取ることを持ちかけさせた

③これを信じた義清が、屈強な武士五百人余を選抜して須野原兄弟に付き従わせ、真田の城に攻め込ませたが、待機していた幸綱によって皆殺しにされた

④騙《だま》されたことを知った義清は悔しがり、幸綱に対しさらに憎しみを抱《いだ》いた

⑤これを知っていた信玄は、上田原合戦の際に、村上義清の標的とされていた幸綱の身を案じ、真田隊を比較的安全な場所に配置した

⑥塩尻《しおじり》峠合戦に際しては、武田軍本隊に従軍せず、小山田虎満、飯富虎昌らとともに佐久郡の押さえをしていた

以上のことなどが記されています。これらの記述は、年代の違いが著しいものの、①の碓氷峠合戦は、天文十六年八月の小田井原合戦を脚色したもので、④⑤

の上田原合戦は天文十七年二月、⑥の塩尻峠合戦は同年七月にそれぞれ起きた史実であることから、すでにこの時期に、幸綱が信濃侵攻の最前線に配置されていたことは間違いなさそうです。

Q11　信玄に仕えた後、幸綱はどこの城にいたのか？

武田氏に仕えることになった真田幸綱が、どこの城に配置されたかについては史料からは明らかになっていません。

『滋野世記』は本領・松尾城に帰還したと記し、また『一徳斎殿御事績稿』は、はじめに佐久郡の岩尾《いわお》城に落ち着き、その後に松尾城に戻ることができたとも伝えています。そのため同書は、Q10で紹介した、幸綱が須野原兄弟を利用して村上義清の精鋭を殲滅《せんめつ》させたと『軍鑑』が記す真田城を、松尾城のことと記しています。

しかし、これらは残念ながら事実とはいえません。なぜなら、天文十五年（一五四六）から十八年（一五四九）のころの真田郷は、村上義清の占領下にあったことは確実だからです。もし松尾城に帰還しえても、村上方の要衝・戸石城と至近距離にある松尾城を維持することは、到底不可能です。

次に佐久郡の岩尾城ですが、ここには反武田方の大井（岩尾）弾正行頼《ゆきより》が籠城して抵抗を続けており、彼が武田氏に降伏するのは天文二十年（一五五一）七月になってからなので、これも事実とは考えられません。では幸綱は武田氏に帰属してから、どこを拠点に活動していたのでしょうか。

実は『軍鑑』には、初期の幸綱の行動について、いくつかの興味深い記述が散見できます。そのころの佐久郡の武田方は、内山城代《うちやまじょうだい》に飯富虎昌、小諸城代に小山田虎満・真田幸綱が配備され、相木《あいき》（阿江木《あえき》）氏・前山伴野《まえやまともの》氏・与良《よら》氏・平原《ひらはら》氏・望月氏・芦田（依田）氏らが付属させられていたとあり、そこは要衝でもあったので武田信玄は特に「飯富、小山田、真田の三人は、村上の抑えなので、甲府《こうふ》へ参る事は無用」と家中に言い含めてあったといいます。

先の須野原兄弟を利用した密謀も、真田・飯富・小山田の三人に板垣（諏方郡代）が参画して実施したといい、幸綱が佐久郡に居住して村上方と対峙《たいじ》していたと一貫して記述しています。ただこのうち、内山城代を飯富虎昌、小諸城代を小山田虎満・幸綱としている記述は、明確な誤りです。なぜなら当時、小諸城には大井高政《たかまさ》が上杉氏を後ろ楯に籠城していたからです。では『軍鑑』の記述はまったく信頼できないのでしょうか。実はそれも正しくないのです。
幸綱がどこにいたかを知る重要な手掛かりは、天文二十年（一五五一）七月に武田信玄が自筆で発給した書状にあります。

内々疾《と》く出馬すべく候《そうろう》といえども、去年の凶事以後始めての揺《ゆ》らぎに候条《じょう》、まず士卒を出し、敵のあてがいを見届け、然《しか》りて出張《でばり》をなすべし、先衆として昨日左馬助《さまのすけ》そのほか悉《ことごと》く相立ち候、晴信のことは今日に至り若神子《わかみこ》に馬を立て候、是《これ》も廿《にじゅう》八日には必定出馬すべきの趣、心得あるべく候、恐々謹言
なおこの趣、真田方へ物語りあるべく候、内々直《じか》に申し届くべく候へども、用筆他行に候間、自筆に候条その儀なく候
七月廿五日　晴信（花押《かおう》）
飯富兵部少輔《ひょうぶしょうゆう》殿
上原伊賀守《うえはらいがのかみ》殿

この書状は、天文二十年七月に信玄が出陣する際に重臣の飯富虎昌・上原（小

山田）虎満に宛てた自筆書状です。信玄は、去年の敗北（これは前年の天文十九年〈一五五〇〉の戸石城攻めでの敗戦を指す）を教訓にして、自身の出陣の前にまずは先衆を派遣し、「敵之擬《あてがい》」（敵方の動向）を見極め、そのうえで自身も出馬すると述べています。

さらに信玄は、このことを真田幸綱にも伝えるよう飯富・上原に命じました。ここに登場する上原伊賀守とは、先述の小山田虎満のことです。

この書状から指摘できることを列挙すると、

①飯富虎昌、小山田（上原）虎満、真田幸綱は同じ地域に配備されていた

②「敵之擬」＝村上義清方の動向を監視、報告する役割を負っていた

③幸綱は、信玄から「内々直に申し届くべく候へども」とあるように直接命令と指示を受ける立場にあり（この時は信玄の右筆《ゆうひつ》が不在だったため幸綱宛の密書は作成されなかった）、他の信濃衆にはみられない高い地位を与えられ、軍事作戦遂行に際しては特に配慮されている

④しかしながら、村上方と対峙する現地にあっては、飯富虎昌・小山田虎満の指揮下に置かれ、信玄の命令を彼らから伝達されることになっていた

以上のことなどが窺えます。

これらと『軍鑑』の記述を比較してみると、飯富・小山田・幸綱が同じ地域＝佐久郡に配備され、村上義清方と対峙する最前線にあったとする記述と、確実な史料によって確認しえる彼らの役割とが合致することがわかります。

では、彼らはどこにいたのでしょうか。それは小山田虎満の配備された武田方の拠点、佐久郡の内山城と考えて間違いありません。さらに『軍鑑』は、小山田と幸綱が一緒にいたと指摘しています。これは重要な記述であり、事実とみなせます。

Q12　山本勘助と親しかったというのは史実か？

残念ながら、山本勘助との関係がどのようなものであったかはまったくわかりません。ただ『軍鑑』に、長野業正のもとにいた真田幸綱の才能を見抜き、武田信玄に推薦したのは、山本勘助だったと記されています。

ところで、同書に登場する山本勘助は、信玄の側近として大活躍した人物として描かれていますが、それが史実かはまったくわかっていません。また、かつて「山本菅助」の名が記された文書が発見されたものの、『軍鑑』と文書の人物がどのような関係にあるのかも、わかっていませんでした。しかし、両者が同一人物であることが、近年証明されました。

興味深いことですが、実在した山本菅助は、信濃のどこかの城に配属されており、対上杉戦の最前線を担っていたと考えられています。それを知る手掛かりが、第三次川中島《かわなかじま》合戦と戦後の武田氏による軍勢配置を示す諸史料にあるのです。

まず第三次川中島合戦について簡単に紹介しておきましょう。この合戦は、弘《こう》治《じ》三年（一五五七）二月、武田軍が上杉方の落合《おちあい》一族らの籠城する葛山《かつらやま》城に奇襲攻撃を加え、これを陥落させたことから始まりました。勢いに乗った武田軍は、高梨政頼《たかなしまさより》の家臣たちを次々に降伏させ、飯山《いいやま》城へ迫ります。これを知った上杉謙信は出陣しようとしますが、折からの豪雪により軍勢が集まらず、ようやく善光《ぜんこう》寺《じ》に着陣できたのは、四月二十一日になってからでした。

謙信は川中島方面に進み、第二次川中島合戦で武田方の拠点となった旭山《あさひやま》城を再興して防備を固めます。さらに五月に坂木、岩鼻《いわはな》にまで進出して放火し、武田軍を誘い出そうとしますが、武田方が遠巻きにして会戦に応じなかったため、軍を転じて野沢《のざわ》温泉に兵を向け、計見《けみ》城（日向《ひなた》城、長野県木島平《きじまだいら》村）の市河藤若《いちかわふじわか》を攻めました。

市河氏は信玄に後詰《ごづ》めを求め、懸命に抵抗。市河藤若が降伏すれば、北信濃での重要拠点を失うため、信玄は市河藤若に書状を送り「塩田《しおだ》城に在城する原与左衛門尉《はらよざえもんのじょう》（足軽大将《あしがる》）らを真田幸綱のもとへ派遣、合流させたので安心されたい。援軍はまもなく到着するだろうから、もちこたえるように」と伝えました。

その後まもなく、謙信が市河氏攻略を諦めて飯山城に撤収したため、信玄は再度、六月二十三日に市河藤若へ書状を送り、今後は市河氏からの要請があり次第、信玄への報告と決裁を経ずに、塩田城などから支援の軍勢を派遣するよう対処したので安心されたいと伝えました。

なおこの書状を信玄から託され、その口上《こうじょう》を伝達したのが山本菅助（勘助）でした。菅助が北信濃の市河氏のもとへの使者に選任されたのは、両者の関わりが深かったためと推定されています。つまり山本菅助と幸綱は、対上杉戦の前線に関与する役割が与えられており、それ故に知己《ちき》であった可能性が高いのです。

この合戦終了後、武田氏は来《きた》るべき北信濃侵攻と上杉謙信への防御《ぼうぎょ》拠点の構築を急ぎました。永禄元年（一五五八）四月、武田氏は第三次川中島合戦における武田軍の展開と配備をもとに、対上杉戦の拠点的城郭と城将《じょうしょう》を決定。その中で、幸綱は埴科郡の東条城《ひがしじょう》（尼飾城《あまかざり》、長野市）に小山田虎満とともに配備され、これ以後、その城にあって上杉謙信の南下を監視することとなるのです。この役割は、永禄三年（一五六〇）に海津城《かいづ》が完成し、城代（郡司《ぐんじ》）春日虎綱《かすがとらつな》（いわゆる「高坂弾正《こうさか》」のこと）以下、川中島衆が編制されるまで続くこととなります。

なお、この時期に、山本菅助は尼飾城を訪問しています。永禄元年春、尼飾城に在城していた小山田虎満は腫《は》れ物を患《わずら》い重病の床《とこ》にありました。それを知った信玄は四月二十日付で自筆書状を菅助に送り、小山田の病状を確認し、甲府に帰還して報告すること、対上杉戦に関する作戦について現地の武田方と話し合いをしてくること、などを命じました。

おそらく菅助は、信濃のどこかの城（可能性として塩田城か）に在城していたものの、信玄の指示を受けて尼飾城に向かったと推定されます。当然、同城には幸綱がいたでしょうから、菅助が作戦を話し合った人物の一人が、彼であったことはほぼ間違いないでしょう。

『軍鑑』にみられるような山本菅助（勘助）と幸綱の活躍があったかどうかは確認できませんが、同時代史料からみても、彼らがともに作戦の立案や実行に関わっていたことは事実と考えてよいでしょう。

Q13　戸石城をどうやって攻略したのか？

戸石城は、武田信玄が攻め落とせず、かえって反撃を受け、その生涯で上田原合戦に続く二度目の敗戦となりました。『軍鑑』によれば、武田家中では「戸石崩れ」と呼称され、信玄の生涯で唯一の軍配違い（作戦ミス）として記憶されたといいます。

戦国史上名高いこの堅城は、東太郎山《ひがしたろうやま》の南東に向かってなだらかに下りる尾根先に築かれた山城《やまじろ》で、東側には神川が流れ、しかも断崖《だんがい》が連なる天嶮《てんけん》の要害でした。このため城を、東（真田郷）から遠望すると、まるで石が戸のように連なっているように見えることから戸石城と呼称されるようになったとも、あるいは砥石を立て連ねたように見えることから砥石城とされたとも伝わります。

戸石城は、複数の城砦《じょうさい》によって構成され、侍屋敷や町屋が林立する城下が麓《ふもと》に控えていました。実はこの城には、根小屋《ねごや》（城下）が二ヶ所伝えられています。一つは城の西側にある金剛寺《こんごうじ》地区で、ここには金剛寺城代屋敷跡が伝わり、西小路《にしこうじ》などの地名が残されています。伝承地として、義清井戸《よしきよいど》なども存在し、現在ではこの地域が村上時代の城下ではないかと考えられています。

これに対し、西側の内小屋《うちごや》は、戸石城の諸曲輪《くるわ》によって三方から逆U字形で包まれるように守られており、金剛寺地区と同様に城代屋敷跡などの伝承地があります。また内小屋地区には、街路の両側に町屋が展開していたと推定され、短冊形に整然と区画されており、地籍図を見ると痕跡が明瞭で、現在でも現地を歩くと城下だったことがよくわかります。

また町屋のほぼ中心に市神《いちがみ》（市場の守り神）が祀られ、城下に町場が存在していたと推定され、この内小屋は、武田・真田時代に整備されたと考えられています。

一方の城の守りは、戸石城と呼ばれる峰と、枡形《ますがた》城と呼ばれる二つの峰があり、これを繋ぐ尾根を大規模に削平《さくへい》し、腰曲輪などを多数設けた本城によって構成され、さらに戸石城と尾根続きに位置する峰上に米山《こめやま》要害（小宮山要害とも、かつて焼き米が出土したことから、俗に米山城と呼ばれる）もありました。米山要害は、もともと小宮山氏が築いた単独の要害でしたが、戸石城の成立とその後の拡張により、防御施設として取り込まれたものと考えられます。城内には水の手もあり、渇水《かっすい》の心配もなく理想的な山城といえます。

戸石城

このように水に恵まれ、天嶮の地に複雑に張り巡らされた縄張りによって、戸石城は名うての堅城として、武田信玄の前に立ちはだかったのです。

戸石合戦は、天文十九年（一五五〇）九月に始まりました。七月、筑摩《ちくま》郡に侵攻して信濃守護・小笠原長時《ながとき》を追放、さらに安曇《あずみ》郡の仁科《にしな》氏を降伏させ筑摩・安曇両郡をほぼ平定した武田氏は、余勢を駆って村上義清攻略へと動き出したのです。

当時義清は、長年対立していた北信濃の高梨政頼と対峙しており、武田軍の侵攻に対処できない状況にありました。それでも信玄は、敵情偵察を慎重に進め、八月二十九日に戸石城際まで進み、矢入れ（開戦宣言）を行います。

一方、真田幸綱は、信玄の命令で川中島方面の村上方諸将の調略に従事していました。戸石城は川中島、須坂《すざか》に至る交通の結節点で、幸綱の旧本領・真田に隣接する地域でもあり、地の利といい人脈といい、調略を任されたのは当然といえます。

幸綱の調略は順調に進み、清野清寿軒《きよのせいじゆけん》（海津領主）、須田刑部少輔《すだぎようぶしよう》（須田城主、後の信頼《のぶより》）、寺尾氏《てらお》（寺尾城主）などが相次いで武田氏に帰属します。ところが肝心の戸石城攻めは難航し、武田軍は攻略の糸口を摑めませんでした。すると、村上義清は高梨政頼と和睦し、共同で武田方に寝返った寺尾氏の居城・寺尾城に攻め寄せたのです。これに驚いた信玄は、寺尾氏支援のため幸綱と重臣・今井信甫《いまいのぶすけ》を援軍として派遣。しかし情勢は悪化し、遂に信玄は十月一日に撤退を開始しました。

ここで村上軍は執拗《しつよう》な追撃を行い、武田軍は重臣・横田高松《よこたたかとし》ら千人余が戦死し、多くの兵卒は武器を捨てて逃げ帰ったと噂《うわさ》されるほどでした。このため幸綱が調略した寺尾氏らは再び村上氏に帰属したと考えられます。幸綱の努力は水泡に帰し、本領回復はまたもや遠のいたかにみえました。

ところが翌天文二十年（一五五一）五月二十六日、名にし負う戸石城は突如、幸綱に乗っ取られてしまったのです。その事実を記録する『高白斎記』には「（五月）廿六日節、砥石ノ城真田乗取」とあるのみで、具体的な経緯は一切記していません。そのため、どのようにして幸綱が戸石城を乗っ取ったのかはまったくわかっていません。

一説によると、城内には幸綱の弟・矢沢頼綱が籠城していたともされ、村上方として籠城していた滋野一族や、関係の深い武士たちを秘かに調略し、内応させて乗っ取ったと推定されています。この時、戸石城は建造物が焼失したか、大きな被害を受けたことは間違いなく、無血での乗っ取りではなかったとみられます。

それは、信玄が天文二十二年（一五五三）一月に、戸石城再興のため出陣するとの噂を流布《るふ》するよう命じた書状が残されていることからも推察されます。戸石城を幸綱が制圧すると、信玄はただちに小山田虎満を派遣して幸綱とともに確保させ、城普請《しろぶしん》を実施したのでしょう。ここを武田・真田に抑えられた村上氏は、背後の川中島衆をも調略され、本拠地・葛尾城に封じ込められる危機に立たされました。村上義清が没落するのは、信玄が戸石城再興の噂を流した直後の四月のことです。

Q14　いつ、本領・真田郷を回復したのか？

真田幸綱が本領・真田郷を回復した時期については、実は江戸時代から諸説が出されています。

江戸時代の説は、『軍鑑』にある「幸綱が村上義清に罠《わな》を仕掛け、屈強な武士五百人余を自分の守る城に招き入れて一網打尽にした」という記述の解釈をめぐるものです。この逸話はQ10でも紹介しましたが、その時期は同書によると、天文十五年（一五四六）十一月のことといいます。しかしこの逸話自体、確実な記録で裏付けることはできません。

ただ、江戸時代の人々は、この記事を史実と信じ、幸綱がどこにいたかを考証しました。これを本拠地・松尾城だと考えたのが『滋野世記』『真田御武功記』、次に松尾城の奥にある烏帽子形城《えぼしがたじょう》（現在では「遠見番所《とおみばんしょ》」とされる場所に相当するか）だと推定したのが『真武内伝』、佐久郡・岩尾城だと主張したのが『千曲之真砂《ちくまのまさご》』『佐久郡古城集』などです。

これらの諸説について、松代藩士・大日方直貞《おびなたなおさだ》は、手狭の松尾城で五百人を招き寄せて討ち取ることは難しく、烏帽子形城は山奥の城で幸綱が在城したとの記録も伝承もないので一応除外するとし、城の規模といい、武田方の要衝・内山城との距離といい、最も可能性が高いのは岩尾城ではないかと推定しました。つまり事件の舞台は、本領・松尾城ではないとされたわけです。しかし、佐久郡・岩尾城が武田方に降伏したのは天文二十年（一五五一）七月で、戸石城攻略よりも後のことです。

幸綱の本領・真田郷は、戸石城に隣接してそれに見下ろされる立地にあるため、同城が健在の間は、幸綱の本領回復は至難です。また戸石城攻略以前に、真田郷近辺で真田氏の足跡が確認できないことから、やはり本領回復の時期は、戸石城攻略後と考えるべきでしょう。

しかしながら、武田氏が幸綱を本領に復帰させる予定でいたことを窺わせる文書があります。戸石城攻め直前の、天文十九年（一五五〇）七月二日付で幸綱に与えた信玄の判物《はんもつ》です。その中で信玄は、これまでの幸綱の忠節を賞し、「本意《ほんい》の上に於《お》いては」（本懐を遂げたならば）諏訪方《すわがた》（諏訪形とも。武田氏滅亡後、真田氏の直轄領となる。上田市諏訪形）と上条（上之条、近世の御所《ごしょ》村のこと、上田市御所）で都合千貫文の所領を与えると約束しました。

この「本意」とはいうまでもなく、村上義清打倒（おそらく直近の目的は戸石城攻略）のことを指します。この時期に、信玄がこのような判物を与えたのは、管見《かんけん》の限り幸綱の他に誰も確認できません。これは、戸石城攻略と幸綱の本領回復とが連動していた可能性を示すものなのです。

このようにみてくると、幸綱の本領回復は、天文二十年五月二十六日の戸石城乗っ取り以後となるでしょう。ただこのころはまだ村上義清が葛尾城に健在で、妻子などを伴う本格復帰ではなく、幸綱やその麾下の軍勢などが戻っただけであったと推定されます。居館の復興や整備、妻子らとの同居という本格的な復帰は、村上義清の完全没落（天文二十二年〈一五五三〉八月）後のことと考えられます。

実際に、天文二十二年八月十日、幸綱は息子・源五郎（後の真田昌幸）を甲府に差し出して信玄に褒賞《ほうしょう》され、秋和《あきわ》（上田市）で三百五十貫文を与えられています。村上氏追放が実現したことにより、信玄は幸綱の忠節と活躍に報いたのでしょう。また天文十九年七月に、信玄が幸綱に村上氏打倒が実現したら知行として与えると約束した諏訪方と上条も、真田氏に同じころ引き渡されたとみられます

（昌幸時代の記録によると、真田氏の直轄領となっている）。

Q15　本領回復後、どんな民政を行ったのか？

確実な史料を探ってみても、本領回復後、真田幸綱が民政に尽力したことを示すものはまったく見当たりません。わずかに、真田氏ら滋野一族の氏神であり、真田郷などの地域社会でも崇敬《すうけい》を集めていた四阿山《あずまやさん》の奥宮社殿の造営を、永禄五年（一五六二）に息子・信綱とともに大檀那として実施したことが知られるのみです。

ところが当時の史料では検証できないものの、見過ごせない地域慣行と伝承が、真田郷とその周辺に残されているのです。それは吉田堰《よしだせき》という用水路です。

この用水路は、真田に隣接する石舟《いしふね》から神川の水を引き入れ、旧本原《もとはら》村、赤《あか》坂《さか》、矢沢、下郷《しもごう》、森《もり》、大日木《おひのき》、小井田《こいだ》、中吉田、東深井《ひがしふかい》を経て海野に至り、千曲川に注ぐという総延長四里七町（約十七キロ）に及ぶ長大なものです。水量が豊富で流れが速く、この堰で落命する人が跡を絶たなかったことから「人取り堰」「人食い堰」という俗称もあります。

この用水路の開削時期は記録上明らかではありませんが、養老《ようろう》年間(七一七〜二四年)といわれ、別名を「養老堰」「童女《おうな》堰」とも呼ばれました。現在の上田市域は、古代以来の条里制施行に伴う用水路整備が非常に進んでいましたが、実をいうと真田地域はそれから外れてしまっていました。これをカバーし、真田地域の水田開発に重要な役割を担ったのが、吉田堰だと推定されています(以下、箱山貴太郎『吉田堰』吉田堰管理組合、一九六九年、真田町誌編集委員会編『真田町誌歴史編上』真田町誌刊行会、一九九八年による)。

ところで、この吉田堰をなぜ紹介するかといえば、この堰はもう一つの別称を「永禄堰」といい、永禄元年から十三年にかけて大改修がなされたとの伝承があり、しかもそれは、真田幸綱が主導したと考えられているからです。

この永禄の大改修以前の吉田堰は、流末が瀬沢川《せざわがわ》までしか来ておらず、吉田、深井《ふかい》、海野、田中、常田、禰津、海善寺《かいぜんじ》、東田沢《ひがしたざわ》、東上田、栗林《くりばやし》、中曽根《なかそね》の十一ヶ村は烏帽子川、金原《かなばら》川、成沢《なるさわ》川をはじめ、禰津山の渓流水より取水していました。ところがこれらでは到底水が足りず、旱損《かんそん》が頻発し稲作に苦慮したといいます。

そのために吉田堰の利用が求められ、永禄の大改修によって実現したと伝わり

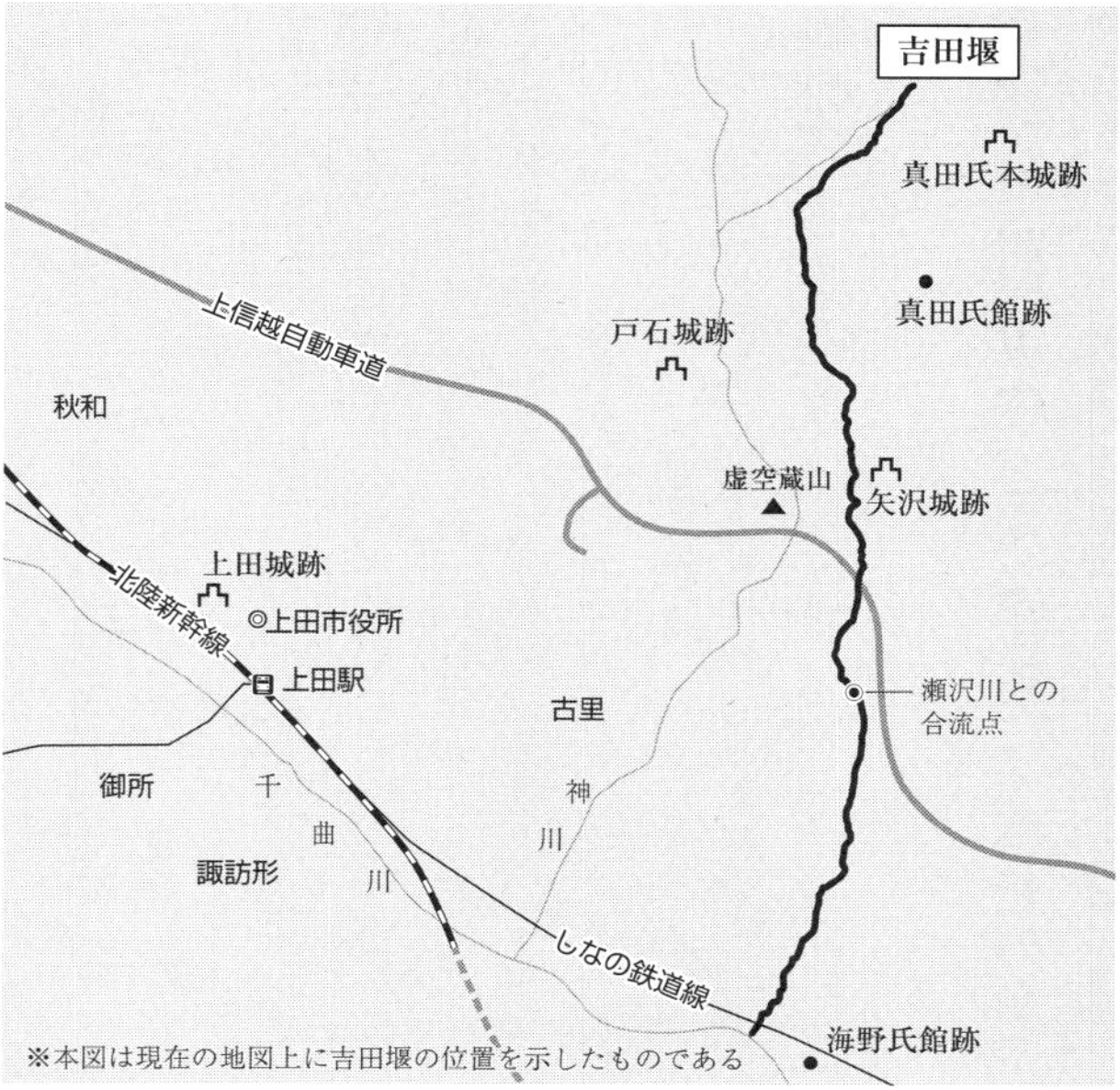

吉田堰の位置

ます。こうした経緯から、近世では吉田堰の普請や修復には、これらの村々が加勢人足《にんそく》と諸経費の負担を行ったとされます。一方で、真田から矢沢、下郷、漆戸《うるしど》の地域は水は利用するものの、一切の人足と経費負担を免じられていました。この水利慣行は、吉田堰の成立と拡張の経緯を反映するものといわれます。

　興味深いのは、吉田

堰が永禄堰になったことにより、上流である真田地域と流末の海野までが水で繋がったことです。この堰沿いには真田氏、矢沢氏、常田氏、禰津氏、海野氏といった滋野一族が存在し、永禄の大改修は彼らの協力と連携があった可能性を示唆します。

とりわけ優位だったのは、取水口の石舟を所領域とする真田幸綱で、この永禄の大改修は幸綱の協力なくして実現しなかったと考えられます。だからこそ、永禄堰は幸綱の手になるものとの伝承が生まれたのでしょう。

水利利用が領主連合と密接に関係するという事例は全国にみられますが、真田氏の本領でも、滋野一族の絆を取り結んだ大きな要因が四阿山や白鳥神社信仰だけでなく、地域社会の存立と不可分の水利慣行があった可能性が浮かび上がってくるのです。この吉田堰と真田氏との関係がどこまで事実なのかは、当時の史料からは明らかにはなりませんが、地域慣行と真田氏とを結ぶ伝承として注目していく必要があるでしょう。

Q16　本領回復後、どんな任務についたのか？

天文二十年（一五五一）ごろに本領・真田郷を回復した真田幸綱は、その後武田信玄の北信濃侵攻作戦に従事し、いわゆる川中島合戦の最前線で活動することになります。

戸石城攻略後の動きを紹介しつつ、川中島合戦における幸綱の動きをみていきましょう。既述のように、戸石城陥落後、幸綱は信玄より派遣された小山田虎満とともに同城を確保し、大規模な普請を行ったと考えられます。また戸石落城は、佐久郡の反武田方の国衆を動揺させました。天文二十年（一五五一）七月、最後まで抵抗を続けていた岩尾城主・大井（岩尾）弾正行頼が降伏し、同城や岩《いわ》村田《むらた》城（大井城）など佐久郡の諸城は、武田氏による大修築が加えられました。幸綱は、小山田虎満（佐久郡・内山城代、小県郡・戸石城将）の相備衆《あいぞなえしゅう》として、このころ戸石城や岩尾城に在城したと推定されます。また彼らは村上氏に対抗するため、甲府への出仕を免除されていたといいます。

天文二十二年三月、信玄の村上義清攻略戦が始まると、四月九日、義清は本拠地・葛尾城を捨てて逃亡。しかしまもなく義清は、高梨政頼らの支援（越後・上杉謙信の援軍も含むか）を得て一時的に本領を奪回し、塩田城に入りました。この時信玄は占領地を確保することにつとめ、決戦を避けていったん甲府に引き揚げています。そして七月に再度出陣し、八月には村上義清の在城する塩田城に迫りました。

義清はこれを支えきれず、越後の上杉謙信のもとへ亡命。そこで謙信が、同年九月信濃に出兵しますが、これが第一次川中島合戦です。謙信は武田領の奥深くまで攻め寄せますが、信玄が麾下の軍勢に籠城策を指示して決戦を避けたため、なすすべなく撤退しました。この時の幸綱の所在地ははっきりしませんが、戸石城に籠城し、村上・高梨氏や謙信の襲来に備えていたと推定されます。

その後、弘治元年（一五五五）四月、信濃善光寺の別当《べっとう》・栗田《くりた》鶴寿《かくじゅ》が武田方に転じたことから、善光寺の支配権を奪回すべく上杉謙信が川中島に出陣。これが第二次川中島合戦です。両軍は決め手を欠き、犀川《さいがわ》を挟んで二百日余に及ぶ長期対陣となりました。そのため、今川義元の仲介で和睦が成立し、両軍は閏《うるう》十月に撤退し、合戦は終了。この合戦で幸綱がどのような働きをしたのかは不明ですが、武田軍の陣中にいたことは間違いないでしょう。

幸綱の活動が史料に記録されるのは、第二次川中島合戦の直後からになります。信玄に謙信との和睦を遵守《じゅんしゅ》する意志はなく、弘治二年（一五五六）六月には綿内《わたうち》城主・井上《いのうえ》氏を調略し、さらに同年八月には小山田虎満・幸綱らが尼飾城

幸綱が籠城した尼飾城（提供：公益財団法人 ながの観光コンベンションビューロー）

主・東条氏を攻めてこれを越後に追放しました。この結果、上杉軍に本領を逐われて武田氏を頼っていた西条《にしじょう》城主・西条氏らが帰還を果たし、尼飾城の普請などを行っています。

その後の状況を勘案すると、幸綱は小山田虎満とともにそのまま尼飾城に在城し、上杉軍の南下を監視することになったと推察されます。なお、尼飾城は永禄三年（一五六〇）ごろに海津城が完成するまで、川中島監視の要衝として重視されました。

そして弘治三年（一五五七）二月、武田方は上杉方の要衝・葛山城を奇襲攻撃し、これを陥落させました。葛山落城は北信濃の反武田方国衆に衝撃を与え、嶋津《しまづ》氏らは本領を捨てて上杉・高梨両氏の拠点である上倉《かみくら》城や飯山城に逃げ込み、謙信に援軍を要請。これが第三次川中島合戦の始まりです。

ところが折しも、謙信の本国・越後は豪雪で軍勢の召集がままなりませんでした。謙信が軍勢をかき集め、信越国境（長野・新潟の県境）を越えたのは四月に入ってからのこと。ようやく信濃に入った謙信は、各地の武田方の城を攻め落としながら、五月十二日に尼飾城を攻撃。この時、小山田虎満と幸綱の活躍により、上杉軍は城を攻略できず、やむなく善光寺近くの旭山城に本陣を置き、武田方と対峙します。

こうして、幸綱が籠城する尼飾城が、上杉軍に対抗する最前線に位置付けられることとなります。信玄は同城の守備を重視し、相当数の軍勢を配備して上杉軍を牽制《けんせい》しました。上杉軍は各地で武田方を挑発したものの果たせず、一方の信玄は、当初は深志《ふかし》城（松本《まつもと》城の前身）に在陣して小谷《おたり》城攻略を指揮し、その後七月には塩崎《しおざき》城に移動して陣頭指揮を執《と》っています。

かくして川中島地方は、葛山城、塩崎城、尼飾城に武田軍の軍勢が駐留し、塩崎城の信玄本陣を軸に旭山城の上杉謙信を包囲する形勢となり、謙信も動きを止めて戦線は膠着《こうちゃく》。やがて謙信は、戦果のないまま九月に越後へ撤退し、信玄もこれをみて、占領地域への仕置《しおき》を実施すると十月に甲府に撤退するのです。

さらに信玄は、翌永禄元年（一五五八）四月、小山田虎満やその麾下の佐久郡北方衆らとともに、幸綱にも尼飾城籠城を指示しました。このようにして幸綱は、対上杉戦の最前線を任されることとなるのです（Q12参照）。

Q17　上杉謙信が関東管領になった時、お祝いを贈ったのは本当か？

『上杉家文書』の中に、「侍衆御太刀之次第」という記録が残されています。この文書は上杉謙信が永禄二年（一五五九）四月から十月下旬まで上洛《じょうらく》して大きな成果をあげ、その帰国直後の、越後国衆や信濃国衆の動向を記録したものです。

この中に、永禄三年（一五六〇）十一月十三日に信濃より太刀《たち》を持参して春日《かすが》山《やま》城を訪れ、謙信に祝儀《しゅうぎ》を贈った国衆の名字が「御太刀持参之衆」として記録されており、実はその中に「真田殿」と明記されています。これは真田幸綱が、謙信に太刀を持参したことを示しています。ちなみにこの時、幸綱とともに太刀を持参し贈った信濃国衆は83ページの資料2の通りです。

この事実は、当時の幸綱をはじめとする信濃国衆にとって、謙信の上洛が、刮《かつ》目《もく》すべき内容だったことを示唆します。それでは謙信は、いかなる成果をおさめて帰国したのでしょうか。

謙信は、永禄二年四月二十日に近江国坂本《おうみさかもと》に到着すると、二十七日に将軍・足利義輝《よしてる》に拝謁《はいえつ》。さらに五月一日には、正親町《おおぎまち》天皇に異例の拝謁を許されました。その際、謙信は莫大な献上物を捧《ささ》げ、天盃《てんぱい》と御剣《みつるぎ》を賜《たまわ》ったといいます。その後、将軍・義輝や関白・近衛前嗣《このえさきつぐ》らとしばしば酒宴を張り、また数多くの公家衆《くげしゅう》と交流しました。

謙信の上洛の目的は、関東管領・上杉憲政を奉じて関東へ出兵する大義名分の獲得や、それに見合った身分・家格を保証してもらうことだったといわれます。ところが濃密な交流の結果、六月二十六日に将軍・足利義輝の御内書《ごないしょ》と、幕臣・大館晴光《おおだちはるみつ》の奉書を賜り、次のことが認められました。

①「裏書御免《うらがきごめん》」の特権（裏書御免とは、文書を包む封紙の裏に書くべき名字と官途名を省略して相手に書状を出す特権）

②塗輿《ぬりこし》（漆塗《うるし》りの輿、将軍・三管領・相伴衆《しょうばんしゅう》なみの身分の者のみが許される）に乗ることの免許

③謙信のもとへ亡命してきた関東管領・上杉憲政を補佐、援助することを認め、憲政の処遇は謙信に一任すること（事実上、関東管領就任の承認）

資料２：永禄3年 11 月　長尾景虎への「御太刀持参之衆」のうち信濃国衆一覧

人名	人物比定	本拠地	備考
村上義清	村上義清	越後亡命中	使者出浦蔵人頭
高梨政頼	高梨政頼	越後亡命中	使者草間出羽守
栗田殿	栗田鶴寿	善光寺別当	村上氏旧臣
須田殿	須田刑部少輔信頼	高井郡須田	村上氏旧臣
井上殿	井上左衛門尉	高井郡綿内	村上氏旧臣
屋代殿	屋代越中守政国	更級郡屋代	村上氏旧臣
海野殿	海野伊勢守幸忠	小県郡海野	滋野一族
仁科殿	仁科上野介盛政	安曇郡仁科	仁科一族
望月殿	望月遠江守信雅	小県郡望月	滋野一族
市川殿	市河藤若信房	高井郡市川	高梨氏と対立
河田殿	河田蔵人？	高井郡河田	村上氏旧臣
清野殿	清野清寿軒	埴科郡清野	村上氏旧臣
嶋津殿	嶋津左京亮泰忠	水内郡長沼	村上氏旧臣
保科殿	保科左近尉？	高井郡保科	村上氏旧臣
西条殿	西条治部少輔	埴科郡西条	村上氏旧臣
東条殿	東条遠江守信広？	埴科郡東条	村上氏旧臣
真田殿	真田弾正忠幸綱	小県郡真田	滋野一族
禰津殿	禰津宮内大輔信直	小県郡禰津	滋野一族
室賀殿	室賀山城守信俊	小県郡室賀	村上氏旧臣
綱島殿	綱島兵部介？	更級郡綱島	村上氏旧臣
大日向殿	大日向上総介直武	水内郡小川	小笠原一族

（出典）『上杉家文書』（『信濃史料』12巻267頁）

④朱塗柄《しゅぬりえ》の傘の使用
⑤菊桐紋《きくきりもん》の使用
⑥屋形号《やかたごう》の使用（守護大名なみの「御屋形様《おやかたさま》」の呼称の公認）

このうち、菊紋の使用は辞退したといいますが、これは異例の待遇といえます。特に③を除く、①〜⑥の五件と、すでに使用が許されていた白傘袋《しらかさぶくろ》、毛氈《もうせん》鞍覆《くらおおい》の二件をあわせて、俗に「上杉の七免許」と呼ばれています。この結果、謙信は名実ともに室町幕府から公認された越後の国主大名に脱皮したばかりか、周辺のどの戦国大名よりも高い身分を獲得したのです。

さらに謙信は、将軍・義輝に武田信玄の攻勢に直面している信濃国衆を助けるための信濃侵攻をも公認してもらい、信玄を侵略者と糾弾《きゅうだん》できるようになりました。

これは、謙信の軍事行動にとって極めて有利でした。謙信の関東出兵（対北条戦）と信濃出兵（対武田戦）は、いずれも私戦ではなく、幕府に容認された正当な戦闘行為という大義名分を獲得したのでした。事実、謙信は信玄との戦いについて、これを「順弓《じゅんきゅう》」（義戦）と呼び、信玄の侵攻を「逆矢《ぎゃくや》」（侵略）として糾弾し、宣伝しています。

戦国時代とはいえ、むやみに近隣に戦争を仕掛けることは困難であり、何らかの大義名分が必要でした。謙信には、武田氏の侵攻に直面し、援助を求めてきた信濃衆を助けるという名目がすでにありましたが、隣国信濃への軍事介入《かいにゅう》を室町幕府から正当と認定されることで、信玄を悪者に仕立てあげることに成功したのです。

謙信の上洛成功は、彼の関東と信濃への出兵が時間の問題になったことを意味しました。幸綱が謙信に太刀を贈ったのには、こうした背景があったのです。

Q18　信玄を裏切って、謙信に寝返る腹づもりはあったのか？

先ほど紹介した真田幸綱をはじめとする信濃国衆が上杉謙信に太刀を贈った事実をもって、「彼らは上杉方に寝返るつもりだったのではないか」という疑問は確かによく提起されます。しかしながら、そうと決めるのは早計です。

もちろん、その可能性がまったくなかったわけではありません。彼らが身の振り方を決断するのは、その後の信濃や関東をめぐる武田・上杉両氏の軍事情勢の変動にかかっていたといってよいからです。

ところで、数ある信濃国衆の中でなぜ、幸綱ら十九人のみが謙信と接触したのでしょうか。資料2をもとに、彼らの本領を地図に落としてみると、意外な事実が浮かび上がってきます（次ページ資料3参照）。彼らはいずれも高井・水内・埴科・更級・小県・佐久・安曇郡といった謙信領国や、旧関東管領・上杉領国と境を接している人々に限定されているのです。同じ信濃国衆でも、諏方・木曾《きそ》・伊《い》那《な》郡の国衆は一人も記されていません。これは明らかに、謙信や上杉憲政からの直接的な軍事行動の脅威に直面する境目《さかいめ》の国衆のみが、独自に選択した行動であったことを示しています。

戦国時代は、敵味方の勢力の接点に位置する地域は「境目」と呼ばれていました。そして、現代人には意外に思われるかもしれませんが、境目の人々は、領主であろうと農民であろうと、ある大名に忠節を尽くしながらも、敵勢力圏に存在する大名や国衆らと接触することが社会的に容認されていたのです。

たとえば、境目の郷村では、敵味方の両方に年貢を半分ずつ納めることで、双方からの乱取り等を回避し、中立的な立場を保持することが慣行として認められていました。このような両属状態を「半手《はんて》」「半納《はんのう》」といいます。

また境目の国衆は、それぞれ勢力圏を接する複数の大名に人質を出したり、婚

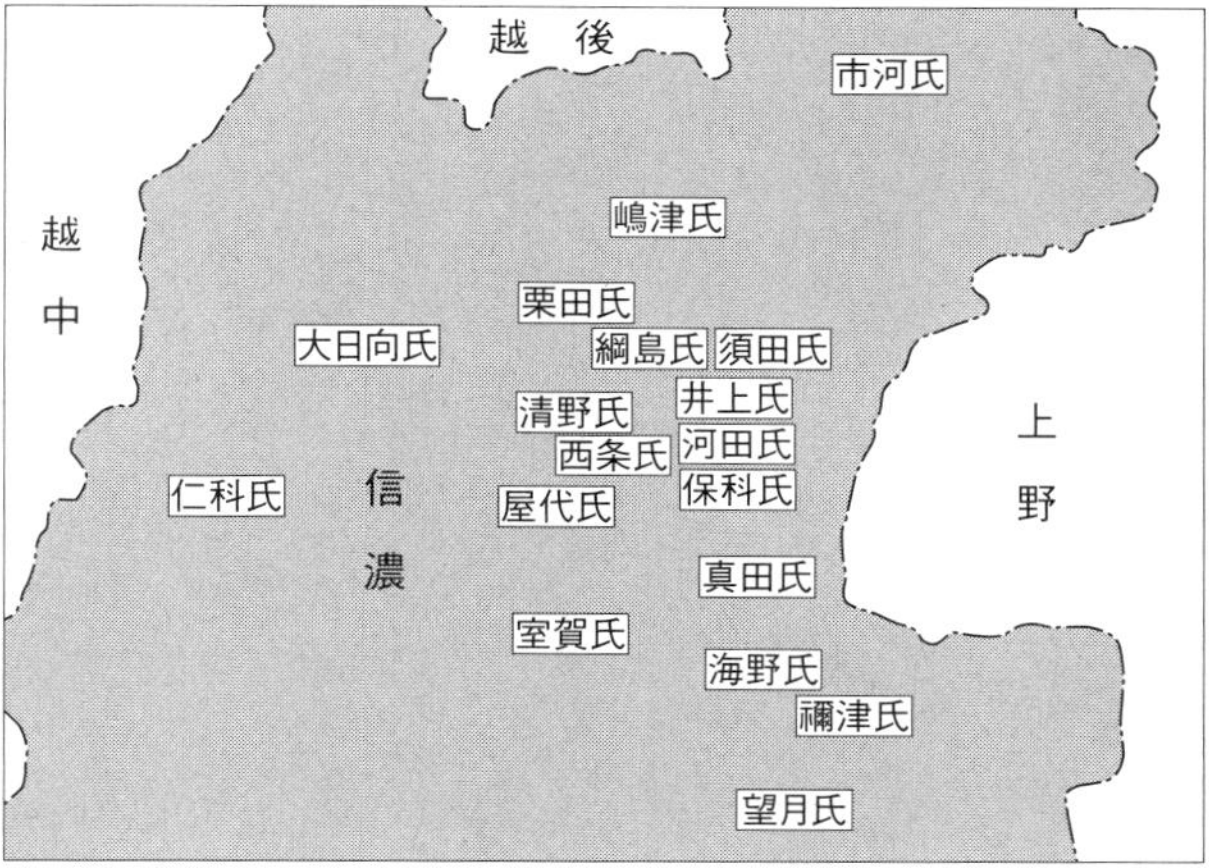

資料3：上杉謙信に太刀を贈った信濃国衆の本領地

姻関係を結んだり、軍勢派遣の要請を承知することなどもしばしばありました。そのうえで、どちらに奉公の比重を置くかは、境目の領主の判断に委《ゆだ》ねられていました。

代表的な事例は、東美濃《みの》の遠山《とおやま》一族でしょう。遠山景任《かげとう》は武田信玄と同盟しつつ、織田信長《おだのぶなが》の叔母《おば》を正室とし、織田氏とも同盟を結んでいました。この状態は、信玄と信長との甲尾《こうび》同盟が破綻《はたん》するまで続きました。

実をいうと、真田氏にも同じ事例が認められます。幸綱の長男・信綱は、その諱が示すように武田氏より偏諱を与えられ、真田氏の嫡男として処遇されていました。ところが信綱の正室「於北様《おきた》」は、武田氏の宿敵・上杉謙信の一族である高梨政頼（北信濃国衆）の姉妹とも、政頼家臣・井上氏の息女で、政頼の養女とも記録されているのです。これは、上杉方と対決しつつも、敵方との外交交渉の糸口を維持していたことを示しています。

もちろん婚姻については、戦国大名当主の許可を得ることが原則であり、武田信玄が制定した『甲州法度之次第《こうしゆうはつとのしだい》』第四条で厳しい規制が加えられています。ところが境目の人々については、両属の慣習により咎《とが》め立てはできませんでした。実際に『甲州法度之次第』第三条には、次のようにみえます。

一、内儀《ないぎ》を得ずして他国へ音信、書札を遣《つか》わすこと一向に停止せしめおわんぬ。但《ただ》し信州在国の人、謀略のために一国中通用の者は是非《ぜひ》なき次第なり、もし境目の人、日頃書状を通じ来たる者はこれを禁ずるに及ばざるか。

これは武田氏の許可（内儀）なく他国へ贈答品や書状を送ることを厳しく禁じた条文です。ところが、これには例外規定が設けられています。それは信濃に在国している人物のうち、武田氏が特別に認めた謀略担当の者は、この規定の例外とするというものです。また境目の人が、普通に書状の遣《や》り取りをすることは禁じるには及ばないだろう、と認定しています。このように戦国大名は、謀略担当と境目の人々が隣国と交流することを禁じていません。

永禄二年末の段階で、幸綱をはじめとする境目の国衆は、武田・上杉の交戦下では、武田方に忠節を尽くす立場を鮮明にしていました。しかし謙信が信濃や関東侵攻の正当性を振りかざして攻め寄せてくれば、今度こそ踏みつぶされるかもしれないという、政治・軍事的緊張のもとに置かれることになりました。そのため、幸綱ら境目の国衆は、武田氏にのみ忠節を尽くしながらも、上杉氏との折衝ルートも確保しておきたいと考えたのではないでしょうか。この事実は、境目の国衆が生き残りを賭けて多様な動きをしていたことが窺えて興味深いものです。

繰り返しますが、信玄といえども、境目の国衆が生き残りを賭けて、敵勢力とも何らかの接触を取ることを咎め立てすることはできません。信玄にとって境目の人々の不穏な動きを制する方法はただ一つ、境目という状況を克服すること、すなわち謙信を撃破して領域を拡大することだけだったのです。

戦国大名の領土が拡大し、境目が遠くなれば（つまりそれは、かつての境目地域が領国内部に包摂《ほうせつ》されたことを意味する）、境目状況は解消され、領国経営は安定するわけです。戦国合戦は当時から「国郡境目相論」と呼ばれていますが、この状況の克服こそ、戦国大名にとって極めて重要な政治・軍事課題だったといえます。

Q19 第四次川中島合戦で、どんな活躍をしたのか？

武田信玄と上杉謙信といえば、永禄四年（一五六一）九月、川中島で両軍が衝突し、多数の戦死傷者を出した第四次川中島合戦が有名です。この合戦に、真田幸綱も参戦しています。ちなみに三男・昌幸は、この合戦が初陣《ういじん》と伝えられています。

この合戦はあまりにも有名ですが、実際の戦闘経過については『軍鑑』など後世の軍記物に頼るしかなく、その実像は現在も謎に包まれています。ここでは、通説にそって幸綱の動きを紹介しましょう。

合戦の発端《ほったん》は、前年にさかのぼります。永禄三年、上杉謙信は関東出陣を果たし、北条氏康の本拠地・小田原《おだわら》城を連日攻撃しつつ、鎌倉の鶴岡八幡宮《つるがおかはちまんぐう》で上杉憲政の養子縁組と関東管領就任の儀式を果たしました。

一方、武田信玄は、北条氏を支援すべく同盟国・今川氏真《うじざね》とともに援軍を派遣し、自身も上信国境、信越国境などに相次いで軍勢を動かし、さらに海津城を築城するなど、謙信の背後を脅《おびや》かします。このため謙信は、やむなく関東出兵を切り上げ、帰国せざるをえなくなりました。

かくして、信玄に関東攻略を邪魔された謙信は怒りに燃え、八月十四日に一万三千人余を率いて越後を出陣し、川中島に向かったのです。十五日に善光寺に到着した謙信は、十六日に信玄の重臣・春日（香坂《こうさか》）虎綱が籠城する海津城を見下ろせる妻女山《さいじょさん》に布陣。

対する信玄は十八日に甲府を出陣し、途中で軍勢を合流させながら二十四日に二万人を率いて川中島に進出し、二十九日に海津城に入り、以後十日に及ぶ対陣となりました。九月九日、軍議を開いた信玄は決戦を決意し、山本勘助（菅助）と馬場信春《ばばのぶはる》の合議による作戦を採用。これは世に「啄木鳥《きつつき》の戦法」と呼ばれていますが、『軍鑑』にはそのような呼称は記されていません。後世の創作でしょう。

しかし、妻女山上の謙信は、海津城でいつもより多く炊事の煙が上がるのを見て、武田軍が動くことを察知し、先に下山して信玄本隊を襲う作戦を立てたといいます。

この時信玄は、妻女山夜襲隊を幸綱、小山田虎満、飯富虎昌らをはじめ主に信濃国衆によって編制し、道案内に海津城主・春日虎綱を指名して出陣させました。そして信玄自身は、実弟・信繁《のぶしげ》、重臣・内藤昌秀《ないとうまさひで》、両角虎光《もろずみとらみつ》、飯富昌景《まさかげ》（後の山県《やまがた》昌景）、穴山信君《あなやまのぶただ》ら甲斐衆を中心とする本隊を率いて川中島に向かったのです。

明けて十日早朝、川中島は霧に覆われていました。武田軍本隊は、霧が晴れるや、前面に上杉軍が攻撃態勢を整えていることを知り驚愕《きょうがく》します。両軍の激突は、午前八時ごろより開始。不意を衝かれた武田軍は、武田信繁、両角虎光、三枝《さえ》新十郎《ぐさしんじゅうろう》らが相次いで戦死し、苦境に陥りました。信玄本陣に謙信が突入し、両雄の一騎打ちがあったという逸話は、この時のものです。

しかし、午前十時頃、出し抜かれたことを知った武田軍別働隊が川中島に引き返してきたことから形勢は逆転。上杉軍は前後より武田軍の攻撃にあって壊乱《かいらん》し、遂に善光寺に撤退します。合戦は、午後四時に信玄が追撃する全軍を八幡原《はちまんばら》に撤収させて終了しました。この合戦で、山本勘助も戦死し、死者は武田軍四千人余、上杉軍三千人余と伝わります。

『川中島五戦記』によると、幸綱はこの戦闘で重傷を負ったと伝えられますが、確認はできません。幸綱の活動がこの合戦以後停滞した様子は史料から窺うことができないので、これは事実ではないでしょう。

Q20　川中島合戦後、どんな任務についたのか？

第四次川中島合戦終了後、真田幸綱はそれまで担っていた北信濃侵攻の担当を外れ、上野国侵攻の最前線に配属されることとなりました。もちろん、それまでともに活動してきた小山田虎満と一緒です。虎満は川中島を押さえる拠点として海津城が完成し、その城代に春日虎綱が就任し、その麾下の川中島衆が編制されると、尼飾城の城主から上野侵攻へと配置替えになっています。幸綱の配置替えも、それに伴うものでしょう。

しかし、幸綱が上野侵攻の最前線に配置されたのは、上野国など旧山内上杉氏の家中に知己が多かったという人脈の広さが評価されたからに違いないでしょう。

信玄は第四次川中島合戦の前から、上野侵攻のための布石《ふせき》を打っていました。

内紛により本領・国峯城を追われていた小幡憲重・信真《のぶざね》父子を庇護《ひご》し、上野国の南牧谷《なんもくだに》に拠点を構えさせていたのです。この小幡父子と幸綱は仲がよく、「両輪の如《ごと》くかたくのなじみなり」といわれていたといいます（『軍鑑』）。

第四次川中島合戦前、上野国吾妻郡の鎌原《かんばら》城主・鎌原宮内少輔《くないしょうゆう》は、同郡の岩《いわ》下《した》城主・齋藤越前守憲広《さいとうえちぜんのかみのりひろ》、山田氏、羽尾幸全らと所領をめぐって激しく争っていましたが、岩下衆に押され気味でした。そこで鎌原氏は、国境を接する武田信玄に援助を求めます。

これを仲介したのが、幸綱でした。「真田系図」の多くは、鎌原宮内少輔を真田幸綱の弟と記していますが、事実かどうかは確認できません。ただ鎌原氏が滋野一族であることは確実であり、鎌原氏と真田氏が縁戚であった可能性は高く、後に武田氏が鎌原氏を支援すべく派遣した人物が幸綱であることは事実です。

史料から辿《たど》ると、鎌原氏は上杉謙信が関東に侵攻する永禄三年（一五六〇）には、武田氏と結んでいたと思われます。つまり信玄は、幸綱の活躍によって、川中島の激戦以前に上野侵攻の拠点を複数確保していたのです。

幸綱は、永禄四年十一月から始まった武田氏の上野侵攻に従軍し、高田《たかだ》城の攻略や倉賀野《くらがの》攻めなどに参加したと考えられます。ところが、永禄五年（一五六二）

三月、岩下城主・齋藤越前守が鎌原宮内少輔を信濃に追放する事件が起こります。信玄は鎌原氏を庇護し、吾妻郡の手子丸《てこまる》城（大戸城）主・浦野《うらの》中務少輔《なかつかさしょうゆう》を調略させました。大戸浦野氏も、「六連銭」を家紋とする滋野一族です。まもなく安中《あんなか》城主・安中重繁《しげしげ》も武田氏に帰属し、碓氷峠は完全に武田氏の制圧するところとなりました。

信玄はこの好機を逃さず、自身も上野に出陣し、鎌原宮内少輔も鎌原城に復帰して本領を回復。まもなく農繁期を迎えることを考慮した信玄は、いったん帰国して将兵に農作業をさせたうえで、六月下旬に再び出陣することを決意しました。そこで、自身帰国後の西上野防備を固めるため、鎌原氏の居城・鎌原城に真田幸綱・海野幸忠・禰津常安《じょうあん》・常田新六郎・小草野《おぐさの》孫左衛門尉らを配備。同様に浦野氏の居城・手子丸城（大戸城）にも増援が派遣されました。これにより真田氏は、一族の常田・海野・鎌原氏とともに西上野侵攻の先兵と位置付けられ、長野氏業《うじなり》（長野業正の息子）の居城・箕輪城や上杉方の拠点・嵩山《たけやま》城の攻略に従事することとなります。

Q21 岩櫃城攻略に活躍したというが、実際はどんな働きをしたのか？

永禄六年（一五六三）十二月、岩下城主・齋藤越前入道が上杉氏に内通して叛《はん》乱《らん》を起こし、武田方の岩櫃城を乗っ取るという事件が勃発。ここから岩櫃城の攻防戦が始まることとなります。

ところで、『加沢記』以来、岩櫃城は齋藤氏の持ち城で、齋藤越前入道は上杉謙信と示し合わせて叛乱を起こし、籠城したといわれてきました。しかし近年の研究により、齋藤氏の居城は岩下城であり、岩櫃城は確実な記録では永禄七年以前には所見がないことなどから、上杉方の拠点・嵩山城攻略に向けて武田氏が新たに拡張した城ではないかと考えられます。ただいずれにせよ、岩櫃山に何らかの小城が存在し、ここに武田氏の在番がいた可能性は高く、齋藤越前入道は嵩山城を後ろ楯にして武田氏に対抗すべく、岩櫃城を乗っ取ったのではないでしょうか。

ところでこの齋藤越前入道の叛乱については、確実な史料が乏しく、『加沢記』などに詳細が記されているに過ぎません。ここでは『加沢記』の記すところを紹介しましょう。

齋藤越前入道が武田氏への謀叛《むほん》を企《くわだ》てたのは、長年不仲だった鎌原城主・鎌原氏が真田幸綱を通じて武田氏に帰属したことにより、うかつに手出しができなくなったことへの不満があったからだといいます。さらに手子丸城（大戸城）主・大戸真楽斎《しんらくさい》など浦野一族とも対立しており、彼らを一挙に打倒しようと目論んだものと思われます。そこで齋藤は、中山《なかやま》城主・中山安芸守《あきのかみ》を通じて沼田城主・沼田万鬼斎《まんきさい》（顕泰《あきやす》）と和睦し、加勢を乞《こ》いました。これを察知した鎌原が幸綱に急報し、武田信玄の指示のもと、齋藤攻めが開始されるのです。

信玄は検使として、甲府より幸綱の三男・昌幸（当時、武藤《むとう》喜《き》兵衛尉《へえのじょう》昌幸）、三枝虎吉《とらよし》を派遣。幸綱は岩櫃攻めの総大将に任命され、これに矢沢、常田、禰津、相木、芦田（依田）、小草野（海野家臣）ら佐久・小県衆と、鎌原、湯本《ゆもと》、西《にし》窪《くぼ》、横谷《よこたに》ら西上野衆が従ったといいます。幸綱は、軍勢を二手に分け、横谷雁ケ《よこたにかりが》沢口《さわぐち》（群馬県東吾妻町松谷《まつや》）と大戸口（同町大戸）より岩櫃城に迫りました。この結果、大戸真楽斎ら岩櫃周辺の人々は続々と武田方に参集します。

これを知った齋藤も、沼田氏に援軍を要請。すると、沼田、発知《ほっち》、下沼田、鈴《すず》木《き》（名胡桃）、西山《にしやま》、真下《ましも》、小川《おがわ》ら東上野衆が続々と岩櫃城に入城しました。この他に、白井《しろい》城主・長尾憲景《のりかげ》も家臣の矢野《やの》氏、牧《まき》氏らを派遣したといいます。力を得た齋藤は、軍勢を武田方の侵攻路に向かわせて迎撃しようと企てましたが、大戸口の戦闘で敗れ、岩櫃での籠城を余儀なくされました。

名にし負う要害の岩櫃城に力攻めをしては犠牲は計り知れないと判断した幸綱は、調略によって齋藤を降伏させようと図ります。雲林寺の僧侶を通じて、齋藤氏と縁の深い善導寺《ぜんどうじ》に和睦の手引きを依頼。善導寺に和睦を勧められた齋藤は、今度の決起は鎌原らを退治しようとしただけであり、武田信玄には何の怨《うら》みも意《い》趣《しゅ》もない、としてこれを受諾しました。ただし齋藤は、和睦の条件として、事件の発端をつくった鎌原、大戸浦野氏らから人質を差し出させることを求め、了承されます。鎌原、大戸浦野氏らの人質は、齋藤越前入道の甥《おい》・弥三郎《やさぶろう》のもとに届けられ、彼が預かることとなりました。こうして和睦が調《ととの》うと、岩櫃城に援軍として入城していた東上野衆も続々と帰国していきました。

ところが、これは幸綱の計略でした。彼も信玄も、齋藤越前入道を危険人物とみなし、排除する心づもりだったのです。岩櫃城に籠城されてはたまらないと考えた幸綱は、すでに城内に調略の手を伸ばしていました。

まず和睦が調った直後、鎌原宮内少輔が岩櫃城に和睦の礼に訪問。齋藤越前入道との関係修復に動いたわけです。対面を終えた鎌原はその夜、齋藤弥三郎の屋敷に一泊し、胸襟《きょうきん》を開いて語り合いました。その際鎌原は、武田は越前入道を成敗《せいばい》するつもりでいる、あなたさえ武田に付けば、齋藤家も維持されるし当郡を安堵《あんど》されることは疑いない、ぜひわれらの味方になってほしい、と説得しました。すると弥三郎は、強欲な人物であったためにこの調略に飛びつき、武田方に寝返ることに決め、齋藤の家中のほとんどを抱き込み、起請文《きしょうもん》を作成して鎌原に手渡しました。しかし弥三郎の懸念は、剛勇で知られる海野長門守《ながとのかみ》・能登守《のとのかみ》兄弟がどう動くかでした。

　そこで幸綱は、同じ滋野一族の海野長門守・能登守兄弟に接触すべく、羽尾一族の海野左馬允《さまのじょう》という人物を使者として送り、齋藤を成敗するので味方になるよう説得。実は海野能登守は齋藤越前入道と不和で、そのころは互いに口も利かぬほどで、不満を募らせていたのであっさりと説得に応じたといいます。そして海野兄弟は、幸綱に至急の出馬を要請。その際に、味方になった証拠として海野兄弟、齋藤弥三郎ら岩櫃城内の有力者が連署した起請文を作成し、矢沢頼綱のもとへ届けます。

　岩櫃城内への調略が成ったと感じた幸綱は、軍勢を率いてただちに吾妻郡に侵攻。その際、沼田方面からの加勢を阻止《そし》すべく、嫡男・信綱に暮坂峠《くれさか》（群馬県中《なか》之条町《のじょう》）を封鎖させたうえで、自らは全軍をもって岩櫃城に攻めかかりました。不意を衝かれた齋藤越前入道は懸命に防戦しますが、城内から火の手が上がり、あちこちで武田方を引き入れる動きが出たため、息子の城虎丸《じょうこまる》が在城する嵩山城に脱出しようとします。しかし、武田方の包囲が厳重で果たせず、遂に越後へ亡命していったといいます。

以上が『加沢記』の記す岩櫃城攻防戦の模様です。しかし、この記述がどこまで信頼できるかはほとんど検証できません。

実際の文書などから検討すると、岩櫃を占領した齋藤越前入道は、周辺の豪族たちに結集を呼びかけたものの、これに呼応する者はほとんどなく、まもなく武田氏に味方する上野国衆の猛攻によりあっけなく追放されてしまった、というのが事実のようです。信玄はこれを喜び、岩櫃城攻略で活躍した諸士の活躍を賞しています。この時、齋藤弥三郎が齋藤越前入道の謀叛に同調せず、武田方に身を置き続けているのは事実です。またこの齋藤越前入道の謀叛と追放に際し、幸綱は吾妻郡経略の中心にいたので、上野衆を指揮して活動したことは事実と思われます。

岩櫃城（提供：東吾妻町）

明けて永禄七年（一五六四）一月、武田方は齋藤弥三郎の居城・岩下城を接収し、ここに鎌原宮内少輔と重臣・三枝虎吉を配備。幸綱はこの時期、鎌原城に在番して鎌原氏を支援しつつ吾妻郡攻略に動いていたので、おそらく鎌原・三枝氏らとともに岩下城に配備されたと思われます。

齋藤氏の再帰属が確定すると、草津の土豪・湯本氏らも相次いで武田氏に従属し、これにより吾妻郡はほぼ武田氏の手中に落ちました。

なお岩櫃城は、武田氏による本格的な普請が実施され、永禄八年（一五六五）三月、ここに幸綱が配備されました。以後、岩櫃城は、真田氏が在城し、武田氏の上野計略の拠点となるのです。

Q22 嵩山城をどうやって攻略したのか?

岩櫃城に真田幸綱が入城した直後、武田氏の嵩山城攻略戦が本格化します。この攻防戦の経緯も『加沢記』が唯一詳しく記録しているものの、当時の文書や記録と比較検討すると、信憑性に問題があります。まずは『加沢記』にそってその攻防戦を紹介しておきましょう。

岩櫃城を奪われた上杉方は、嵩山城に籠城する齋藤越前入道の末子・城虎丸を守《も》り立てて、岩櫃奪回を目論みました。城虎丸は若年だったので、齋藤家家臣・池田佐渡守《いけださどのかみ》父子が補佐していました。永禄七年(一五六四)三月、上杉謙信は雪解けを待って越後から栗林肥前守《ひぜんのかみ》らを援軍として派遣。これに対し幸綱ら武田方は、信玄の指示により加勢にやってきた信濃衆・清野刑部左衛門尉と甲府より派遣された曾根《そね》七郎兵衛尉らとともに嵩山城を包囲すべく進軍し、迎撃に出てきた城方と成田原や三の原《みはら》(美野原、ともに群馬県中之条町折田《おりだ》)で戦いました。まもなく信玄は、甲府を出陣して長野氏業が守る箕輪城を包囲。この知らせを聞いた城方は、嵩山城に籠城したといいます。

嵩山城の危機を知った上杉方は同年五月、白井城主・長尾憲景に増援を派遣させました。大軍となった嵩山方は攻勢に出て、一挙に岩櫃城を奪回しようとしました。幸綱はただちに箕輪に在陣する信玄に援軍を求め、安中城主・安中越前入道と小幡三河守《みかわのかみ》らが派遣されました。上杉方もこれに対抗して、柴田右衛門尉（新発田《しばた》重家《しげいえ》）、藤田能登守（当時は用土新左衛門尉《ようどしんざえもんのじょう》）を増派し、三国峠《みくに》の清水《しみず》に後備《あとぞなえ》として布陣させたといいます。

幸綱は、後備の新発田・藤田勢と嵩山城の連絡を遮断すべく、嫡男・信綱を伊賀野山（中之条町下沢渡《しもさわたり》）に布陣させました。まもなく、岩櫃城に禰津元直・利直《としなお》父子らの軍勢が到着したことで武田方の人数は膨《ふく》れあがり、これを知った嵩山方は不利を覚《さと》って池田佐渡守父子より幸綱のもとへ和睦を申し入れます。それは城虎丸の助命を条件に、真田氏に忠節を尽くし、人質も進上するというものでした。そこで幸綱はこれを了承し、人質を受け取って和睦が成立し、攻防戦は終了したといいます。

ところが、永禄八年十月下旬、越後に父・越前入道とともに亡命していた齋藤越前太郎憲宗《のりむね》が秘かに上野に帰国し、嵩山城に入城して弟・城虎丸と合流する

と、同年十一月に挙兵。憲宗は帰国の際に、上杉方から上田長尾氏の加勢を借り

受け、嵩山入城後は白井城主・長尾憲景から増援を受け、さらに中山、尻高《しったか》、小

川氏ら東上野衆も応援にかけつけたといいます。

大勢の加勢を得た憲宗は、岩櫃

奪回に向けて闘志を燃やしました。

嵩山城の突然の挙兵は吾妻郡の武士たちを驚かせますが、幸綱・信綱父子は少しも騒がずに岩櫃城の守りを固めると、ただちに嵩山城への調略を開始。まず、挙兵した齋藤憲宗・城虎丸兄弟に和睦を持ちかけました。幸綱は自分が信玄の仲介を行い、齋藤兄弟が本領に帰還できるよう取りはからい、また憲宗を矢沢頼綱の婿に迎え真田一族の待遇とすることを申し入れました。

この申し入れに憲宗は心を動かし、せっかくの上杉方の援軍をすべて帰してしまったのです。こうして嵩山城の兵力を削いだ幸綱は、次に城方の重鎮・池田佐渡守父子に接近して内通を持ちかけました。「信玄は嵩山城の叛乱に不快感を示している。このままでは池田氏は齋藤兄弟もろとも滅ぼされるだろう。今武田方に付けば池田一族の命と所領は安堵される」と説《と》き、本領安堵を保証する信玄の朱印状《しゅつぽん》を提示しました。これを見た池田父子は、武田方に付くことを決意し、嵩山城より出奔して岩櫃城に入るのです。

柱石《ちゅうせき》と頼む池田父子の離叛を知った齋藤兄弟は、決戦を覚悟し、再び白井、沼田勢の援軍を要請。幸綱は機会を逃さずただちに出陣し、嵩山城に迫りました。十一月で上越国境は深雪に閉ざされており、上杉謙信の援軍は望めません。その隙《すき》に一挙に嵩山城を攻略しようと考えたのです。

齋藤勢も城を出て、真田軍を五反田《ごたんだ》（中之条町五反田）で迎え撃ち、両軍入り乱れての激戦となりました。この戦闘は勝負がつかず、日没とともに齋藤勢は城に引き揚げます。これに対して幸綱は、夜陰《やいん》に紛《まぎ》れて全軍を嵩山城まで進めると、竹束《たけたば》を立て並べて仕寄せ（塹壕《ざんごう》）を築き、鉄壁の包囲網を布《し》きました。やがて真田軍は、城の大手口に攻め寄せ、唐沢杢之助《からさわもくのすけ》、富沢六郎三郎《とみさわろくろうさぶろう》らが戦死し、湯本善太夫《ぜんだゆう》が負傷する被害を蒙りながらも突破し、城内になだれこみました。

十一月十七日、もはや防ぎ切れないことを覚った齋藤憲宗は自刃《じじん》し、弟の城虎丸は本城の大天狗岩《おおてんぐいわ》より身を投げて壮烈な死を遂げたといいます。かくして嵩山城は落城し、上杉方は岩櫃城失陥に続く打撃を受けたのです。

以上が『加沢記』の記録する嵩山城攻防戦の模様ですが、この記述にはいくつかの問題点があります。まず嵩山城に籠城したのが、齋藤憲宗・城虎丸兄弟とありますが、これは確実な史料で裏付けがとれません。ただし、岩下城に在城していた齋藤弥三郎（『加沢記』では齋藤越前入道の甥とされる）が史料から姿を消すのと、嵩山城陥落の時期が一致するので、齋藤憲宗と城虎丸は、それぞれ弥三郎の弟か息子の誤伝ではないでしょうか。

次の問題は、嵩山城攻防戦の時期です。『加沢記』は永禄七年から同八年十一月までの二年に及ぶ戦いと記録していますが、明確な証拠がありません。確実な史料を見ても、嵩山城攻防戦が二年に及ぶ長期戦であった形跡は認められません。

確実な史料によれば、信玄は永禄八年二月の時点で次の攻撃目標を箕輪・惣《そう》社《じゃ》・白井・尻高・嵩山と明記しているので、このころ嵩山城が上杉方であったことだけは間違いありません。ただし、信玄が攻撃目標に据《す》えた上野の敵城として白井・惣社・尻高・箕輪は頻繁に史料に登場するものの、嵩山はこれが初見です。このことから、齋藤氏による嵩山籠城は、永禄八年早々のことではないでしょうか。

ところが謙信は、関東出陣を予告しながら、この年の前半はまったく動きませんでした。また武田氏も、同年八月から十一月にかけて、信玄と嫡男・義信《よしのぶ》の対立と謀叛計画発覚（義信事件）により、ほとんど動けませんでした。こうした事

嵩山城（提供：中之条町）

情もあって、その間、嵩山城攻めは幸綱ら上野衆のみで行われていたのでしょう。攻撃が本格化した時期が十一月であることは確実で、何通かの文書が残されています。

嵩山城攻めが本格化したことを知った謙信は、すぐに支援の準備に入ったようですが、彼が上越国境の三国峠を越えたのは永禄八年十一月下旬になってからのため、援軍に間に合わず、武田軍の猛攻により城はすでに十一月十七日に陥落していたとすべきではないでしょうか。

いずれにせよ、嵩山城陥落に伴い齋藤氏は滅亡し、吾妻郡は完全に武田氏によって制圧されました。翌永禄九年（一五六六）三月、信玄は嵩山城攻防戦の戦功者をさかのぼって褒賞しています。これほど論功行賞が遅れるのはめずらしいことです。この遅れは、嵩山城攻防戦の最中に発生した義信事件が影響していたのではないでしょうか。これについては後考を待ちたいと思います。

Q23 嫡男・信綱に家督を譲ったのはいつか？

真田幸綱は、永禄七年（一五六四）末から同八年はじめごろに出家して一徳斎《いっとくさい》幸隆《こうりゅう》（便宜上、本書では幸綱で統一）と称しました。嫡男・信綱の活動が確認されるようになるのは、永禄五年六月に幸綱とともに、滋野一族の氏神で、真田郷など広い信仰圏を持つ四阿山に鎮座する山家神社奥宮社殿の造営を、大檀那として実施したことからです。

それ以前の歩みを『加沢記』で辿ると、信綱は幸綱とともに上野国に亡命し、箕輪城主・長野業正のもとへ寄寓《きぐう》していたといい、父から関東管領・上杉憲政のうつけぶりと頼りなさを告白され驚いたと記されています。その後、幸綱とともに武田氏に仕えると、信玄の近臣になり源太から源太左衛門尉信綱と名乗るようになったといいます。まもなく幸綱とともに上野国吾妻郡の諸士を調略する活動に従事するようになり、永禄七年の岩櫃城攻防戦に際しては一軍を率いて合戦で功績をあげたといわれます。以上の記述は証明できませんが、大筋は間違っていないでしょう。

確実な記録を見ると、永禄十年（一五六七）三月に幸綱とともに上野国・白井城を乗っ取り、信玄に激賞されています。この時信玄から、幸綱と信綱連名の宛《あて》所《どころ》で書状を送られているので、信綱は父を支えつつ武田氏の勢力拡大を担う一廉《ひとかど》の武将として認定されていたことがわかります。こうした状況を含めると、幸綱から信綱への家督相続は、永禄十年ごろの可能性が高いでしょう。しかし隠居後も、幸綱はなおも信綱とともに活動していたと推定されます。

その後、永禄十二年（一五六九）十二月六日に信玄が幸綱・信綱父子に宛てた書状（駿河・蒲原《かんばら》城攻略の経過を伝えたもの）を最後に、幸綱の存在は確実な史料から管見できなくなり、永禄十三年（一五七〇）四月十四日に信玄が海津城主・春日虎綱に宛てた書状では、虎綱と真田信綱が協力しあって沼田城の上杉方に対抗するよう指示されています。

つまり、幸綱は完全に表舞台から姿を消し、真田家の活動は信綱一人が担っていることがわかります。このことから、幸綱は永禄十二年から永禄十三年（元亀《げんき》

真田氏館跡（提供：上田市）

元年）ごろに正式に隠居し、実権を嫡男・信綱に譲ったと考えられます。

ここで、幸綱の息子である信綱と昌輝について、簡単に触れておきましょう。『軍鑑』の「武田法性院《ほっしょういん》信玄公御代惣人《そうにん》数之事《ずうのこと》」を見ると、信綱は信州先方衆《せんぽうしゅう》の筆頭に登場し、騎馬二百騎（三百騎とも）を率いたと記録されています。また実弟・兵部丞《ひょうぶのじょう》昌輝も騎馬五十騎を率いたとあります。このことから、信綱と昌輝はそれぞれ別家を立てていたとみられ、真田幸綱─信綱の嫡流と、昌輝の傍《ぼう》流《りゅう》に分立し、いわば「両真田」ともいえる二家が存在したと考えられます。

信綱は、真田郷に居館を構えたとされ、それが現在の上田市真田町本原《もとはら》御屋《おや》敷《しき》にある「真田氏館跡」です。ただ家督相続からまもなくの天正三年（一五七五）五月二十一日、長篠《ながしの》合戦で真田信綱・昌輝兄弟は戦死してしまい、真田家は三男・昌幸が相続しました。この時、信綱・昌輝兄弟の遺領は合計で一万五千貫文の規模だったと伝えられます（『信綱寺殿御事績稿《しんこうじでん》』）。

昌幸は真田家を相続したものの、兄・信綱の居館には入らなかったらしく、岩櫃城などを拠点にしたようです。真田氏館跡は、短期間でその使用が終わったようで、地元にはこの館には女性が一人で住んでいたとの伝承があります。この女性は、信綱の正室「於北」であるとみられ、彼女は天正八年（一五八〇）二月十日に死去しています。なお、子孫が福井藩士となって続いたといわれますが、系譜関係については不明確な点も多く、実は昌輝の子孫の可能性もあります。

Q24　最終的に、武田家における幸綱の地位はどこまで上がったのか？

真田幸綱の武田家中における地位には、いくつかの変遷があります。まず、武田氏に出仕し、信濃計略戦に従事し始めた当初は、佐久郡の内山城代である小山田虎満と飯富虎昌と行動をともにしていました。在城地は内山城と考えられます。

村上義清追放後は、小山田虎満は内山城代に留任したまま戸石城を管轄下に置き、飯富虎昌は塩田城代に就任し、ともに上杉謙信に備えました。この間、幸綱は、常に小山田虎満と行動をともにしており、一貫して彼の軍事指揮下に入っていました。幸綱の動向を、小山田虎満との関係を軸にまとめてみると、

①佐久郡にあって対村上戦においては虎満と飯富とともに行動し
②そのため甲府への参上を免除され
③武田氏の川中島侵攻に伴い尼飾城攻撃を虎満とともに実施し
④攻略後は、ともに「東条籠城衆」(尼飾在城衆)として駐留を命じられた
⑤さらに第三次川中島合戦では、虎満の指揮のもと、武田信玄の命令を実行に移す作戦を展開し
⑥村上氏追放後、本領を回復すると、虎満を通じて知行加増の通知と所領の引き渡しを受けた

以上のことから、幸綱は、武田氏の佐久・小県郡侵攻の過程で、内山城代・小山田虎満の相備衆として彼の軍事指揮下に置かれ、武田氏の直臣《じきしん》でありながら、虎満の指示を受ける立場にあったことがわかります。

また武田氏に上申する際には虎満を通じてそれがなされ、逆に幸綱に知行宛行《あてがい》・加増などの通知がなされる場合は、虎満を通じてもたらされています。これは虎満が、幸綱の取次・指南役であったからでしょう。戦国大名の家中では、当主の重臣を取次役にした国衆は、戦時にはその取次役と同陣（相備）するのが原則でした。このことから、幸綱は一貫して戦時には小山田虎満と行動をともにしていたわけです。この編制は、第四次川中島合戦まで確認できます（幸綱は、小山田虎満とともに妻女山夜襲隊に編制されていた）。

その後、この編制に変化がみられるようになります。その契機は、信玄の上野侵攻です。確実な記録では確認できませんが、これまで永禄六年（一五六三）の岩櫃城攻防戦、同八年嵩山城攻防戦の内容を追跡していくと、幸綱はこのころには小山田虎満の指揮下ではなく、信玄の命令に従って単独で行動している様子が窺えます。

ただこれは『加沢記』の記録なので、慎重な検証が必要です。しかし注目すべき変化は、

①永禄七年五月、幸綱は信玄に命じられ、小山田虎満と離れ、単独で上野国・倉賀野城に在城した

②これは永禄四年（一五六一）末以来、上野国衆・鎌原氏の支援を行い、吾妻郡において単独で活動するようになったことの延長と捉えられる
③永禄八年三月に岩櫃城に単独で入城後、幸綱は吾妻郡の大戸浦野氏や、この地域に派遣されている武田重臣・日向大和《ひなたやまと》入道らと作戦協議を主導している
④永禄九年三月、武田氏が前年に実施された嵩山城攻略戦での論功行賞を行った際に、湯本善太夫の戦功報告を幸綱が実施しており、これは湯本ら吾妻郡内の武士を同心衆《どうしんしゅう》（部下）として預けられていたことを示す
⑤すなわち、岩櫃城に在城を命じられるとともに、幸綱は吾妻郡内の武士の指揮を委ねられていたとみられ
⑥このことは、『軍鑑』の「武田法性院信玄公御代惣人数之事」において、上野国吾妻郡の諸士に関する記述がないことと通じる（真田氏の指揮下にあるので、武田氏の総人数には記録されないのであろう）
⑦真田氏の吾妻郡における権限は、同郡の諸城に在番する信濃国衆の指揮、監督にも及んでいる（ただし武田氏重臣や甲斐衆は「談合」「相談」＝協議を不可欠とする目上の立場）
以上のことから、幸綱は小山田虎満から完全に自立し、上野方面攻略の中心的

存在となり、武田氏重臣なみの扱いになったことがわかります。後に『軍鑑』は、真田氏を武田氏の譜代《ふだい》なみと記していますが、それはあながち嘘《うそ》ではないのです。

ただし注意が必要なのは、息子・真田昌幸との権限の相違です。昌幸は、吾妻郡の諸士を指揮、監督する地位を父・幸綱、兄・信綱より引き継いでいますが、同時に彼は、武田氏の権力機構を担う一員に位置付けられています。武田氏の上野支配においては、天正八年（一五八〇）の沼田城攻略後、利根郡の統治も委ねられています。それは吾妻・利根二郡の郡代（郡司）と位置付けられ、しかも武田氏の発給する奉書式朱印状《ほうしょしきしゅいんじょう》の奉者《ほうじゃ》、つまり重要文書を発給できる地位にあったのです。

これは父兄の時代にはみられない特徴で、昌幸こそ武田氏の譜代格だったといえるでしょう。先に紹介した『軍鑑』の「武田法性院信玄公御代惣人数之事」でも、真田信綱・昌輝兄弟はあくまで「信州先方衆」であり、譜代の格付けではありません。このことは、真田幸綱・信綱時代と、真田昌幸時代とでは明確な家格の差があると考えられ、注意が必要でしょう。

Q25　なぜ、調略面で活躍することができたのか？

真田幸綱が抜群の功績をあげることができたのは、彼の調略が実にうまくいったからです。ではなぜ、それが可能だったのでしょうか。もちろん、幸綱自身の才覚が秀《ひい》でていたことは間違いないでしょう。しかしそれだけではなく、彼が培《つちか》っていた人脈によるところが大きいのではないでしょうか。では、その人脈はいかにして形成されたかといえば、やはり滋野一族という括《くく》りで考えるのが一番でしょう。

真田氏は滋野一族の一員であり、滋野一族はQ１でも紹介したように、信濃、上野の両国に広く分布し繁栄していました。幸綱はこのコネクションを利用し、調略の手を伸ばしていったとみられます。この同族関係を利用して調略した事例は、息子・昌幸にも引き継がれています。

たとえば天正十年（一五八二）六月、本能寺《ほんのうじ》の変直後、越後の上杉景勝《かげかつ》は川中島地方を制圧し、真田昌幸を従属させました。さらに上杉氏は別働隊を編制し、越後に匿っていた小笠原洞雪斎玄也《どうせつさいげんや》（貞種《さだたね》）を押し立てて、深志城攻略を実施させます。この時、上杉氏は川中島から深志へ抜ける北国《ほっこく》街道沿いの要衝青柳《あおやぎ》・麻績《おみ》城を支配する青柳頼長《よりなが》や会田《あいだ》海野氏への調略を行いました。彼らが味方にならなければ、深志への侵攻など到底不可能だったからです。この重要な役目を担ったのが真田昌幸であり、会田海野氏らは同じ滋野一族なので説得が容易だったと伝えられます（『箕輪記』『信府統記《しんぷとうき》』）。

話を幸綱に戻しましょう。各所に味方を埋伏《まいふく》させていた幸綱は、敵方の調略を察知することにもしばしば成功していました。代表的な事例は、上野国の安中城主・安中越前入道（重繁）の謀叛未遂事件です。これは永禄七年（一五六四）十一月に起きたもので、結局は不発に終わるのですが、幸綱の諜報網《ちょうほうもう》によって発覚しています。

当時、幸綱は信玄の命令により、倉賀野城に在城していました。すると、安中城主・安中越前入道が上杉謙信の調略に応じ、碓氷峠の関門である松井田《まついだ》城を乗っ取ろうとしているとの情報を掴みました。これを知った幸綱はただちに信玄に報告し、驚いた信玄は松井田城に在城していた重臣・小山田虎満に宛てて永禄七年十一月八日付で密書を送っています。残念なことに、一部が欠損していて、その全貌は把握できませんが、書状の内容を紹介しましょう。

当時、甲府の信玄のもとに小山田虎満の息子・藤四郎《とうしろう》（後の小山田備中守昌成《まさなり》）がいて、信玄は彼に父・虎満宛の密書を託し届けさせました。その手紙で信玄は、「真田幸綱から届いた密書により、上野衆・安中越前入道が秘かに上杉謙信に内通しており、松井田城の乗っ取りを企《たくら》んでいるとのことである。だが確実な証拠を摑んでいるわけではないので、決して表情には出さず内心の用心が大事である。詳しくは藤四郎に言い含めておいたので、よく聞くように」と述べています。

情報を摑んでいた武田方の厳重な警戒のため、安中越前入道は謀叛を諦めたようであり、彼はその後も武田氏に忠節を尽くしています。このように幸綱は、上野に在陣しながら上杉方の動向と情報を収集しており、その過程で摑んだ情報は逐一《ちくいち》信玄に報告され、不測の事態を防ぐことに繋がっていたわけです。幸綱が張り巡らせた調略のための情報網は、敵方から伸びる謀略を防ぐ役割をも担っていたといっても過言ではないのです。

第二章　真田昌幸編

～信玄の薫陶、勝頼時代の飛躍、独立大名への道、そして関ヶ原～

Q26 いつ、どこで生まれたのか？

真田昌幸《まさゆき》は、天文《てんぶん》十六年（一五四七）に真田幸綱《ゆきつな》の三男として出生しました。生母は河原隆正《かわらたかまさ》の妹とされます（『長国寺殿御事績稿《ちょうこくじでんごじせきこう》』）。ただしこの生年は、昌幸が慶長《けいちょう》十六年（一六一一年）六月四日に享年《きょうねん》六十五で死去したことをもとに逆算したものであり、詳細な生年月日は判明していません。

昌幸がどこで生まれたかについても記録上明らかになっていませんが、彼が初めて確実な史料に登場する記述は、出生地について示唆《しさ》を与えるものといえます。『高白斎記《こうはくさいき》』の天文二十二年（一五五三）八月十日条に、次のようにみえます。

「十日真田子在府《ざいふ》ニ付テハ、秋和《あきわ》三百五十貫ノ地真田へ被遣《つかわされ》、小備《(小山田備中守)》仕候《そうろう》」

これは真田幸綱が息子を甲府に在府させるべく進上したことへの褒賞《ほうしょう》として、武田信玄《たけだしんげん》が秋和（長野県上田市）で三百五十貫文《かんもん》を幸綱に与えたことを示します。この時、幸綱が甲府《こうふ》在府＝人質として差し出した息子こそ、昌幸とされています。

当時、昌幸は七歳でした。幸綱が昌幸を人質に出したのは、宿敵・村上義清《むらかみよしきよ》を越後《えちご》の上杉謙信《うえすぎけんしん》のもとへ放逐《ほうちく》し、本領・真田郷回復という宿願を果たした時期に相当します。武田氏の村上氏攻略により、幸綱が本領を回復したことは間違いなく、幸綱に与えた秋和は、旧村上領の喉元《のどもと》にあたる要所でした。

幸綱が昌幸を甲府に送ったのは、武田氏への忠節と感謝の証《あかし》とも取れます。人質というのは、謀叛《むほん》を起こしたり裏切ったりしないという忠節の証として提出されるものです。ですから、理由の如何《いかん》を問わず、もし実家が約束を違《たが》えて謀叛を起こすような事態になれば、命を奪われる可能性がある過酷《かこく》な運命のもとにありました。

ところで『高白斎記』を見ると、昌幸は出生当時甲府にはいなかったことがわかります。つまり、昌幸は父・幸綱の手元で養育されていたわけであり、おそらく信濃《しなの》で出生したのでしょう。あえてその場所を推定するとすれば、幸綱が在城していた佐久《さく》郡・内山《うちやま》城下の可能性が考えられます。

なお、甲府には真田幸綱の屋敷跡が伝承されており、通常は本領回復前にもここに人質が置かれていたとみられます。ただ、昌幸は三男であることから、出生から七歳までは父母とともに信濃にいたと考えられます。その間、甲府に人質として置かれていたのは、おそらく、嫡男《ちゃくなん》・信綱《のぶつな》だったでしょう。

Q27 いつから、信玄に仕えるようになったのか？

真田昌幸は人質であったにもかかわらず、武田信玄にその才能を見出《みいだ》され、側近として登用されたといわれます。しかし、昌幸がどのような活動をしていたのかについては、確実な史料からは知ることができません。若き日の昌幸の動向を記しているものは、唯一『甲陽軍鑑《こうようぐんかん》』（以下『軍鑑』）だけです。

昌幸は信玄の奥近習衆《おくきんじゅうしゅう》に抜擢《ばってき》されたといいますが、その時期は定かでありません。『軍鑑』を見ると、昌幸は幼名《ようみょう》ではなく「源五郎《げんごろう》」という仮名《けみょう》で登場するので、元服《げんぷく》してまもなくのことと推定されます。

昌幸が奥近習衆に加わった時、彼の先輩として綺羅星《きらぼし》の如《ごと》き俊才が在籍し、信玄の身の回りを固めていました。『軍鑑』によると、そのメンバーは金丸平八郎《かねまるへいはちろう》（後の土屋昌続《つちやまさつぐ》、天文十四年〈一五四五〉生まれ）、曾根孫次郎《そねまごじろう》（内匠助昌世《たくみのすけまさただ》、生年未詳）、三枝宗四郎《さえぐさそうしろう》（勘解由左衛門尉昌貞《かげゆさえもんのじょうまささだ》、天文七年〈一五三八〉生まれ）、長坂源五《ながさかげんご》郎《ろう》（昌国《まさくに》、天文十一年〈一五四二〉生まれか）、初鹿野源五郎《はじかのげんごろう》（天文三年〈一五三四〉生まれか）、曾根与市之助（御使番《おつかいばん》・百足衆《むかでしゅう》、詳細未詳）などであり、彼らと苦楽をともにしたと記録されています。昌幸は天文十六年生まれなので、最年少にあたります。

同じ奥近習衆出身では、春日弾正忠虎綱《かすがだんじょうのじょうとらつな》（『軍鑑』では高坂弾正《こうさかだんじょう》と記される）などがいました。昌幸が抜擢されたころには虎綱はすでに第一線で活躍する武将でしたが、昌幸はたいへん気に入られ、年齢の差を越えた昵懇《じっこん》の間柄で、様々な教示を受けたと記録されています。

信玄没後のこと、虎綱と昌幸は主君の思い出話に花を咲かせました。やがて晩年の信玄が、戦没した将兵の回向《えこう》はもちろん、武田軍を構成するすべての士卒のために、「七難即滅《しちなんそくめつ》・七福即生《しちふくそくしょう》」（「仁王経《にんのうぎょう》」の一節）を看経所《かんきんしょ》で唱《とな》えるのが日課であったことに話が及びました。

信玄は死んでいった将兵たちの供養《くよう》を終えると、今度は虎綱・土屋昌続・曾根昌世・三枝昌貞と昌幸五人のために、一人につき百遍ずつ不動明王の呪文《じゅもん》を唱えていたといいます。それは、この五人こそ、信玄亡きあとの武田家の柱石《ちゅうせき》となるべき存在であり、彼らが戦場や病気で命を落とさぬようにとの願いからでした。

思い出話がこの場面にさしかかると、虎綱と昌幸は、亡き信玄の君恩《くんおん》にこらえきれず、互いに抱き合って号泣《ごうきゅう》したといいます。

Q28 信玄の奥近習として、どんな務めを果たしていたのか？

奥近習衆とは、武田信玄の身の回りに日夜侍《じ》し、日常生活はもちろんあらゆる指示を受けてどんな任務にも取り組む秘書団です。真田昌幸が携わった職務について、『軍鑑』から拾ってみましょう。

昌幸は奥近習衆の一人として、信玄の言動や政務のありようなどを端《はた》で見ながら帝王学を学んでいたわけですが、信玄は昌幸に家中の侍たちを身分の区別なくよく観察するよう命じ、昌幸の意見を人事評価の参考にしていたといいます。

ある時、土屋昌続の実兄・金丸平三郎昌直《まさなお》が落合彦助《おちあいひこすけ》（信玄の弟・武田信廉《のぶかど》の家来）と喧嘩《けんか》となって謀殺され、落合はいずこかへ逃亡。信玄は激怒し、牢人《ろうにん》衆・村井久之丞と荒川新之丞を追っ手に任じて跡を追わせます。両人は落合を討ち取り、意気揚々《ようよう》と首級を持ち帰って信玄に報告《しるし》。しかし夏の盛りだったため、落合の首級は腐敗《ふはい》し判別がつきませんでした。

それでも信玄は喜び、村井と荒川に破格の褒美《ほうび》を与えようとしたため、春日虎綱と内藤昌秀《ないとうまさひで》が懸命に諫《いさ》めます。その際に二人が引き合いに出したのは、昌幸・

曾根昌世・三枝昌貞の三人が、村井と荒川をどのように批評しているかでした。

昌幸らは、彼らをおべっか使いの油断ならぬ人物と喝破《かっぱ》しており、上意討《じょうい》ちを果たしたということすら怪しいと考えていたといいます。これを聞いた信玄は思い直し、両人には当座の褒美で済ませました。その後、上杉謙信が川中島《かわなかじま》に出兵してきた際に、上杉軍の軍勢から落合彦助が現れ、武田勢に向かって名乗り出たため、嘘《うそ》が発覚した村井らは夜逃げしたといいます。この逸話は、若き昌幸にはすでに人を見る眼力があり、信玄もその人物評に一目《いちもく》置いていたことを物語っています。

その後、信玄は昌幸・曾根昌世・土屋昌続・三枝昌貞・三枝新十郎（昌貞の弟）・曾根与市之助の六人を選抜し、秘《ひそ》かに家中の人々を観察させ、自分に報告するよう命じました。彼らは「耳利《き》き」と呼ばれる「信玄の耳」となったのです。それから信玄は、昌幸ら「耳利き」の人物評を、人材登用の参考にしたといいます。

なお信玄は、昌幸ら六人に、家中観察の際、次のことに注意するよう教えました。それは①古参や新参の区別をしない、②手柄話における虚と実の程度がどれほどか、③殊勲者でも、常に嘘をつく人物か、④同僚とのつきあい方はどうか、

⑤身分の高い家臣には慇懃《いんぎん》であるが、その他には素《そ》っ気《け》ない態度を取る人物であるか、⑥酒に飲まれる人物か、⑦同僚を怒らせるようなことを平気でする人物か、⑧武具などの手入れや入れ替えなどに注意を払う人物か、⑨武具などには凝《こ》るが、鍛錬《たんれん》を怠《おこた》るような人物か、などであったといいます。そのうえで信玄は、家臣一人ひとりのすべての長所と短所を報告するよう命じていました。

また、他国から仕官を求めて来る牢人衆への対応は、まず昌幸・曾根昌世・三枝昌貞が面接し、人物をよく観察して、それぞれが信玄に仕官の申請を披露《ひろう》するのが慣例になっていきました。信玄が昌幸らを「耳利き」に任命したのは、彼らに「私心」がなかったからだと記されています。

他にも、信玄が賓客《ひんきやく》を甲府に招いて歌会や宴席などを開催する際には、昌幸らはその接待役を担当するなど、八面六臂《はちめんろつぴ》の活躍をみせたと伝えられています。

Q29 信玄からどんな薫陶を受けたのか？

真田昌幸が武田信玄から、どのような薫陶《くんとう》を受けたかは明らかではありません。しかし『軍鑑』によると、信玄の作戦立案（軍団編制の方法、合戦開始の時期、敵地への攻め方、撤退の時期と方法など）は極秘のうちに行われ、その相談相手は馬場信春《ばばのぶはる》、内藤昌秀、山県昌景《やまがたまさかげ》、春日虎綱の四人だけに限定されていたといいます。ところが、この一部始終を見学することを許された若者がいました。それは土屋昌続、小山田信茂《おやまだのぶしげ》、曾根昌世、三枝昌貞、そして昌幸の五人だけだったといいます。

昌幸にとって、信玄を中心に四人の宿老《しゅくろう》がそれぞれの持ち寄った情報や考えをもとに、敵地への戦略、戦術を練る有様は、見物《みもの》だったに違いありません。そして次々に交わされる意見などを自らのものとして咀嚼《そしゃく》した昌幸らは、次世代を担う武田家の宿老候補として扱われました。

信玄は昌幸を「ゆくゆくは武田家四人の宿老分《おとな》に任命しよう」と考え、そのためには信州先方衆《しんしゅうせんぽうしゅう》の真田家の三男では不自由だと考え、武田一族である武藤家《むとう》の養子に入れたのだといいます。昌幸がいかに信玄から才能を買われていたかが窺《うかが》えます。

Q30　初陣の時期は？　どんな働きをしたのか？

真田昌幸の初陣《ういじん》は、永禄《えいろく》四年（一五六一）九月十日の有名な第四次川中島合戦

「武田上杉川中嶋大合戦の図」。（左）上杉謙信、（中）武田信玄、（右）右下方に真田昌幸（絵中では「武藤喜兵衛」の表記）が描かれている（国立国会図書館所蔵）

で、昌幸は当時十五歳だったといいます。

この時、昌幸は奥近習衆として信玄の本陣を固め、同僚の土屋昌続（当時十七歳）、長坂源五郎（同二十歳）、初鹿野源五郎（同二十八歳）らとともに床几《しょうぎ》に座す信玄を守り、御中間《ごちゅうげん》衆、廿人《にじゅうにん》衆らと協力して上杉勢の突入を警戒していました。

前述のように、この合戦で、武田軍は上杉軍殲滅《せんめつ》のために軍勢を二手に分け、春日虎綱以下の別働隊が九日深夜に出陣して迂回路《うかいろ》を進み、十日夜明けに妻女山《さいじょさん》の上杉軍を攻撃し、信玄本隊は川中島の八幡原《はちまんばら》で待ち伏せして、退却してくる上杉軍を捕捉、本隊と別働隊で挟撃《きょうげき》して殲滅するという「啄木鳥《きつつき》の戦法」を採用したとされます。

ところが謙信はこの作戦を見破り、九日深夜、上杉軍を率いて秘かに妻女山を下山。千曲川《ちくま》を渡河《とか》し、川中島に進出しました。十日明け方、川中島は濃い霧がたちこめ視界が不良でしたが、やがてそれが晴れると、武田軍本隊は上杉軍が待機しているのを発見し驚愕《きようがく》。武田軍本隊は上杉軍の猛攻にさらされ危機に陥《おちい》り、武田信繁《のぶしげ》、両角虎光《もろずみとらみつ》、山本菅助《やまもとかんすけ》（勘助）らが戦死する事態となりました。

信玄本陣も危機にさらされましたが、御中間衆、廿十人衆らは信玄の姿を隠すように警護し、昌幸や土屋昌続、長坂源五郎らは信玄の側《そば》を離れず、まったく動じる様子もなかったといいます。しかし上杉勢は信玄本陣にも突入したといわれ、信玄を守る戦闘で、同僚の初鹿野源五郎は戦死。昌幸は信玄を守り抜き、この激戦を生き残ったのです。

Q31　武藤喜兵衛を名乗るようになったのはいつからか？

真田源五郎昌幸が、武田信玄の命《めい》により武田一族である武藤《むとう》家の養子となり、武藤喜兵衛尉《きへえのじよう》昌幸と称したことはよく知られています。

実は昌幸の弟・昌春《まさはる》（後の真田信尹《のぶただ》）も、武田一族の加津野《かづの》氏の養子となっており、兄弟で武田一族の養子になったのは真田兄弟だけです。いかに信玄が、真田兄弟を重用《ちょうよう》していたかが窺えるでしょう。

昌幸が武藤家に養子入りした理由として、『軍鑑』には武藤三河守《みかわのかみ》が病に臥《ふ》せったことがきっかけだったとあります。さらに信玄の意図は、ゆくゆくは昌幸を武田家の四宿老に任命したいと考え、そのためにも家格を上げる必要があったからだとされています。

ところで『軍鑑』を検索すると、昌幸は信玄の駿河《するが》侵攻作戦〈永禄十一年〈一五六八〉末〉では「真田源五郎」「真田喜兵衛」として登場します。ところが永禄十二年〈一五六九〉の蒲原《かんばら》城攻防戦では「真田源五郎」とあるのに、翌永禄十三年〈元亀《げんき》元年〉の花沢《はなざわ》城攻防戦においては「真田喜兵衛」と記述されています。

このことから、可能性として昌幸は、蒲原城攻防戦での戦功に伴い「喜兵衛」と改めることとなったのではないでしょうか。実は昌幸はこの年に足軽《あしがる》大将に抜擢されています。改名は戦功とそれに伴う足軽大将任命によるものでしょう。

これらの記述のうち、武藤三河守の養子説には異論もあり、昌幸が相続したのは武藤三郎左衛門尉の跡だというのが、現在有力な説です。武藤三郎左衛門尉は、武藤三郎左衛門尉信堯《のぶたか》〈大井《おおい》信達《のぶたつ》の子、信玄生母の兄弟〉の息子・竹千代丸《たけちよまる》で、永禄末年に早世《そうせい》したと推定されています。

昌幸が武藤喜兵衛尉の名で登場するのは元亀三年（一五七二）二月からであり、武藤家相続は永禄末から元亀初年でしょう。以上から、昌幸は永禄十二年に源五郎から喜兵衛尉となり、元亀元年から三年初頭までに武藤家の養子となって武藤喜兵衛尉と改名したと考えられます。

なお、現在では、昌幸が天正《てんしょう》三年（一五七五）に真田家に復帰したことから、武藤家は武藤三河守が相続したと推定されています。

Q32　信玄から「我が両眼」と称されたのは、いつのことか？

この逸話は、『軍鑑』の記事の中にあるもので、元亀元年（一五七〇）五月、武田信玄が伊豆《いず》に侵攻し、韮山《にらやま》城を攻めた時のことだといいます。

武田軍が韮山を攻撃しているのを知った北条氏政《ほうじょううじまさ》は、援軍として箱根を越え三島《みしま》に出陣。氏政の出陣を知った信玄は、北条軍と有無の決戦を行い、氏政を蹴散らして一挙に小田原《おだわら》へと進撃しようと諸将に提案。これには馬場信春が、敵味方の配置や地形を見極めてから結論を出した方がよいのではと諫めます。

すると信玄は「それならば皆々安心せよ。信玄の両眼の如き者たちを、物見《ものみ》に派遣しておる」と答えたといいます。信玄の両眼に比肩《ひけん》する武将とは誰かと、諸将が訝《いぶか》しんでいると、まもなく昌幸と曾根昌世が帰陣し、地形は武田方に有利ですと復命。そこで信玄は、氏政が武田軍との決戦を回避し、夜陰《やいん》に紛《まぎ》れて小田原に逃げてしまうことを恐れ、明朝より決戦を敢行《かんこう》するためにも、日没間近ながら三島へただちに進軍することとしました。だが果たして氏政は、夜になって三島から山中《やまなか》城を経て、小田原へと撤収したといいます。

信玄が望む決戦は叶《かな》いませんでしたが、この出兵以後、信玄の信頼が厚い昌幸・曾根昌世・三枝昌貞は武田家臣から羨《うらや》まれ、特に信玄をして、自分の両眼であるといわしめた昌幸と昌世は、家中でも一目置かれる存在になったといいます。

Q33 三増峠の合戦で、どんな活躍をしたのか？

武田信玄は、永禄十一年（一五六八）十二月、甲相駿《こうそうすん》三国軍事同盟を破棄し、駿河の今川氏真《いまがわうじざね》攻めを開始しました。信玄は氏真が宿敵・上杉謙信と通じ、同盟交渉を始めたことを盟約違反と指弾《しだん》。ところが信玄の一方的な軍事侵攻に北条氏《うじ》

三増合戦古戦場の武田信玄の旗立て松。合戦の際、信玄が大将旗を立てたと伝わる。松が枯れた跡に建てられた石碑（提供：愛川町）

康《やす》が怒り、武田氏と断交し、駿河に介入《かいにゅう》。こうして、武田氏と北条氏の対決が始まったのです。

信玄はいったん駿河から撤退すると、翌永禄十二年九月、西上野《こうずけ》を経て武蔵《むさし》に侵攻。各地を荒らし回りながら南下し、十月一日には小田原城を包囲しました。この北条攻めには、馬場信春、春日虎綱ら宿将が反対しましたが、信玄はこれを説《と》き伏せ、北条領国の奥深くまで攻め入ったのです。

昌幸は、この合戦に足軽大将として参陣していました。そして十月四日、信玄は小田原城を包囲したことで十分北条氏を威圧できたと考え、撤退を開始。北条氏康・氏政父子はただちに準備を整え、追撃戦に入りました。

武田軍は速度を上げながら甲斐《かい》に向けて進みますが、途中、相模《さがみ》国の三増峠《みませとうげ》で北条氏照《うじてる》・氏邦《うじくに》軍らの待ち伏せにあい、前後に敵を抱《かか》えることとなったのです。しかし信玄はここを押し破る決意をし、十月六日、三増峠の合戦が始まりました。

この時、昌幸は信玄に御検使《ごけんし》（各部隊の監督を務める役職）を命じられ、先陣の馬場信春隊に派遣されました。同様に、浅利信種《あさりのぶたね》隊には曾根昌世、武田勝頼《かつより》隊には三枝昌貞が派遣されたといいます。

昌幸が本陣から馬場隊に到着してまもなく、北条軍の攻撃が開始され、戦闘が始まりました。昌幸は信春らと手を携えて戦い、なんと一番鑓《やり》、つまり一番最初に敵方に突入する戦功をあげたといいます。

なお、この合戦で浅利信種が戦死したものの、同陣していた曾根が御検使として指揮を引き継ぎ、北条軍を追い散らすなど、信玄側近の人々が活躍したとされます。この合戦で北条軍は総崩れになり、武田軍は無事に甲斐に撤退することができました。

Q34　武田勝頼の家督継承後、どんな処遇を受けたのか？

武田信玄の晩年から勝頼時代にかけて、真田昌幸は武田氏の命令書に「奉者《ほうじゃ》」（武田家当主の決定や了承を報じて、朱印状《しゆいんじよう》発給に携わる家臣）として登場していま す。このことは、昌幸が武田家の奉行《ぶぎよう》衆として、武田家の家政機構の一員とし て様々な施策に関与していたことを示しています。ここが兄・信綱、昌輝《まさてる》と相違 するところでした。

兄二人はあくまで信州先方衆の筆頭ですが、武田家の家政機構を担う役割は与 えられていません。もちろん信綱は、武田家の家老衆の一員ではありますが、昌 幸のように政権中枢《ちゆうすう》にあって、施策に関与したわけではありませんでした。昌 幸がこのような地位にあったことは、彼が武田家の重臣候補の筆頭の一人だった からだと考えられ、真田家相続後もその地位は続くこととなります。

さて信玄死去後、昌幸は武田勝頼の側近として重用されました。天正元年（一 五七三）七月、徳川家康《とくがわいえやす》が長篠《ながしの》城奪回に向けて動き出すと、昌幸は長篠救援軍の 指揮官として、同僚・山県昌貞（三枝昌貞のこと）とともに出陣しています。その後、長篠合戦で兄・信綱と昌輝が戦死すると真田家を相続しますが、武田氏の上野侵攻の総指揮官となり、さらに勝頼が駿河・遠江《とおとうみ》に出陣する際には上野から呼び出され、勝頼を支えていました。山県・原・馬場ら重臣層亡き後、勝頼は昌幸を頼りにしていたのです。

Q35 長篠合戦で、真田一族はそれぞれどのような働きをしたのか？

天正三年（一五七五）五月の長篠合戦で、真田信綱・昌輝兄弟は信濃国小県《ちいさがた》郡の本領をはじめ、西上野の吾妻《あがつま》郡の一族や武士らを率いて参陣。そして五月二十一日の決戦では、馬場信春、一条信龍《いちじょうのぶたつ》、土屋昌続、穴山信君《あなやまのぶただ》らとともに武田軍右翼を担当し、織田《おだ》軍と戦いました。

『軍鑑』によると、馬場信春隊が突入して一時退却した後を受け、真田隊は攻撃に加わったとあります。真田隊の猛攻により、織田軍の三重の馬防柵《ばぼうさく》のうち一重目を破りましたが、その間に真田隊の多くが戦死し、真田兄弟もまた深手《ふかで》を負い後退し、戦死してしまったと記されています。

ところが、信頼性の高い『信長公記《しんちょうこうき》』によると、真田信綱、山県昌景をはじ

長篠古戦場の真田信綱・昌輝兄弟の墓碑

めとする諸将は決戦場で鉄炮に撃たれて戦死したのではなく、勝頼が全軍に退却を命じた際に、織田・徳川軍の追撃を受ける最中に戦死したと記録されています。

　長篠古戦場に伝わる真田信綱・昌輝兄弟や真田隊将卒の墓所は、長篠決戦場から少し離れた勝頼の退却路と伝承される小道沿いに残されています。真田兄弟は、勝頼を逃がすために追撃してくる織田・徳川軍の前に立ちはだかって戦死したというのが、真相なのではないでしょうか。

　信綱は享年三十九、昌輝の享年は定かではありません。この時、真田兄弟とともに戦死した人物に、河原宮内助《くないのすけ》、同新十郎《しんじゅうろう》（真田一族、河原氏は兄弟の生母の実家）、鎌原筑前守《かんばらちくぜんのかみ》（鎌原城主、幸綱の弟と伝わる）、常田図書助《ときだずしょのすけ》（小県郡常田城主か、真田一族）、禰津月直《ねづつきなお》（禰津城主・禰津常安《じょうあん》の嫡男、滋野《しげの》一族）をはじめ、多数の真田、滋野一族がいます。また高《こう》野山《やさん》の記録を見ると、彼らの家来たちも多く命を落としたことが確認できます。この合戦は、武田氏だけでなく、真田一族にも深刻な被害をもたらしたのです。

Q36 長篠合戦で討ち死にした兄・信綱はどんな人物だったのか？

真田昌幸の兄・源太左衛門尉《げんたざえもんのじょう》信綱の人となりについて、それを記録する史料はありません。真田家惣領《そうりょう》として活動した期間が短かったせいか、父・幸綱、弟・昌幸の陰に隠れ、ほとんど史料が残されていないのです。そのわずかな史料で、その足跡を紹介しましょう。

真田関係の諸系譜などによると、享年三十九とあるので、天文六年（一五三七）生まれと推定されます。時期的にみて真田郷で誕生したのでしょう。生母は河原隆正の妹といいます（異説もある）。上野国衆・齋藤《さいとう》氏の叛乱《はんらん》や、岩櫃《いわびつ》城、嵩山《たけやま》城攻防戦で父・幸綱とともに戦い、勇将ぶりを発揮したとされます。

幸綱の隠居後、信綱は真田家惣領、また武田家重臣として信玄に仕え、重要な決定に際しては甲府に呼ばれる家老衆の一人でした。

『軍鑑』によると、こんな逸話が残されています。ある時、武田家中で重要な裁判があった際に、信綱は馬場信春、内藤昌秀、春日虎綱、山県昌景、小山田虎《とら》満《みつ》、小山田信有《のぶあり》とともに呼び出されました。その裁判は、武田信玄の旗本で小《しょう》身《しん》の長貫という侍と、春日惣次郎《そうじろう》（春日虎綱の甥《おい》）のそれぞれの所領で、農民が境界をめぐって争ったというものでした。

武田家中では、裁判の際にとりわけ慎重に審議すべきものとして、次の四項目を掲げていたとされます。それは、裁判の当事者に、①大身《たいしん》衆の親類がいる場合、②信玄が寵愛《ちょうあい》する者の親類がいる場合、③武田一家衆（安田《やすだ》、逸見《へみ》、一条ら武田氏支流の十五家のこと）の場合、④小身でも親類などが多い者の場合、などです。信玄は、こうした者が裁判の被告や原告になった場合は、とりわけ慎重に調査する必要があると信綱らに説きました。

そして審議の結果、春日惣次郎側に道理があると認めつつも、信玄は②③に該当するとして、春日を敗訴とし、小身の長貫を勝訴にすると信綱らに伝達しました。春日惣次郎のような有力な親類を持つ者が当事者の場合は、どんなに理があろうと敗訴とすることで、武田家中では有力者の縁者となれば自分は安泰になると考える不届き者を抑止でき、さらに重臣らの慢心をも抑えられると考えたからです。このことをよくよく心得るようにと、信綱らは信玄から言い渡されました。この逸話から察するに、信綱は信玄から信頼される重臣だったのでしょう。

また信綱は、上野国衆・小幡《おばた》氏とともに先方衆ではあるものの、「その忠節ぶりといい、戦功といい、譜代家臣なみに扱うべき武将だ」と信玄から称されたと伝わります。つまり幸綱隠居後も、信綱は信玄から信頼される存在だったのです。

Q37 次兄・昌輝はどんな人物だったのか？

真田昌幸の兄・昌輝については、確実な史料は存在せず、軍記物にも彼自身が記録されることはほとんどありません。そのため昌輝の事績は、一切不明といっても過言ではないのです。ここでは、判明していることのみ、紹介しましょう。

昌輝の諱《いみな》は、『信綱寺殿御事績稿《しんこうじでんごじせきこう》』や真田氏の系譜、家譜類によるもので、実は確証がありません。また官途《かんと》の兵部丞《ひょうぶのじょう》も同様です。ただ、高野山で供養が行われているので、実在したことは間違いありません。

先述しましたが、『軍鑑』の「武田法性院《ほっしょういん》信玄公御代惣人数之事《そうにんずうのこと》」には、信州先方衆の筆頭に記される兄・信綱（二百騎、異本に三百騎とも）に次いで、真田兵部丞五十騎と記録されています。このことは、真田昌輝は、兄・信綱とは別家の真田家の創設を許されていたことを示唆します。

ただ戦時は、兄・信綱の指揮下に入り、小県郡や上野の真田一族、真田氏の相備《あいぞなえ》衆や同心《どうしん》衆とともに戦い、天正三年五月の長篠合戦で信綱とともに戦死しました。享年は不明ですが、江戸時代末期の系譜集成である『系図纂要《さんよう》』には三十二歳とあるので、逆算すると天文十二年（一五四三）生まれとなり、信綱の七歳年下、昌幸の四歳年長となります。

Q38　長篠合戦後、なぜ真田家を継いだのか？　信綱と昌輝に男子はいなかったのか？

真田信綱と昌輝兄弟について記録した『信綱寺殿御事績稿』によると、信綱には正室「於北《おきた》」との間に、女子と男子がいたとあり、また昌輝には男子があったといいます。同書などが記すところによると、信綱の正室「於北」は、武田氏の仇敵《きゅうてき》である高梨政頼《たかなしまさより》の姉か妹ともいわれ、また政頼家臣・井上《いのうえ》氏の出身で、政頼が養女にしたとも伝わる女性です。高梨政頼は武田方の真田幸綱を味方にすべく、於北を信綱に嫁がせたといいます。

しかし、幸綱は於北が信綱の正室になることは承知したものの、武田信玄に背《そむ》くことは拒否しました。また、武田家を憚《はばか》って、信綱は於北を正式な婚儀を経て迎えることはせず、秘かに部屋住みの女性として扱ったといいます（「大日向《おびなた》直貞《なおさだ》書留」）。

松代《まつしろ》藩の家老・鎌原桐山《かんばらとうざん》による『貫忠漫筆《かんちゅうまんぴつ》』には、信綱と於北との間に生まれた男子について次のような逸話があります。

於北が懐妊《かいにん》した時、たまたま高梨政頼と信玄との関係が悪化し、政頼が上杉謙信を頼ったため、信綱は於北を離縁して実家に送り返しました。その際、信綱は於北に「男子が誕生したら連絡するように。もし女子誕生ならば、伝えるに及ばず」と言いました。果たして誕生したのは男子でしたが、武田家を憚った於北は信綱には何も伝えず、世に出すことなく成人させました。後にこの男子は、加賀《かが》国で前田侯《まえだこう》の目に留まり、加賀藩に仕官したといいます。

実際には、於北は真田郷の真田屋敷に住み、信綱の死から五年後の天正八年

（一五八〇）二月十日に死去しているため、この伝承を事実と認めることはできません。ただ、信綱に男子が一人いたことは事実のようです。

信綱の男子は真田与右衛門といい、その子・真田五郎兵衛は越前《えちぜん》福井藩・松平昌親《まつだいらまさちか》（吉品《よしのり》）に仕えました。しかし五郎兵衛の子・真田淡路守《あわじのかみ》の時に、上野国沼田《ぬまた》藩の真田家の懇望《こんもう》により、その家来となります。ところが沼田藩真田家が幕府によって改易《かいえき》されたため、真田淡路守は福井藩に再出仕しました。その時、淡路守は曽祖父・信綱にならって真田源太左衛門を称し、その系譜は福井藩に伝えられたといいます（『見夢雑録《けんむざつろく》』）。

また信綱の息女は、後に真田昌幸の嫡男・信幸《のぶゆき》（信之）に嫁ぎ、真田信吉《のぶよし》を生んだものの、某年に死去したとも、元和《げんな》五年（一六一九）九月二十五日に死去したとも伝わります（『信綱寺殿御事績稿』）。

また『真武内伝《しんぶないでん》』『滋野世記』によると、真田昌輝には真田五郎兵衛信武《のぶたけ》という男子がいたといい、信武の子（昌輝の孫）は真田七之助と称し、沼田藩真田家に仕えた後に、越前松平家に仕官したといいます。つまり、真田信綱・昌輝の二人の息子はともに越前藩に仕官したわけです。このうち、信綱の子孫は絶家《ぜっけ》となり、昌輝の子孫は文書とともに今も家系を伝えています。

ところで、信綱・昌輝兄弟に男子がいたにもかかわらず、三男・昌幸が真田家を相続したのは、やはり二人の男子がともに幼少であり、小県郡から西上野に広がる真田氏の管轄領域を統治することが不可能と考えられたからでしょう。また これまで紹介してきたように、昌幸は若きころより武田信玄・勝頼に重用された人物であり、すでに信綱・昌輝以上の地位を与えられていたことも大きかったのではないでしょうか。

Q39 真田家の相続後、どこの城にいたのか？

長篠合戦で、両真田家はともに当主を失いました。その結果、武田勝頼は戦死した真田信綱の後継者に実弟・武藤昌幸を指名し、真田家当主に就任させました。こうして、昌幸は武藤家を出て、真田家を正式に相続したのです。

昌幸が真田家当主として活動を開始したことが確認できるのは、天正三年（一五七五）十月からで、兄・信綱が認めた家臣や寺僧の権利を追認する継目安堵《つぎめあんど》の実施、つまり、「後継者の自分も、先代と同じように権利を認める」と約束することで人心掌握《しょうあく》を図ったのです。

真田家を継いだ昌幸はすぐに甲府を離れて上野に赴任したらしく、天正四年（一五七六）二月には白井城代《しろいじょうだい》に就任していることが確認できます。白井城は、上杉方を押さえる上野の要衝《ようしょう》で、永禄十年（一五六七）三月に父・真田幸綱が攻略した城です。

なお昌幸の赴任時、上野支配のもう一つの要衝である箕輪城《みのわ》も城代・内藤昌秀が長篠で戦死したため空席となっており、武田一族の板垣信安《いたがきのぶやす》が在城していました。そこで勝頼は、上野支配の統括を、白井城代・真田昌幸と箕輪城代・板垣信安の二人に委《ゆだ》ねています。この権限は、父・幸綱、兄・信綱の時代では確認できないものであり、昌幸が武田家の政権中枢を担ってきたという実績が考慮されたものと推定されます。

一方で『軍鑑』などによると、徳川軍の反攻により守勢に立たされていた遠江に勝頼が出兵する際には、昌幸は従軍を命じられ、高天神城《たかてんじん》への補給や徳川軍の牽制《けんせい》で活躍したと記されています。ただ、これは確実な史料では確認できません。また『軍鑑』などによると、長篠敗戦で弱体化していた武田軍は、遠江に進軍する際、徳川軍の攻撃を恐れて通常の進行路である塩買坂《しおかいざか》を通らず、遠州灘《えんしゅうなだ》沿いに進む浜端《はまばた》の道を進軍しようとしました。それを知った昌幸は、武田軍の怯懦《きょうだ》を敵に覚《さと》られぬよう、自分の率《ひき》いる千人ばかりの軍勢だけで塩買坂を堂々と進軍し、徳川方を威圧したといいます。

この逸話は、あながち誤りと断定できません。天正七年（一五七九）四月に、駿河国の江尻《えじり》城主・穴山信君が遠江の牢人・天野藤秀《あまのふじひで》を支援し、かつて彼の属城であった光明《こうみよう》城の奪回作戦を実行しようとしました。この時、勝頼はその作戦を支援するために、自身が出陣する前に真田昌幸と小山田昌盛《まさもり》（勝頼側近）を派遣しているので、この逸話のようなことがあってもおかしくはないのです。

いずれにせよ、昌幸は父・幸綱や兄・信綱と同様に、信濃と上野での在国を基本にしつつも、勝頼の求めに応じて駿河・遠江戦線にも従軍するなど、父兄よりも多忙な真田家当主となったわけです。それは昌幸が、信玄に続き勝頼からも信頼され、寵愛されていた証拠といえるのではないでしょうか。

Q40 上野方面で、どんな活躍をしたのか？

真田昌幸は、上野国で上杉方の諸勢力と対峙《たいじ》し、これと戦うことはもちろん、武田勝頼の指示により、東北や北関東の諸大名との連絡役なども担当していました。その活動が特に活発化するのは、天正六年（一五七八）三月の上杉謙信急死と御館《おたて》の乱勃発《ぼっぱつ》以後です。

実子のない謙信には、二人の養子がいました。一人は謙信の姉の子・上杉景勝《かげかつ》で、もう一人は北条氏康の七男・上杉景虎《かげとら》で、謙信の死後、この二人の間で起きた跡目争いが御館の乱です。

その争乱の最中の天正六年五月、昌幸は早速、東上野への調略に着手しました。当時、東上野は上杉景虎方に付く国衆《くにしゅう》が多かったものの、越後からの後詰《ごづ》めが望めない状況で、武田方にとっては千載一遇《せんざいいちぐう》の勢力拡大のチャンスでした。

そして昌幸の調略によって、沼田の武士たちが自分の在所を捨てて武田方に走り、六月三日には、不動山《ふどうやま》城（上杉家臣・河田重親《かわだしげちか》が管理していた）を武田方が乗っ取ることに成功します。

さらに昌幸は、要衝・沼田城への調略を進めようとします。ところが調略活動は、まもなく武田勝頼によって中止を命じられました。原因は、北条氏政の抗議によるものでした。氏政は、武田方が東上野で勢力を拡大し始めていることに「立腹」し、勝頼に対しただちに中止を申し入れたのです。これを受けて勝頼は、六月二十九日付で昌幸に書状を送り、昌幸の沼田工作が北条氏政の「立腹」を招き、やむなく手を引かざるをえなくなったことを遺憾《いかん》としつつ、彼のそれまでの功績を褒《ほ》め讃《たた》えました。

氏政が抗議したのは、東上野が氏政の弟・上杉景虎方であることが背景にあると思われます。北条氏は東上野の領有を目論《もくろ》み、景虎とともにこの地域の共同確保を狙《ねら》っていたのでしょう。そうすれば、東上野は労せずして事実上の北条領国になるからです。そこに昌幸が調略を仕掛けたために、氏政は激怒したのでしょう。同盟を結ぶ武田・北条両氏の関係に、微妙な空気が流れ始めていたことがわかります。

天正七年（一五七九）三月、上杉景虎が景勝との内戦に敗れて憤死《ふんし》すると、北条氏政は東上野の領有を宣言し、景虎方の諸将を迎え入れることとしました。そして同年、ついに甲相同盟は破綻《はたん》。武田勝頼は上杉景勝と同盟を結び、対する北条氏政は徳川家康と同盟して、東西から武田領を脅《おびや》かします。

これによって武田勝頼は、守勢に立たされることとなりますが、上野方面に配置した昌幸、矢沢頼綱《やざわよりつな》（昌幸の叔父《おじ》）は北条方諸将に調略を仕掛け、北条方を追い詰めていくのです。やがて昌幸の狙いは、要衝・沼田城奪取に絞《しぼ》られていくこととなります。

Q41　沼田城を攻略するためにどんな下準備をしたのか？

まず武田勝頼と真田昌幸は、沼田周辺の北条方諸将を調略によって引き抜くこと、上野・武蔵国境付近で大規模な軍事攻勢を仕掛け、北条領国と沼田城の連絡と補給を遮断《しやだん》することを目論みました。

天正八年（一五八〇）二月から、昌幸と矢沢頼綱は小川《おがわ》城（群馬県みなかみ町月夜野《つきよの》）の城主・小川可遊斎《かゆうさい》を抱き込むこととしました。まず、小川家臣の小菅《こすげ》刑部少輔《ぎようぶしよう》に接近し、彼を味方につけようとします。昌幸は小菅に対し、恩賞《おんしよう》や知行《ちぎよう》加増という好餌《こうじ》をもって誘い、ついに彼を味方に引き入れることに成功しました。

早速、昌幸は勝頼に二通の朱印状を発給してもらい、矢沢頼綱を通じてこれを小菅に渡しています。この朱印状のなかで勝頼は、小菅に小川可遊斎を説得するよう要請。この効果はてきめんで、小菅は可遊斎の説得に成功し、小川氏は武田方に転じる約束をしました。

勝頼と昌幸はこれを歓迎し、彼に望みの知行を与えると約束しました。なおこの時、小川可遊斎は身の安全を保証してほしいと昌幸に求め、彼の起請文《きしようもん》を要請しています。現存しませんが、昌幸は可遊斎に起請文を書き与えました。

ついで昌幸は、上越《じようえつ》国境に位置する猿ヶ京城《さるがきようじよう》（同前）への工作を行います。ここには尻高左馬助《しつたかさまのすけ》、木内八右衛門尉《きうちはちえもんのじよう》らが籠城《ろうじよう》していましたが、すでに小川城が武田方に転じたため、武田氏の勢力圏で孤立する格好になっていました。ところが彼らは意気軒昂《けんこう》で、閏《うるう》三月には単独で三国《みくに》峠を越えて上杉領に攻め込み、上杉方の荒戸《あらと》城を攻めて損害を与えています。

これに対し昌幸は、猿ヶ京城内にいた中沢半右衛門《なかざわはんえもん》を秘かに抱き込むことに成功し、真田勢の攻撃が始まったら三の曲輪《くるわ》に火を放つ約束を取り付けます。この作戦は実行されたものの、城はもちこたえて陥落《かんらく》しませんでした。それでも昌幸は、中沢の他にも調略の手を伸ばしており、森下又左衛門《もりしたまたざえもん》という人物をも抱き込み、中沢とともに内部攪乱《かくらん》を行わせ、五月中旬までに城を攻略しました。この攻略の際に昌幸に協力したのは、猿ヶ京城の周辺の須川《すかわ》衆であり、昌幸は地域の人々の伝手《つて》を頼りに調略を行ったのでしょう。

猿ヶ京城と小川城が武田方の手中に落ちた影響は甚大でした。まもなく、名《な》胡桃《ぐるみ》城の鈴木主水《すずきもんど》らも昌幸の調略に応じて武田方に転じています。それにしても注目すべきは、これほど大きな成果をあげたにもかかわらず、昌幸が大規模な戦闘をほとんど行っていないという事実です。あくまで兵を損じることなく、勢力拡大を実現しているのです。

さて、こうして沼田城の周辺の城を攻略した昌幸は、いよいよ沼田城内の切り崩しにも乗りだします。城内の有力者である沼田衆・金子《かねこ》美濃守《みののかみ》らにも工作を開始。この二人には、かねてよりつきあいのある僧侶などに頼み、城内に入って武田氏への帰属をもちかけたといいます。

この結果、四月上旬には金子美濃守、渡辺《わたなべ》左近允《さこんのじょう》、西山市之丞《にしやまいちのじょう》の三人が昌幸の調略に応じ、反武田方の金子一族の金子彦助や吉田《よしだ》新介を城内より追放。やがて金子らは、沼田城を脱出して名胡桃城に逃れ、昌幸と合流したといいます。金子らの武田方帰属は城内に動揺を生み、恩田《おんだ》・中山《なかやま》・発知《ほっち》等もこれに続きました。この他にも、宮田《みやた》衆なども昌幸の調略によって武田氏に通じ、これにより勢《せ》多《た》・利根《とね》郡の土豪層は相次いで武田氏に転じます。

こうした沼田城および周辺諸城の調略は、武田勝頼本隊の動向による影響も大でした。勝頼は天正七年末から同八年春にかけて、東上野と北武蔵で大規模な攻勢を仕掛けました。まず、天正七年十一月から十二月にかけて、上野の武田方は

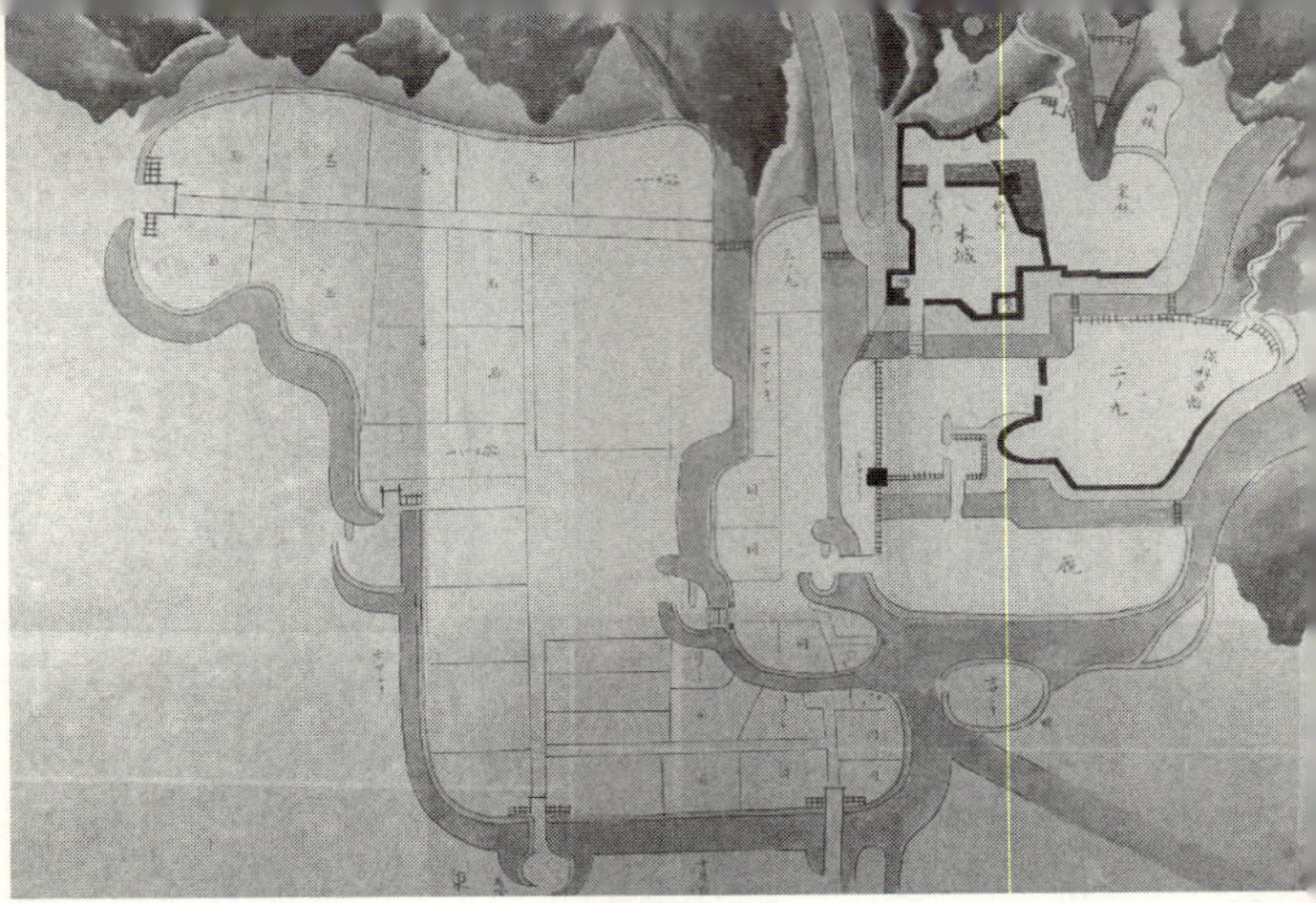

沼田城の縄張りを描いた「上州利根郡沼田城之図」（真田宝物館所蔵）

鉢形《はちがた》城をはじめとする北武蔵に大規模な攻勢をかけ、東上野の由良《ゆら》・北條《きたじょう》氏らを動揺させ、その上で天正八年一月早々に勝頼本隊がその総仕上げとして出陣。それを受けて、武田方は羽生《はにゅう》城（埼玉県羽生市）奪回に動きだし、この地を北条氏に奪取されていた国衆たちに呼びかけ、作戦が成功したら旧領を与えると約束しました。

　勝頼は東上野、北武蔵方面を席巻《せっけん》し、二月十二日に上野国の深沢《ふかざわ》（群馬県桐生《きりゅう》市）で、同二十七日には、山上《やまがみ》戸張《とばり》（同前橋市）で北条方と衝突。北条方の指揮を執《と》る鉢形城主・北条氏邦は武田方の勢いに焦《あせ》り、懸命の防戦を試みました。その勢いは、北条氏政が「このままでは上野は勝頼のものとなり、北条氏も滅亡に追い込まれてしまう」と危機感をあらわにするほどでした。

反撃を期する北条方は三月、北条氏邦配下の鉢形衆が多留《たる》城（同渋川市）を攻め、倉賀野《くらがの》、八幡崎《やわたざき》（ともに同高崎市）で武田軍と戦いますが、大きな戦果をあげることができませんでした。

この結果、勝頼自身は三月には甲府に帰陣したものの、武田軍本隊の攻勢により、上野と武蔵の国境は武田方にほぼ封鎖され、沼田城と北条方の連絡は遮断されてしまいました。昌幸の調略によって沼田城とその周辺の諸士が相次いで武田方に帰順していったのは、こうした背景があったことも見逃せないのです。

Q42　沼田城攻略を成し遂げた大胆な調略とは？

小川城、猿ヶ京城、名胡桃城などを相次いで調略した真田昌幸は、武田勝頼本隊の協力を得て上野と武蔵の国境をほぼ封じることにも成功し、沼田城を完全に追い詰めました。やがて沼田城下に火を放ち、城を完全に包囲。昌幸から報告を受けた武田勝頼は、天正八年（一五八〇）八月に上野出陣を諸将に指示します。

しかし、沼田城は名にし負う堅城です。力攻めは犠牲が大きすぎると考えた昌幸は、無血開城を実現するべく様々な手を打っていました。中でも大胆なのは、沼田城代・用土新左衛門尉《ようどしんざえもんのじょう》自身への調略です。

ただもちろん、昌幸には成算がありました。用土新左衛門尉は、関東の有力国衆・藤田泰邦《ふじたやすくに》の一族である用土業国《なりくに》の子でした。ところが、北条氏康の関東計略の過程で、藤田氏は北条氏に帰属したばかりか、その当主の座は氏康の子・氏邦が「藤田新太郎《しんたろう》（氏邦）」として簒奪《さんだつ》。さらには、藤田氏の家政は氏邦のお気に入りだった富永助盛《とみながすけもり》（後の猪俣邦憲《いのまたくにのり》）が取り仕切っていたのです。用土新左衛門尉はこれに強い不満を抱いていたとみられます。

また昌幸自身も、用土と縁がありました。真田氏と用土氏は、父・幸綱の代からの繋《つな》がりがあり、幸綱と用土業国は旧知の仲であったといいます。さらに武田方の国峯《くにみね》城主・小幡信真《おばたのぶざね》も用土氏とは関係があったそうです。

こうした事情に注目した昌幸は、小幡信真を通じて用土の説得にとりかかりました。信真が密書を送ると、用土も応じると返事を出しました。昌幸はこれを喜び、今後の処遇については、用土の希望通りになるよう力添えをすると約束し、その使者の眼前で起請文を認《したた》め、血判《けっぱん》を捺《お》しています。

そのうえで昌幸は、計画の露見を避けるためにも用土にクーデター決行を急ぐよう促《うなが》しました。用土への調略は、武田陣営でも秘匿《ひとく》され、この事実と経緯を知っていたのは、勝頼から援軍として沼田に派遣されていた重臣・土屋昌恒《まさつね》と跡部《あとべ》勝資《かつすけ》の二人だけだったといいます。

そして用土は、昌幸との約束通り、武田軍の攻撃と同時に城内で叛乱を起こし、城内の北条方を降伏させ、城を明け渡したのです。沼田城開城の正確な時期は定かではありませんが、八月下旬のこととされています。

用土新左衛門尉を武田氏は厚遇し、武田氏の通字《とおりじ》「信」を与えて信吉《のぶよし》と名乗らせました。さらに藤田への改姓を許し、能登守《のとのかみ》の受領《ずりょう》を与えました。これは藤田宗家を継承していた北条氏邦に対する強烈な対抗意識の所産とされています。

藤田信吉は武田氏の勢力を背景に、北条氏に奪われた藤田宗家の奪回を目指し、さらに上野国における地位の正当性を主張しようとしたのでしょう。信吉は引き続き沼田在城を望み、勝頼はこれを許しています。

沼田城攻略後、昌幸は一族の矢沢頼綱を城に配備し、彼に統括を委ねました。そして昌幸自身は岩櫃、沼田、白井城の三城を統括しつつ、勝頼を補佐するという慌《あわただ》しい日々を送ることとなったのです。

Q43　沼田城攻略後、どんな役割を担ったのか？

真田昌幸は沼田城攻略後、岩櫃城と沼田城を中心に、中山城、猿ヶ京城などをも管轄下に置き、藤田信吉、小川可遊斎、渡辺左近允、金子美濃守らの沼田衆の有力者をはじめ、須田《すだ》、森下、狩野《かのう》氏ら沼田一帯の土豪層をも軍事指揮下におさめました。

武田勝頼は沼田城の守りを固めるべく、信濃川中島衆の西条《にしじょう》治部少輔《じぶのしょう》らを沼田城に転属させ、昌幸の指揮下に編入させています。かくして昌幸は、勝頼から上野国の広大な地域の管轄を許されるのですが、これらの権限が、武田氏滅亡後に独立大名となる基盤となるのです。

ところで沼田開城は、勝頼と昌幸に新たな問題を突きつけることとなりました。藤田信吉は沼田開城の功績により武田氏から莫大な知行を与えられますが、これは沼田城周辺領域の過半を与えるという破格の条件だったといわれます。

その内容は、利根東郡（群馬県利根郡片品《かたしな》川沿岸の地域）三百貫文を与えるとの証文《しょうもん》を武田氏より与えられていたとも（『加沢記《かざわき》』）、沼田城領三千貫文とその他をあわせて五千七百貫文という莫大なものだったともいわれます（『管窺武鑑《かんきぶかん》』）。事実、天正九年（一五八一）七月十日、昌幸が沼田衆に対し「沼田過半藤田能登守依忠勲被下置候《ちゅうくんによりくだしおかれそうろう》」「藤田能登守方依忠信《ちゅうしんにより》、沼田過半被下置候」と述べているので、沼田城周辺の所領がことごとく信吉に与えられたことは事実です。

そのため勝頼と昌幸は、調略によって武田方に帰属した武士たちに、「沼田城を制圧したら、その地域で知行を与える」との約束が果たせない事態に直面したのです。事実、功績のあった真下但馬守《ましもたじまのかみ》、小川可遊斎などは、沼田周辺で知行加増が行われず、信濃国で代替地が与えられるなど、変則的な知行宛行《あてがい》が行われています。しかもその知行宛行、加増の作業は、沼田城奪取後一年ほどを経過してやっと実行されているのです。

この沼田領の知行割については、勝頼も気を遣《つか》っていたらしく、天正九年六月七日に昌幸に宛てた条目の中で「沼田知行割之模様、能々被聞届《よくよくききとどけられ》、各不恐怖様可策媒事」とあり、未だに決着がついていないことがわかります。この所領の知行の再編成や、約束の履行《りこう》をめぐる混乱は、武田氏の上野支配に大きな影響を与えたものと推察されます。

詳細は後述しますが、この年、上野国衆の相次ぐ離反や謀叛計画が起きます。

それは、同年三月の遠江の要衝・高天神城の落城によって勝頼の権威が低下したのと、これらの知行問題が遠因になったものと思われます。

こうした問題を抱えつつも、沼田城奪取により、昌幸は武田家中で大きく飛躍することとなります。まず、それまで父・幸綱、兄・信綱以来統括してきた岩櫃城（吾妻郡）とその地域の武士への軍事指揮権などの権限が、沼田・小川・猿ヶ京城などの利根郡にも及びました。さらに昌幸は、吾妻・利根両郡において、「郡代《ぐんだい》」（「郡司《ぐんじ》」）としての地位を確立することとなりました。この「郡代」（「郡司」）とは「城代」とも呼ばれます。

その権限は、①武田領国における主要城郭の城将《じょうしょう》を兼任する、②諏方大社《すわたいしゃ》、富士浅間《ふじせんげん》神社など有力寺社の維持、繁栄のための神事催促を行う、③管轄領域の郷村《ごうそん》に対し公事《くじ》（諸役）を収取できる、④武田氏への訴訟を取り次ぐ権限がある、⑤治安維持や勧農などを実現するための検断権《けんだんけん》を持つ、⑥管轄領域の所領安堵、⑦管轄領域へ発給される武田氏の奉書式《ほうしょしき》朱印状の奉者（証文、証判の発給、通常は「真田安房守《あわのかみ》奉　之《これをうけたまわる》」などのように記される）を担当する、などです。

現在の研究では、武田領国では、信濃国諏方郡代（上原《うえはら》城）、筑摩《ちくま》・安曇《あずみ》郡代（深志《ふかし》城）、上伊那《かみいな》郡代（高遠《たかとお》城）、下伊那郡代（大島《おおしま》城）、川中島四郡代（海津《かいづ》城）、

佐久・小県郡代（内山城）、上野国西上野郡代（箕輪城）、駿河国駿東《すんとう》郡代（深沢《ふかさわ》城）、富士郡代（興国寺城《こうこくじ》）、駿河郡代（久能《くのう》城）などがあったと想定されていますが、昌幸は利根・吾妻郡代（岩櫃・沼田城）であったと推定されます。

なお、昌幸の配下に置かれた小川・猿ヶ京城など多数の城主たちは、①独立の国衆として、自分の家臣に対する支配、軍事指揮権（家支配権）と所領支配権を保持するが、領域支配権（所領以外の地域）は保持していない武将、②武田氏より戦略上ある城に配置された家臣もしくは外様《とざま》国衆で、同じ城に在城する兵卒への軍事指揮権を持つが、領域支配権は与えられていない「城将」と呼ばれる武将、とに分類できます。武田領国は広域的な地域支配権を委ねられた「郡代」（「郡司」「城代」）のもとに、国衆と戦略的城郭を預かる「城将」が配置され、昌幸は郡代として彼らを統率していました。

それればかりか昌幸は、上野の隣国である下野《しもつけ》の大名・宇都宮国綱《うつのみやくにつな》への情報提供や、軍事作戦上の相談に乗るよう勝頼から命じられていました。その後、昌幸は常陸《ひたち》の佐竹義重《さたけよししげ》や会津《あいづ》の蘆名盛隆《あしなもりたか》と武田氏との連絡が円滑に進むよう、通交ルートの確保を相手方と相談するようにも指示されています。つまり真田氏の地位は、宇都宮氏・佐竹氏・蘆名氏など他国の大名との交渉にも関与するまでになったのであり、それは武田家中でも異例の抜擢といえるでしょう。

Q44 沼田景義が沼田城を奪還しようとした時、どうやって城を守り抜いたのか？

沼田城奪取により、武田氏は上野のほぼ全域の制圧に成功しました。ところが天正九年（一五八一）二月、沼田城を奪い取ろうとする者が現れました。それが、沼田景義《かげよし》です。

沼田景義はもと沼田城主・沼田万鬼斎《まんきさい》（顕泰《あきやす》）の末男で、それまでは会津で牢人していて、沼田奪回により沼田家を再興しようと図ったといわれます。この事件については『加沢記』以外に史料がなく、同書をもとに紹介しましょう。

沼田帰還を思い立った景義は、新田金山《にったかなやま》城主・由良国繁《くにしげ》の庇護《ひご》を受け、女淵《おなぶち》城（群馬県前橋市）に在城。由良氏の家臣・矢羽《やばね》氏の補佐を受けつつ、その息女を娶《めあわ》せられました。やがて景義が沼田衆への調略を開始すると、その呼びかけに応じる者が続出。その動きを察知した藤田信吉、海野長門守《うんのながとのかみ》らは急ぎ昌幸に報告し、昌幸は甲府から急遽《きゆうきよ》岩櫃城に戻って、対策を練ることとなりました。

すると、評定《ひょうじょう》の場で海野長門守が「金子美濃守は景義の叔父にあたり、この縁で彼は沼田万鬼斎に取り立てられ、沼田の執権《しっけん》にまで昇り詰めた経緯がある。金子を利用して景義を討ち取るのはどうか」と提案します。

この間にも、景義のもとへは由良氏の加勢がかけつけ、総勢は二千余騎を数えるほどとなります。そして景義勢は、天正九年三月一日、新田を出陣し三日には糸井《いとい》（群馬県昭和村）、四日には南生越《みなみおごせ》（同沼田市利根町輪組《わくみ》）に着陣。これを知った沼田衆の多くは、続々と在所を引き払い景義勢に合流し、さらに近在の農民も馳《は》せ参じ、総勢三千余人にまで膨《ふく》れあがりました。景義は軍勢を整えるため、いったん阿曽《あそ》の砦《とりで》（同昭和村）に入ります。この勢いを見た沼田近辺の寺社も、景義の沼田城奪取は間違いないと考え、続々と景義方に靡《なび》きました。

この間、昌幸は秘かに沼田城に移動し、金子美濃守を呼び「あなたの知略で景義を討ち取ってほしい。このように御屋形様《おやかたさま》（武田勝頼）からも、あなた以外に適任はいないと証文もいただいている」と持ちかけ、勝頼が二月二十日付で金子宛に出した朱印状を見せます。そこには「あなたが計策を用いてかの者（沼田景義）を討ち取ったら、川西《かわにし》で千貫文のところを与えよう。なお詳しくは真田安房守が申し述べるであろう」と記されていました。

そして昌幸は、「この内容に相違《そうい》なし」と昌幸と跡部勝資が連署で認めた起請文をも金子に提示。すると金子は欲に目がくらみ、沼田家で受けた恩義を忘れて承知し、中山、山名氏らと密談したうえで、偽《いつわ》って景義に味方すると申し入れました。

三月十一日、藤田信吉・海野長門守ら八百余騎が沼田に迫る景義勢に敗れて、沼田城に退去。勢いに乗った景義は、軍勢を三手に分け、三方より城を包囲して一挙に攻め込もうとします。これを見た金子美濃守は、「頃はよし」と、中山ら三百余騎を従えて、景義に合流しました。そして景義に、金子、藤田、浦野《うらの》（大《おお》戸《と》）氏ら沼田衆らが「沼田城を明け渡し、景義を主君として仰《あお》ぐ」と連署した起請文を感涙に噎《むせ》びながら手渡します。

景義は馴染《なじ》みの金子の言うことだったので簡単に信用してしまいます。沼田城に案内するという金子から城下の町田観音堂《まちだかんのんどう》に呼び寄せられると、ここで甲冑《かっちゅう》を脱ぎ、金子を先頭に沼田城へと向かいました。景義に付き従う者は、二十人ほど。金子の案内で景義が沼田城の水の手曲輪より城内に入ると、迎えとして山名弥惣《やそう》が城内から姿を見せました。すると山名は、景義の面前で跪《ひざまず》くふりをしていきなり刀を抜いて斬《き》りかかります。それを合図に、金子も景義の左脇を三回刺し貫きます。その時、景義は「金子」と三度叫《さけ》んで果てたといい、享年四十二であったと伝わります。

景義が討ち取られると、従っていた者たちも伏せていた真田勢に襲撃され、辛《かろ》うじて城外に脱出した者も、その多くが追っ手によって討ち果たされました。これにより、由良氏らも沼田奪取を諦《あきら》めたといいます。

景義の首級は、沼田城本丸で昌幸自身により首実検が行われ、遺骸《いがい》は下沼田に葬られて供養が行われました。また昌幸は、景義に呼応しようとした沼田衆への詮議《せんぎ》も実施し、厳しい処分を下します。こうして昌幸は沼田景義事件を乗り切って沼田城確保に成功し、事件終了後の四月に、甲府に報告に向かったといいます。

なお金子美濃守は、その後も沼田衆として昌幸を支え、武田氏滅亡後は真田家臣となりますが、天正十八年（一五九〇）に北条氏が滅亡すると真田家中から追放され、厚田《あつだ》村（同東吾妻町）に隠棲《いんせい》し不遇のまま生涯を終えたと伝わります。

Q45 海野兄弟の謀叛を、どうやって防いだのか？

天正九年（一五八一）の沼田景義事件発生後、まもなく海野長門守幸光《ゆきみつ》・能登守輝幸《てるゆき》兄弟の謀叛が発覚し、海野一族が真田昌幸によって粛清《しゆくせい》されるという一大事件が起きています。

なおこの海野兄弟誅殺《ちゆうさつ》事件も、沼田景義事件と同様に確実な史料がなく、その概要は『加沢記』『古今《ここん》沼田記』によるしかなく、それぞれ記述の食い違いがありますが、ここでは通説に従って、『加沢記』の記述を軸に、事件を紹介しましょう。

海野兄弟はかつて岩櫃と岩下城主・齋藤越前入道《えちぜんにゆうどう》に仕えていましたが、真田幸綱の調略によって武田方に転じた経緯がありました。その後、真田昌幸は海野長門守幸光を岩櫃城代に任じたものの、吾妻郡の土豪層を彼の同心衆から除外します。吾妻郡での海野氏の勢力拡大を防ぐ意味があったと推察されます。

しかし、吾妻郡での権限を真田氏によって大きく規制された海野にとって、これが面白いはずがありません（ただし、海野幸光が岩櫃城代であったという事実はない。考えられるとすれば、城番であろう）。かくして海野兄弟は、秘かに武田・真田氏に対して逆心《ぎゃくしん》を企《くわだ》てますが、たちまち吾妻郡の鎌原・湯本氏ら七氏によって察知され、彼らの連署状で天正九年十一月上旬に、昌幸に報告されました。

これを知った昌幸は驚愕し、叔父の矢沢頼綱に相談します。すると頼綱は、海野兄弟が北条氏と結べば由々《ゆゆ》しき事態を招くであろうし、真田氏を打倒しようと密謀《みつぼう》に及んだからには、早く誅罰《ちゅうばつ》すべきであると進言します。頼綱は「海野輝幸の子・幸貞《ゆきさだ》は自分の娘婿《むこ》であり、孫も三人いて不憫《ふびん》だが仕方がない」と呟《つぶや》いたとされます。

また『古今沼田記』には、海野輝幸は奢《おご》り強き性格であったことから、沼田城に在番する諸将との折り合いが悪く、このため藤田信吉も輝幸を疎《うと》み、武田氏に付き従うよりも、北条氏に通じた方が前途が拓《ひら》けると秘かに思うようになっていたと記されています。

そのため、矢沢頼綱は「海野輝幸のために要衝の沼田城の在番衆が分裂し、北条氏や上杉氏に調略される事態になれば憂慮《ゆうりょ》すべき結果を招く」と考え、昌幸に海野輝幸誅殺を進言したともいいます。

昌幸は武田勝頼に相談して誅殺やむなしとの回答を得ると、ただちに海野兄弟誅殺を実行に移しました。勝頼は、昌幸の実弟・加津野昌春を派遣します。まず昌幸は、岩櫃城下にいた海野幸光の誅殺を、家臣や吾妻衆に命じました。海野幸光は勇猛で聞こえた武将でしたが、すでに齢《よわい》七十五を数え、当時は老衰のため眼を患《わずら》い、ほとんど盲目《もうもく》でした。

昌幸・昌春兄弟が指揮する真田勢は、秘かに海野屋敷を囲むと、一斉に屋敷内に討ち入りました。異様な気配を察した海野幸光は、眼が不自由なものの、甲冑を身につけ、居間の座敷に麻《あさ》の殻《から》を撒《ま》き散らし、敵が近寄ってきたことを殻を踏む音で聞き分け、その方向に向かって三尺五寸（約百七センチ）の太刀《たち》を振るい、たちまち十四、五人を斬り伏せます。しかし、勇猛で鳴る老将も切り抜けられないと覚ると、館に火をかけ、その場で自刃《じじん》して果てました。幸光の妻と娘は、妻の縁を頼って越後に逃れようとしますが、捕らえられて殺害されました。幸光室は三十五歳、息女は十四歳であったと伝わります（以上『加沢記』）。

さて、海野幸光を誅殺した昌幸・昌春兄弟は、岩櫃城を池田、鎌原、湯本氏に預け、その日の夜のうちに吾妻郡を出発し、十一月二十一日の払暁《ふつぎょう》に川田《かわだ》郷（沼田市下川田）に到着。沼田城への軍勢移動の目的が、海野輝幸・幸貞父子の成敗であることを隠すため、加津野昌春はあらかじめ沼田城の藤田信吉・海野輝幸に使者を派遣し、今度武田勝頼が上野に出陣するので、自分が準備のため沼田で軍勢の召集の任務にあたることとなり、また今後の作戦等を打ち合わせるために自分が沼田城本丸に入って藤田・金子氏らと評定するので、海野も参加してほしいと輝幸に申し入れました。

しかし、海野輝幸は不穏な空気を察し、家臣の富沢水右衛門尉を本丸へ派遣して、評定の参加を遠慮しようとします。ところが、富沢は本丸で討ち取られてしまいました。これで、加津野昌春の沼田への出張《でばり》が自分を誅殺するためだと確信した海野輝幸は、自分は逆心した覚えがないのに、佞人《ねいじん》の讒言《ざんげん》によって誅殺されるのは口惜《くちお》しいと申し開きをしようとしましたが、容《い》れられませんでした。

そこで海野輝幸は、息子・幸貞を呼び寄せ、敵がどれほど攻め寄せようと恐れるものではないが、逆心を企てたわけでもないので、ここは抵抗せずに迦葉山《かしようざん》弥勒寺《みろくじ》に立ち退《の》いて、ここで申し開きをすると述べ、妻子と郎党《ろうとう》たちを集めて城を脱出します。

城外には、すでに沼田衆と信濃衆が参集していましたが、海野父子が城を出てくると、斬りかかることもなく道を開いて一行を通してしまいます。海野父子が沼田城から脱出したことを知った加津野昌春と藤田信吉は、ただちに追撃を命じ、海野父子の一行に襲いかかりました。

海野幸貞は父・輝幸や妻子たちを先に逃し、自身は家来数人とともに踏み止まりこれを防ぎます。幸貞主従は数度に及ぶ真田勢の襲撃を撃退し、利根川を渡河して大雲寺《だいうんじ》（同沼田市岡谷町《おかやまち》）付近まで来たところ、激しく争う音に気づき急行。すると父・輝幸らが、沼田衆らと戸神原《とかみはら》（同）で死闘を繰り広げていました。幸貞主従は急ぎ輝幸らに加勢し、海野方は勢いを盛り返したといいます。

これを見た沼田衆は、一時兵を退《ひ》きますが、まもなく真田勢の攻撃も再開。いよいよ追い詰められた海野父子は、迦葉山に逃れることを断念し、女坂《おんなざか》（阿難《あなん》坂、沼田市岡谷町）で差し違えて自刃したといいます。海野輝幸は享年七十二、幸貞は三十八と伝わります。

海野輝幸・幸貞の墓所は、沼田城から少し離れた女坂に「海野塚」として現存します。幸貞の妻・矢沢氏とその三人の子（女二人、男一人）は、この混乱の中、下沼田に落ち延びて長岡寺《ちょうこうじ》（長広寺《ちょうこうじ》のこと、天台宗、同沼田市下沼田）に身を隠しましたが、訴人《そにん》があったことから藤田信吉によって捕らえられ、沼田城内に押し込められました。しかし幸貞の妻は矢沢頼綱の娘だったため、頼綱が身柄を預かり、その年の内に信濃へ送られたといいます（頼綱息女と孫たちが生き残った経緯には異説もある）。

なお、海野幸貞の子女三人は矢沢頼綱によって養育され、息女は原監物《はらけんもつ》（原貞《さだ》胤《たね》の子）、禰津志摩守《ねつしまのかみ》にそれぞれ嫁ぎ、また当時八歳だった男子は成人して原郷《ごう》左衛門尉《さえもんのじょう》と名乗り、沼田真田氏に仕えて、元和元年（一六一五）の大坂冬の陣で戦死しています。

このようにして、昌幸は武田勝頼の許可を得て、吾妻郡で大きな勢力を誇った海野氏を族滅《ぞくめつ》させました。その謀叛の原因については、上野国の軍記物には海野兄弟の不満としか記録されていませんが、上野国の武士が北条氏の調略に相次いで靡いたのは、天正九年三月の高天神城陥落が背景にあると考えられます。

遠江の要衝・高天神城の陥落は、武田勝頼の威信を失墜させました。なぜなら徳川軍の重囲《じゅうい》に陥っていた同城を勝頼は救援せず、事実上見殺しにしてしまったからです。そればかりか、高天神城に籠城していた人々の中には、上野国衆のうち浦野（大戸）氏も含まれていました。このことが、上野の武田方国衆に動揺や不信感を広めていたと推定されます。事実、この落城直後に、長尾憲景《ながおのりかげ》や宇津木《うつぎ》氏らが北条方に寝返っています。もちろん、こうした上野の混乱は、先述のように、沼田城攻略後の知行配分問題が尾を引いていたことも間違いないでしょう。

しかし沼田景義事件、海野兄弟誅殺事件という二つの危機を乗り切ることで、昌幸は吾妻郡と利根郡で強力な実権を握ることとなります。とりわけ海野氏滅亡によって、吾妻郡の支配が安定的となりました。

武田氏滅亡と本能寺《ほんのうじ》の変後、昌幸は吾妻郡を制圧して領国形成に着手しますが、強豪・海野一族が健在であれば、昌幸の速《すみ》やかな岩櫃城奪回や沼田方面への進出は容易ではなかったでしょう。またこの二つの事件によって、武田・真田氏と吾妻・利根二郡の国衆との連携が強化され、不満分子は一掃《いっそう》されました。この時の実績が、武田氏滅亡後の真田氏の独立大名化に大きく寄与することとなるのです。

Q46 新府城の普請をしたといわれるが、史実なのか?

武田勝頼は天正九年(一五八一)一月、甲斐国韮崎《にらさき》に新城を築城し、ここに居館を移転させることに決め、武田領国に新城築城のための動員がかけられました。この新城こそ、新府《しんぷ》城です。

そして新府城の普請《ふしん》奉行を務めたのが、真田昌幸といわれており、これが通説化しています（たとえば『日本城郭大系』8長野・山梨編など）。ところがこの説は、江戸時代には存在せず、戦後になってから主張され始めたものなのです。

その根拠とされる史料は、天正九年一月二十二日に真田昌幸が出した書状です。武田勝頼の下命を受けた昌幸は、新府築城に必要な人夫の動員を実施。その命令書は次のようなものです。

上意につき啓せしめ候、よって新御館に御居を移され候《そうろう》の条、御分国《ごぶんこく》中の人夫をもって御一普請《ごいちぶしん》成し置かるべく候、これにより近習の方に候跡部《あとべ》十郎左衛門方、その表人夫御改めのため指し遣《つか》わされ候、御条目《ごじょうもく》の趣御得心ありて、来月十五日に御領中の人々も着府《ちゃくふ》候の様に仰《おお》せ付けらるべく候、何《いず》れも家十間より人足一人召し寄せられ候、軍役衆には人足の糧米《ろうまい》を申しつけられ候、水役の人足差し立てられべく候の由《よし》上意に候、御普請の日数三十日に候、委曲《いきょく》跡十申さるべく候、恐々謹言《きょうきょうきんげん》

正月廿二日　真安

昌幸（花押《かおう》）

（宛所欠）

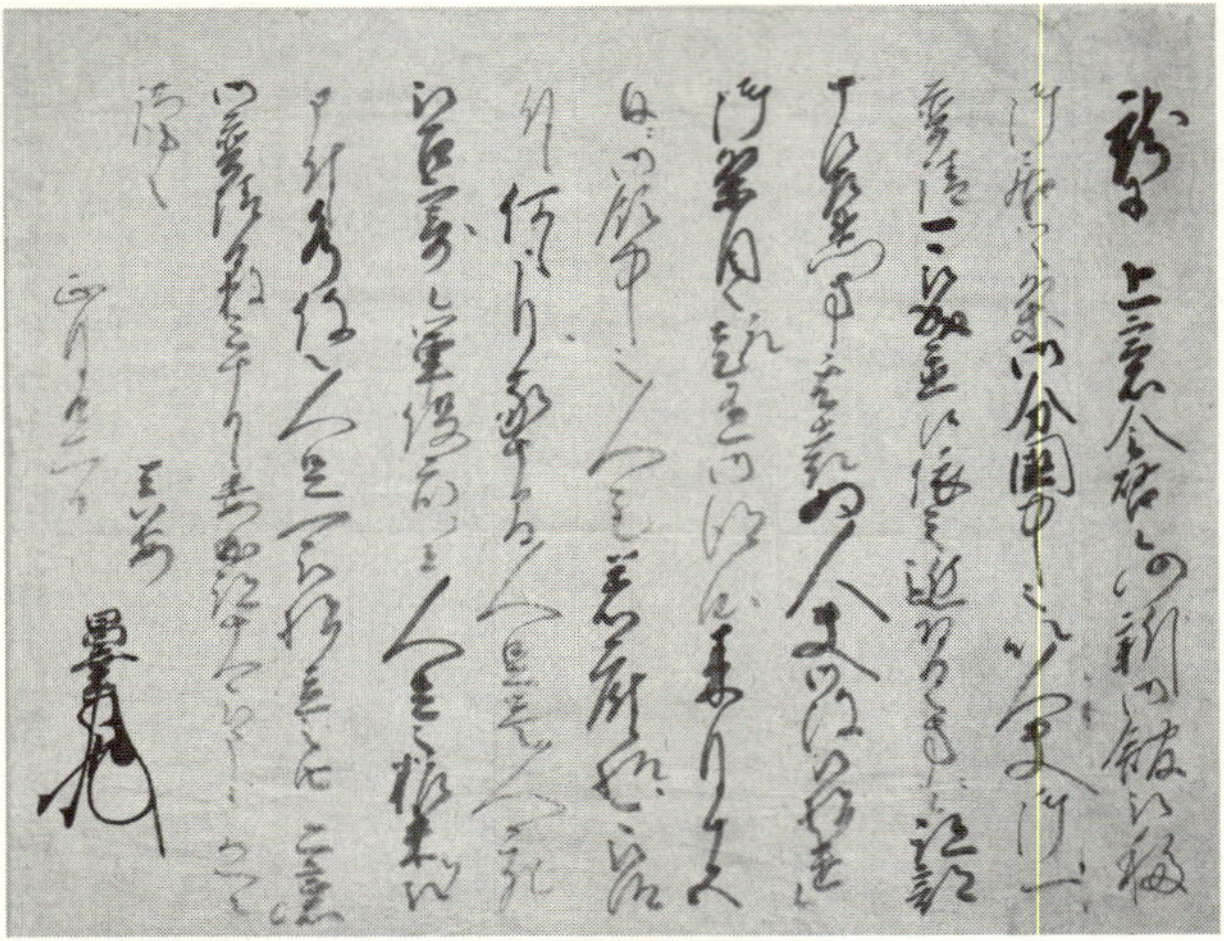

新府築城の動員に関する真田昌幸書状（個人所蔵）

この文書を現代語訳してみましょう。

上意（武田勝頼からの命令）を受けたのでそちらに伝達いたします。さて新御館を造営し移転なされるとのことですので、御分国中より動員される人足《にんそく》によって御一普請を実施なさるとのことです。このため勝頼の近習跡部十郎左衛門が、そちらの方面の人夫改めをするために派遣されます。（武田氏が提示する）御条目（箇条書きの指示書）の内容をよく理解されて、来月十五日には御領内の人々（人夫）に甲府まで到着されるよう命令して下さい。何《いず》れも家十間（軒）につき人足一人を出すようにして下さい（人足改は棟別《むねべつ》改だったのであろう）。軍役衆（武田氏により諸役などを免除され兵士として動員された農民のこと、在郷《ざいごう》被官《ひかん》とも呼ばれる）には、人足の糧米（食糧）を用意するように命じられました。水役（普請中の湧水除去や飲み水運搬の人足であろう）も用立てるようにとの上意です。御普請の日数は三十日間です。詳しくは跡部十郎左衛門が申すでしょう。

この真田昌幸文書は、近年原本が発見され話題となりました。この文書は、『長国寺殿御事績稿』にも掲載されており、江戸時代にはすでに宛所《あてどころ》が欠如していたようです。発見された原文書も宛所が切断されています。『長国寺殿御事績稿』によると、江戸時代には松代藩士・出浦《いでうら》右《う》近助《こんのすけ》昌相《まさすけ》のもとに伝来していたといい、この写本を掲載する『君山合偏』巻二一（県立長野図書館所蔵）では大戸浦野氏宛ではないかと推定されています。所蔵者の出浦氏宛と、上野国衆大戸浦野氏宛との二説がありますが、これらの推定がどこまで当たっているかは定かでありません。

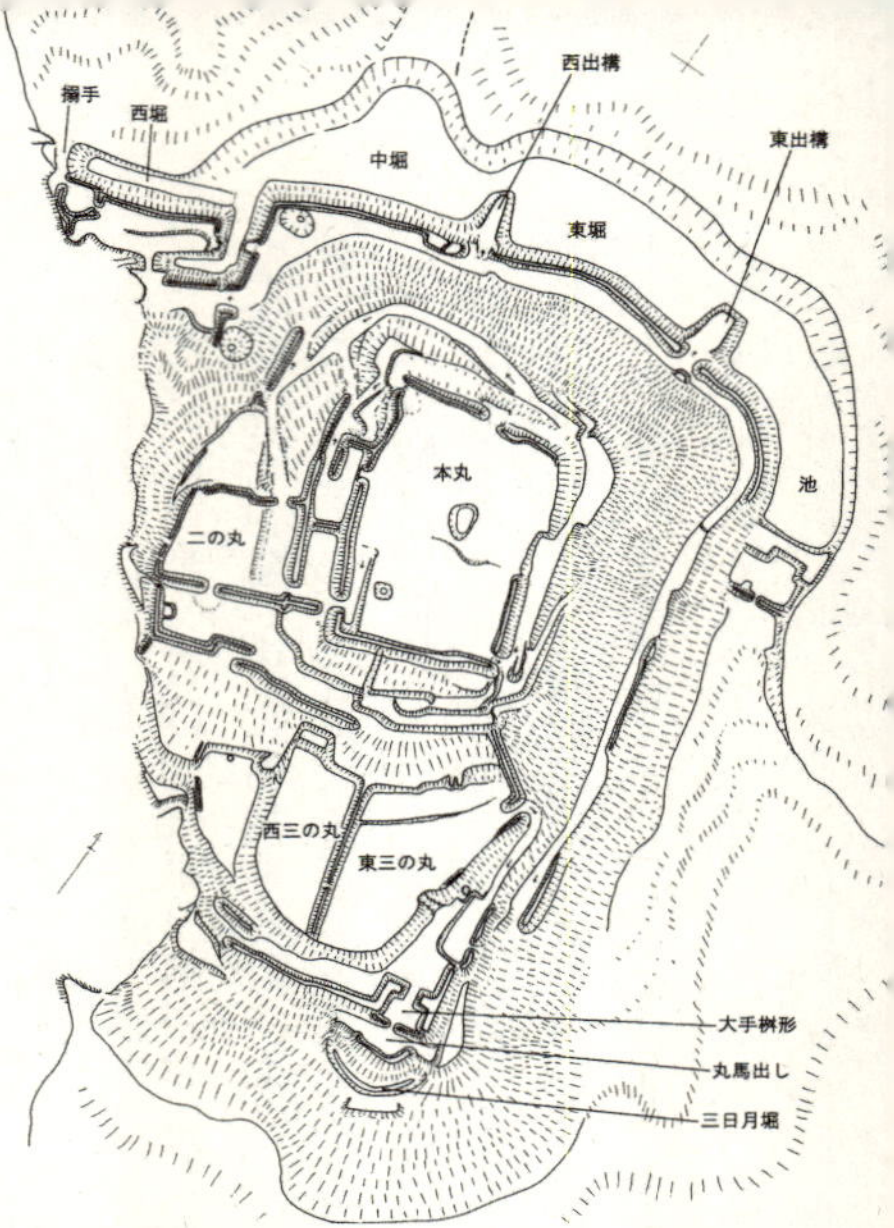

新府城の縄張り図（韮崎市教育委員会編『史跡新府城跡』より）

ただし、内容を見ると、真田昌幸は書状形式で新府築城の人足動員を要請していることや、それは上意（武田勝頼の命令）を受けての通達であるとされていることなどから、上野国吾妻・利根二郡の武士に出された文書の一通と考えられます。そして昌幸が彼らにこうした文書を発給しえたのは、先述のように彼が吾妻・利根二郡の「郡代」（「郡司」）だったからと推察されます。

つまりこれは、昌幸が普請奉行だったからではなく、「郡代」の職権によるものと考えられます。おそらく、昌幸が発給した動員令は複数作成されたはずで、同じような動員令は武田氏から直接もしくは重臣が取次を務める諸士に通達されたと考えられます。今後も他の人物（郡代）が作成した新府築城の動員令が発見される可能性は十分にあるでしょう。

領国全域から人夫を動員して行われた新府築城は急ピッチで進められ、九月には勝頼とその家族が住まう本曲輪などが一応完成したようで、里見《さとみ》、佐竹、上杉氏ら同盟国に報告され、祝儀《しゅうぎ》が届けられています。しかし実際には『軍鑑』が「半造作《はんぞうさ》」と記しているように、曲輪の削平《さくへい》や建造物はまだまだ未完成の部分が多かったようで、それは発掘調査によっても証明されています。

それでも勝頼は、当面の居住区の完成をみて、甲府から新府への移転を決断したようです。しかし駿河と伊豆の国境で北条軍との対決が始まったため、新府移転は大幅に遅れることとなりました。勝頼が新府城に本拠地を移したのは、駿河から帰陣してまもなくの十二月二十四日のことです。しかし新府城は、翌天正十年（一五八二）に織田軍の侵攻が始まると、三月三日、それを支えきれないと判断した勝頼自身の手で火を放たれ、一度も機能することなく灰燼《かいじん》に帰したのです。

なお、真田氏と新府城との関係について唯一残されている伝承は、新府城下に真田屋敷があったとされていることだけです。新府城近くには今も「隠岐殿《おきどの》」という字名《あざめい》が残されており、ここは真田隠岐守〔昌幸の実弟・加津野〈真田〉隠岐守昌春〕の屋敷跡と伝承され、近年、戦国末期の館跡が発掘されています。その遺構は一面が焼土で覆われており、焼け落ちた痕跡《こんせき》が明瞭でした。新府焼失に伴って焼けたと推定されています。

Q47　滅亡寸前の武田勝頼に、岩櫃城入りを勧めた真意とは？

天正十年（一五八二）一月、信濃国木曾《きそ》郡の領主で武田一族の木曾義昌《よしまさ》が、織田信長《のぶなが》の調略に応じ、実弟・上松蔵人《あげまつくらんど》（義豊《よしとよ》）を人質に出し、武田氏から離叛《りはん》しました。信長はこれを好機と捉えて武田領への総攻撃を命じ、武田氏滅亡への幕が上がることとなるのです。

勝頼も手をこまねいていたわけではなく、木曾討伐のため二月に新府城を出陣し、諏方の上原城に布陣して織田軍を迎え撃とうとしました。ところが、伊那郡の武田方諸城は織田軍に抵抗するどころか戦わずして自落し、武田軍の防衛ラインはあっけなく崩壊してしまいます。これは遠江・駿河も同様でした。その理由としては信長・家康による調略もさることながら、やはり天正九年三月に勝頼が高天神城を見捨てたことが大きく影響していました。

勝頼は興亡の一戦を塩尻《しおじり》峠か有賀峠で行おうと決意していましたが、二月二十

新府城跡航空写真。中央断崖上の森が城跡（提供：韮崎市教育委員会）

八日に駿河国江尻城で徳川軍を迎え撃つはずの穴山梅雪《ばいせつ》（信玄の婿、正室見性院《けんしょういん》は勝頼の異母姉）の謀叛が発覚したため、信濃での決戦を諦めて新府城に撤退します。しかし、一族である穴山氏謀叛の情報は武田軍将卒の動揺を招き、逃亡者が続出し、もはや組織的な戦闘は不可能になりつつありました。

そこで勝頼は三月二日、新府城に一族・重臣を召集し、最後の軍議を開きました。ところが同日、仁科信盛《にしなのぶもり》（勝頼の異母弟）・小山田昌成《まさなり》らが籠城する高遠城が陥落したとの情報が新府城にもたらされると、動揺はいっそう広がります。勝頼らは、屈強の将兵千人ばかりが籠城する高遠城ならば少なくとも二十日から三十日は持ちこたえられると考えており、その間に新府城の仕上げを急ごうと目論んでいたのですが、その構想は完全に崩れ去ってしまいました（『甲乱記《こうらんき》』）。

新府城の軍議では、三つの意見が対立したといいます。『軍鑑』や『甲乱記』によると、勝頼の嫡男・信勝《のぶかつ》は潔く新府城に籠城して織田・徳川軍を迎え撃ち、城を枕《まくら》に討ち死にすべきと説きます。小山田信茂は都留《つる》郡の堅城・岩殿《いわどの》城に移動し、ここで決戦すべしと述べます。そして最後に昌幸が、岩櫃城に勝頼一族と残存する武田軍を結集させ、ここで決戦に踏み切るべきであると主張しました。

昌幸がそう主張したのは、岩櫃城であれば地形が嶮岨《けんそ》で、織田軍による大軍の運用が困難であるだけでなく、上杉氏の支援も受けられやすいというのが理由でした。ただ『甲乱記』には、昌幸の献策は記録されておらず、『軍鑑』がその初見です。ところが『甫庵信長記《ほあんしんちょうき》』にも、「吾妻に籠城すれば、箕輪城には内藤昌月《まさあき》、小諸《こもろ》城には武田信豊《のぶとよ》がおり、五、六千人の勝頼旗本を数年養うだけの兵糧《ひょうろう》もあるから、ぜひ岩櫃城に移られたし」と昌幸が献策したとあります。昌幸が献策したという逸話は、少なくとも慶長期（一五九六～一六一五年）には存在していたと考えられます。

しかし昌幸の献策は、勝頼の側近・長坂釣閑斎光堅《ちょうかんさいこうけん》によって退けられました。

その理由は、昌幸は父・幸綱以来三代にわたって武田氏に仕えた侍大将に過ぎず、小山田信茂は譜代《ふだい》であるというものであったといいます。つまり武田氏に仕えて三代しか数えない外様と、譜代とでは忠誠度で比較にならないというものです（だが小山田氏も、四代前の小山田信有までは武田氏に敵対していた事実がある）。これを受け勝頼は、息子・信勝と昌幸の献策を退け、小山田信茂を頼って岩殿城に移ることとしたといいます。

それでも勝頼は、昌幸に恩義を感じており、新府城に預かっていた真田家の人質をすべて返還したと伝わります。昌幸は夜を日に継いで岩櫃城に帰還し、籠城の準備を進めたといいますが、やはり勝頼は上野に姿を現しませんでした。そして勝頼は、三月十一日に正室・北条夫人、嫡男・信勝とともに甲斐国山梨郡田野《たの》で滅亡したのです。

Q48　武田家滅亡の直前、北条氏に寝返ろうとしたのは本当か？

真田昌幸は勝頼滅亡を知ると泣き叫び、武田氏を土壇場で裏切った小山田信茂に復讐《ふくしゅう》しようといきり立ち、周囲に諫められたと伝わります（『長国寺殿御事績稿』)。

ところが昌幸は、武田氏滅亡は不可避であることを覚っており、生き残りを模索して、様々な手段を講じていたことが史料から明らかとなっています。

とりわけ昌幸にとって脅威《きょうい》だったのは、北条氏政・氏直《うじなお》父子の動向です。昌幸はこれまで北条氏をさんざん苦しめ、氏政は上野制圧に並々ならぬ意欲を燃やしていたので、真田氏にとって最も恐るべき相手でした。

すでに武田氏滅亡の五日前にあたる天正十年(一五八二)三月六日、昌幸は沼田城を守る矢沢頼綱に書状を送り、頼綱がこれはと思う人物に知行を配当し、城を守る兵力を確保すること、牢人衆に城に備蓄してある城米を分配すること、真田氏の料所《りょうしょ》(直轄領)を与えて牢人衆を至急雇用し沼田城を死守することを指示しました。

一族の矢沢頼綱に沼田城の死守を命じ北条軍に備えつつ、昌幸は岩櫃城にあって北条方との接触を図っていました。それは、勝頼滅亡の翌三月十二日付の真田昌幸宛北条氏邦書状から窺えます。この書状は、近年上田市に寄託、公開され話題となりました。

未《いま》だ申し通ぜず候といえども啓達《けいたつ》候、よって八崎長尾入道《はつさきながおにゅうどう》へ両度の御状披《ひ》見《けん》、紙上の趣《おもむき》誠に簡要至極《しごく》に存じ候、今度甲府の御仕合是非《ぜひ》なく候、然《しか》るに氏直おのおの御譜代の筋目《すじめ》に付いて、箕輪のおのおの和田《わだ》先忠なされ候、貴所へも箕輪より意見あるべき由候つる間、如何《いか》にも最《もっとも》の段返答せしめ候、然るところ八崎へ御状ども披見せしめ候の間、此《こ》の度《たび》申し入れ候、氏直へ御忠信此の時に相極まり候、恐々謹言

三月十二日　　安房守

氏邦（花押）

真田殿

御宿所

この書状を現代語訳してみましょう。

これまで通信をしたことがありませんでしたが手紙で申しあげます。さて八崎の長尾入道（長尾憲景）へ二度にわたって送られたあなたの書状を拝見しました。手紙の趣旨については道理にかなっていると思います。今度の甲府

（武田勝頼）の天運はやむをえないことです。ところで氏直はあなたがたは御譜代の由緒《ゆいしょ》の方々であると承知しています。箕輪（内藤昌月）や和田信業《のぶなり》らもものようにこちらに帰属しました。あなたのところへも箕輪より意見具申したいと言ってきましたので、誠によろしいことだと返答しておきました。そのようなわけで八崎（長尾憲景）のところへの（真田昌幸の）書状などを読ませていただきましたのでこのように申し入れました。氏直に御忠信をするのはまさにこの時を措《お》いてはありません。

この氏邦書状によると、真田昌幸は八崎城主・長尾憲景を通じて北条氏に接触を図り、帰属を打診していました。また昌幸よりも早く、箕輪城主・内藤昌月、和田城主・和田信業も北条氏に接触を図っており、彼らの帰属もほぼ固まっていました。昌幸が長尾憲景を仲介に北条氏へ接触を図ったのは、箕輪城主・内藤昌月の勧めもあったからだといい、北条氏直に忠節を尽くす時がきたのだと氏邦は昌幸を勧誘しています。

このように昌幸は、沼田城などの防衛強化を図りつつ、北条氏に帰属するタイミングを計っていたとみられます。いわば、硬軟織り交ぜての行動をしていたのであり、この時期の昌幸は、まだ北条方に対して和戦両様の構えを崩していませんでした。情勢次第で、身の振り方を変化させるつもりだったのでしょう。

つまり、昌幸が武田勝頼に吾妻郡への退避を勧めたことが史実とすれば、彼は北条氏を頼み、武田氏存続を考えたか（『理慶尼記《りけいにき》』によると、勝頼が小山田信茂を頼ろうとしたのは、彼の本領都留郡が北条領国に隣接しており、氏政を頼れると考えたからだと記録されているので、岩櫃城逃避も同じ意味があるとも考えられる）、もしくは勝頼が上野国に逃れることはまずないと読んで自己の存立を模索したかのどちらかでしょう。戦国の世を生き残るには、江戸時代の武士の倫理のような泰平の忠臣観は意味のないものだったのです。

Q49　織田信長に臣従したのはなぜか？　またその地位はどのようなものだったのか？

真田昌幸は、武田氏滅亡前後に帰属交渉を行っていた北条氏との関係を突如断ち、織田信長に臣従《しんじゅう》します。その理由は何であったか。

それはいうまでもなく、大国・武田氏をあっけなく滅亡させるほどの織田氏の威勢が、まず背景としてありました。北条氏政すら、信長との関係がよりよくなるよう三嶋《みしま》大社に願文を奉納し、息子・氏直と信長息女との婚姻《こんいん》（天正八年〈一五八〇〉の織田・北条同盟締結時に約束したもの）が成就するよう祈念しています。また、北関東や東北の諸大名も信長との関係緊密化に動きだしており、北条氏に帰属していた武蔵国松山《まつやま》城主・上田《うえだ》氏、忍《おし》城主・成田《なりた》氏、深谷《ふかや》城主・上杉氏も織田氏に従属することを申請していました。

さらに信長は天正十年（一五八二）、織田信房《のぶふさ》（信長の五男、尾張《おわり》国・犬山《いぬやま》城主。武田氏のもとで人質生活を送り、勝頼のもとで元服）を主将とし、団忠正《だんただまさ》・森長可《もりながよし》らで編制される軍勢を上野に派遣します。

これを知った国峯城主・小幡信真、安中《あんなか》城主・安中七郎三郎ら上野国衆は雪崩《なだれ》をうつように織田軍に降伏して人質を進上し、臣従の礼を取りました。なんと昌幸と北条氏との折衝を仲介していた長尾憲景までが、北条氏を離れて織田氏に帰属する有様でした。こうした情勢下で、昌幸も北条への帰属を翻《ひるがえ》し、織田氏に臣従したのです。

信長は昌幸の帰属を受け入れ、織田重臣・滝川一益《たきがわかずます》の与力《よりき》としました。なぜならば、信長は旧武田領国の分割を実施し、勝頼滅亡の最大の功労者である滝川には、上野国一国と信濃国佐久・小県郡を与え、東国取次の地位に据《す》えたからです。そして昌幸は、信長の命令により、保持していた沼田城と岩櫃城などを一益に明け渡しました。沼田城には、一益の甥・滝川儀太夫《ぎだゆう》（益重《ますしげ》）が入城しています。

昌幸は新たな主君・信長に黒葦毛《くろあしげ》の馬を贈って臣下の礼を取り、信長はこれを喜び、四月八日付で昌幸に礼状を送っています。こうして昌幸は、織田家臣として再出発することとなったのです。

Q50　本能寺の変が起きた時、どのような動きをとったのか？

天正十年（一五八二）六月二日、京都本能寺で織田信長が明智光秀《あけちみつひで》の謀叛により横死《おうし》し、信長の嫡男・信忠《のぶただ》も二条御所《にじょうごしょ》で自刃。これを機に、時代は大きく動くこととなります。

信長の死が伝わった上野では、国衆たちが不穏な動きを見せ始めていました。とりわけ沼田城に在城していた藤田信吉は、武田勝頼と真田昌幸に奪われた沼田城の回復を企て、城代・滝川儀太夫に明け渡しを迫ります。ところが滝川儀太夫は、沼田城は武田氏滅亡時、昌幸が保持していて信長に進上された経緯があるので、昌幸に返すのが筋であり、藤田信吉には渡す謂《いわ》れはないと拒みました。

　そして滝川は、昌幸に城を明け渡す交渉を始め、昌幸はただちに軍勢を率いて沼田城を受け取りました。藤田信吉は昌幸勢の沼田接近を知ると、城を脱出し越後上杉氏のもとへ亡命。こうしてまず、昌幸は沼田城を回復したのです。

　まもなくして、上野国制圧を目指す北条氏が北上を開始。滝川一益は、六月十九日、神流川《かんながわ》の合戦で北条氏直軍に敗退し、信濃に逃れました。この合戦に、昌幸ら上野衆も滝川軍に味方して参戦していたとする軍記物もありますが（『関八州古戦録《かんはっしゅうこせんろく》』など）、確実な史料では確認できません。

　一益は信濃国小諸城に入り、依田信蕃《よだのぶしげ》や昌幸の援助で信濃を脱出して、本領・伊勢長島《いせながしま》に帰国を果たしました。この時、昌幸は老母と次男・弁丸《べんまる》（後の真田信繁《のぶしげ》）を人質として滝川に預けています。沼田城返還への返礼でしょう。

　この他に昌幸は、家臣らを本領・真田郷から鳥居《とりい》峠を越えさせて続々と吾妻郡に送りました。沼田城を確保するためにも、羽根尾《はねお》城、長野原《ながのはら》城、岩櫃城などの要衝を次々に制圧し、北国《ほっこく》街道を押さえようとしたのです。また本領・真田郷の確保と安全保障のために、堅城で知られる戸石《といし》城をも占拠。こうして本能寺の変後の混乱に乗じて、昌幸は武田時代に管轄していた領域を、自領として確保しようと懸命になっていたのです。

Q51　信長の死後、誰に、どのような真意で仕えたのか？

本能寺の変直後、徳川家康、北条氏政・氏直親子、上杉景勝らが旧武田領をめぐって争奪戦を繰り広げました。これを天正壬午《てんしょうじんご》の乱といい、真田昌幸はこの争乱の中で上杉氏、北条氏、徳川氏と巧みに陣営を替え、ついには大名として自立することとなります。

この間の昌幸の動きを細かく追っていくと、彼がいかに先を読むことに長《た》け、いかに知略に満ちた武将かがよくわかります。まずは、上杉氏と北条氏に仕えた経緯から紹介していきましょう。

昌幸がはじめに上杉氏に臣従したのは、旧武田領国に真っ先に乗り込んできたのが、上杉景勝だからでした。本能寺の変が起きるまで、景勝は四方を織田勢に囲まれ、滅亡を覚悟していました。東には信長と結んで反乱を起こした新発田重家《しばたしげいえ》、南からは上野の滝川一益、北信濃の森長可、そして西からは越中魚津《えっちゅううおづ》城を包囲する柴田勝家《しばたかついえ》、前田利家《としいえ》、佐々成政《さっさなりまさ》らが迫っていたのです。

ところが、本能寺の変によって新発田を除く織田方は続々と退去。これを好機と捉えた景勝は天正十年六月六日より、北信濃の武田遺臣や国衆への調略を推《お》し進めたのです。その結果、北信濃の諸士は続々と上杉方への帰属を表明。これを受けて景勝は、直江兼続《なおえかねつぐ》らを従えて春日山《かすがやま》城を出陣し、六月二十四日に長沼城に入りました。さらに景勝は、安曇・筑摩郡の諸士への調略も行い、これによって信長から深志城を与えられていた木曾義昌は城の維持が困難となりました。

昌幸が景勝に従属したのは、このころのことです。当時、真田氏の存立を脅かす大勢力は、信濃では上杉氏だけであり、それゆえ昌幸は、実弟・加津野昌春とともに景勝に従うこととしたのです。

その後、加津野昌春は上杉勢を先導して、更級《さらしな》郡牧之島《まきのしま》城の確保を実現。一方、昌幸自身は、川中島から深志に抜ける北国街道沿いの有力国衆・青柳《あおやぎ》氏（青柳城主）、岩下《いわした》氏（会田《あいだ》〈虚空蔵山《こくぞうさん》〉城主）らを調略し、上杉方に帰属させました。特に岩下氏は、同じ滋野一族でもあり、調略は容易であったと伝わっています（『箕輪記』『信府統記《しんぷとうき》』等）。

こうして川中島から深志へのルートが開け、上杉軍の別働隊は景勝が匿《かくま》っていた小笠原洞雪斎玄也《おがさわらどうせつさいげんや》（貞種《さだたね》、もと信濃守護・小笠原長時《ながとき》の弟）を押し立てて深志城に迫りました。すると小笠原旧臣が続々と参集し、木曾義昌は深志城を明け渡して木曾郡に去ったのです。

このように、天正壬午の乱初期の上杉氏の勢力拡大は、間違いなく真田兄弟の活躍によるものでした。ところが事態は、六月中旬に急変します。神流川合戦で滝川一益を追放し、上野国南部をほぼ制圧した北条氏直の大軍が、碓氷《うすい》峠を越えて信濃に侵攻する可能性が高まったからです。すでに北条方は、六月十九日までには信濃小県郡室賀《むろが》城主・室賀氏、出浦城主・出浦氏、禰津城主・禰津氏をはじめ、佐久郡伴野《ともの》一族など佐久一円の国衆を帰属させていました。

このころ徳川家康は、武田旧臣の依田信蕃に命じて佐久・小県郡諸士への調略を行っていましたが、北条方の勢いによって依田は一人の味方もいなくなる事態となり、本拠地・春日《かすが》城に籠城せざるをえなくなっていました。

昌幸も北条軍の信濃侵攻を目前にして、上杉氏から北条氏に転じる決意をしたと思われます。しかし一方で、昌幸は周辺の豪族への調略を怠っていませんでした。まず昌幸は、同じ小県郡の強豪・室賀氏の家臣たちを調略し、そのほとんどを味方に付けることに成功していました。このため、室賀氏の動向は昌幸に筒抜けとなっていました。これが後に、大きな意味を持つこととなります。

七月九日、昌幸は北条氏直のもとへ使者を派遣し、帰属を申し入れました。ここにおいて、昌幸は北条氏に、弟・加津野昌春はそのまま上杉氏に臣従することとなり、兄弟は敵味方に分かれることとなります。しかしこれは、真田兄弟ではすでに合意済みのことだったようです。

信濃侵攻への足固めを終えた北条氏直は、七月十二日に先陣を出陣させ、碓氷峠を越えて信濃国佐久郡に侵入させます。そして、徳川方の依田信蕃を春日城から追い出し、蓼科《たてしな》山麓の三澤小屋に追い詰めました。そして同日、氏直自身は領国拡大を目指し、大軍を率いて川中島方面に侵攻します。かくして、川中島の八幡に北条軍が、海津城や妻女山などを中心に上杉軍が布陣し、両軍はにらみ合いに入りました。

この時、昌幸は得意の調略を仕掛け、海津城代・春日信達《のぶたつ》（春日虎綱の息子）を北条方に付けることに成功し、さらに弟・加津野昌春に渡りをつけて牧之島城乗っ取りを企てました。しかし二つの計画は事前に露見し、春日信達一族は上杉氏に処刑され、加津野昌春は城から逃亡しています。

昌幸の謀略が破れたため、北条軍は上杉軍に攻めかかる機会を逸《いっ》してしまいました。そこで氏直は、川中島地方の制圧を諦め、信濃国諏方郡、次いで甲斐国侵

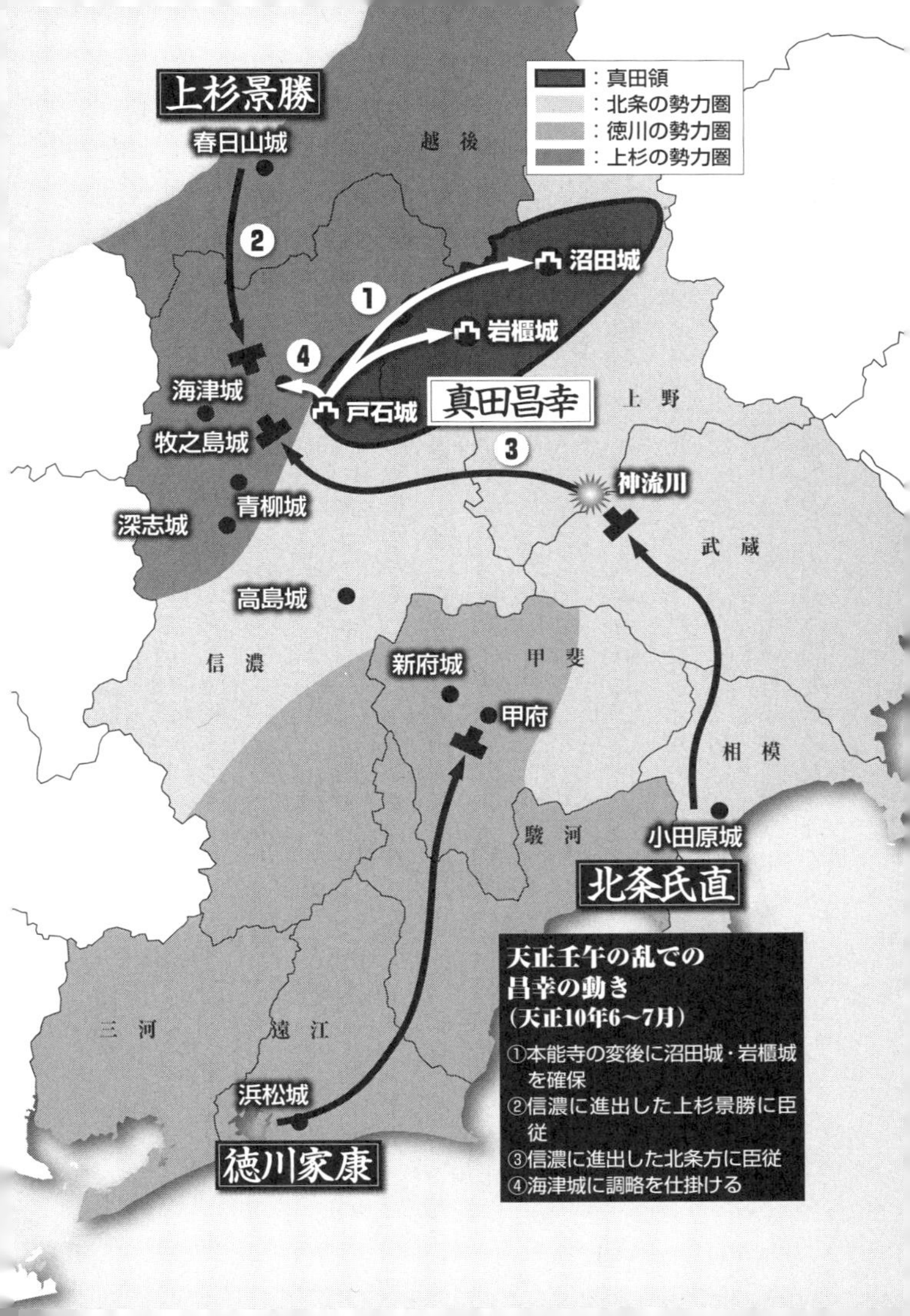

上杉景勝
春日山城
越後
：真田領
：北条の勢力圏
：徳川の勢力圏
：上杉の勢力圏
②
①
沼田城
岩櫃城
④
海津城
戸石城
真田昌幸
上野
牧之島城
③
神流川
青柳城
深志城
武蔵
高島城
信濃
甲斐
新府城
甲府
相模
駿河
小田原城
北条氏直
三河
遠江
浜松城
徳川家康
天正壬午の乱での
昌幸の動き
（天正10年6～7月）
①本能寺の変後に沼田城・岩櫃城を確保
②信濃に進出した上杉景勝に臣従
③信濃に進出した北条方に臣従
④海津城に調略を仕掛ける

攻に目標を転じます。昌幸はこれに反対しましたが、容れられませんでした。

北条軍は佐久へと転進しますが、氏直はこの時、上杉軍の追撃を恐れて昌幸と家臣・松田《まつだ》憲秀《のりひで》に殿軍《しんがり》を命じ、昌幸らは上杉方の大関親憲《おおぜきちかのり》・河田軍兵衛らの追撃を撃退したといいます。

こうした状況を昌幸は好機と捉え、氏直に上杉軍への抑えとして、本領に残留することを申請します。氏直はこれを許し、昌幸を上杉方への抑えとして残し、七月十九日ごろ、残る全軍を率いて甲斐に向かいました。

ところが当時の上杉景勝には、北条軍を追撃する余裕などありませんでした。越後で叛乱を起こしていた新発田重家の活動が再び活発化していたからです。北条氏直の甲斐転進により、上杉景勝も川中島四郡制圧の達成を区切りとして、越後へ引き揚げました。

上杉景勝の動きは、昌幸にとって想定内のことだったでしょう。つまり昌幸は、北条本隊と距離を置いて信濃に残留するためにも、あえて上杉軍の追撃の危険性を訴えたのです。かくして昌幸の読みはあたり、上杉、北条両氏の脅威から解放されて自由の身となりました。それによって昌幸は、本領・真田郷をはじめ上野国吾妻・利根郡の確保のための時間を稼いだだけでなく、天正壬午の乱の行《ゆく》方《え》をじっくりと見定めることも可能となったのです。

なお、牧之島城より逃げ出した加津野昌春は、甲斐に赴《おもむ》いて徳川家康に臣従していますが、それはおそらく、昌幸の指示によるものでしょう。

Q52 北条氏から徳川氏に鞍替えしたのはいつか？ その真意は？

天正壬午の乱は、甲斐国に向かった北条氏直と、同じく甲斐に入っていた徳川家康が対峙することで最高潮に達しました。

徳川軍は新府城と能見城《のうけん》を拠点に北条の大軍を防いでいましたが、寡兵《かへい》であるが故に、うかつに手出しができません。一方の北条軍も、若神子《わかみこ》城を本陣にして布陣したものの、徳川軍の堅陣を崩す手立てを見出せません。

長期戦の様相をみせ始めていた情勢を、冷静に見定めていた人物が二人いました。それが、徳川方の依田信蕃と、北条方についていた真田昌幸です。

依田信蕃は、信濃国佐久郡で唯一の徳川方として三澤小屋に籠城しつつ、隙《すき》をみて伴野城、望月《もちづき》城、金井城などの北条方諸城を攻め、さらに関東から碓氷峠を経由して甲斐の北条軍に兵糧を運ぶ小荷駄《こにだ》隊を襲うといったゲリラ戦を展開。信蕃は北条軍が大軍であるが故に、補給が弱点であることを見抜いていたのです。

しかし信蕃は孤立無援であったため、自身も兵力と兵糧不足に苦しめられ、大きな戦果をなかなかあげられませんでした。これを知った家康は、援軍千余人と金四百両を送り、さらに勝利したあかつきには諏方・佐久両郡を与えると約束するなど、士気を鼓舞《こぶ》しています。

その後、九月初旬になると、徳川方に与《くみ》していた甲斐の武川《むかわ》・津金《つがね》衆らが甲信国境を突破し、依田信蕃を支援すべく南佐久郡に出兵して、岩崎《いわさき》砦で北条軍と戦い、信蕃もこれに呼応して北条方の相木《あいき》（阿江木《あえき》）常林《じょうりん》と戦いました。

しかし兵力が増えた分、依田軍の兵糧欠乏は深刻となり、信蕃はよりいっそう苦しくなりました。そこで彼は、北条方の昌幸をなんとか徳川方に転じさせられないかと考えます。信蕃は、武田家の同僚であった昌幸の実力と才能をよく知っていました。信蕃は「真田さえ味方にできれば、残る連中など物の数ではない」と考え、昌幸に使者を送る決心をします。

昌幸の存在に注目していたのは、信蕃だけではありませんでした。徳川家康とその重臣・大久保忠世《おおくぼただよ》も同じであり、忠世は信蕃に「なんとか策を用いて、真田を味方に付けるようにしてほしい」と申し送りました。信蕃は忠世に返書を送り、「自分もできる限りの努力をするが、家康自身にも策を考えていただきたい」と要請しました。そこで家康は、昌幸宛の判形《はんぎょう》（所領宛行を約束する手形）を用意し、真田昌幸のもとへ密使を派遣します。

一方の依田信蕃は、滋野一族と縁の深い天台宗の古刹《こさつ》・津金寺の住職を密使として送りました。すると昌幸は、詳細な返事を寄越したといいます。そこで信蕃が使者を再び派遣して和睦交渉を行わせたところ、昌幸は信蕃との和睦に同意。さらに三度目の使者を派遣すると、今度は秘かに昌幸自身が信蕃のもとを訪れ、じっくりと話し合うこととなりました。

家康に従属する旨の起請文を提出してはどうかと信蕃が申し入れると、昌幸も同意し、早速起請文を作成して信蕃に渡します。その時、昌幸は「恐れながら家康様の起請文を申し受けたい」と希望しました。そこで信蕃は新府城の家康のもとへ使者を派遣し、昌幸の起請文を届け、昌幸の希望を伝えさせます。これを聞いた家康は大いに喜んで起請文を作成し、それを受け取った信蕃は、信蕃自身の起請文をも添えて昌幸に届けました。

昌幸は家康の起請文と判形を拝領《はいりょう》し、心を動かしました。この時、家康は信濃で一郡を与えると約束したといいますが、昌幸には不満でした。そこで信蕃は、自分が家康から拝領する約束だった諏方郡を昌幸に譲るので安心されたいと申し入れました。自らは上野で敵地を拝領し、自力でこれを切り取るつもりだと述べたといいます。こうして昌幸は、北条方を見限って徳川方に転じる決意をし、三澤小屋に兵糧を運び込みました。依田信蕃は、やっと露命《ろめい》を繋ぐことができたのです。

また、昌幸と家康の交渉で暗躍した人物がもう一人います。昌幸の弟・加津野昌春です。昌春は上杉方から逃亡して以後、徳川陣営に身を投じており、家康から兄・昌幸を徳川方に勧誘するよう命じられていました。ただ昌春のこうした動きは、昌幸と昌春が示し合わせていた可能性もあります。昌幸は自分を家康に高く売るため、昌春は苦境の徳川方を救うことで家康に恩を売るため、という思惑《おもわく》が透けてみえます。いずれにせよ、昌春の説得と依田信蕃の工作により、昌幸が徳川方に正式に帰属したのは、九月二十八日のことでした。

家康は、昌幸のために上杉景勝と交渉し、北条攻めのため上杉と手を結ぶことと、徳川方に転じた昌幸を攻めぬよう申し入れ、景勝の了解を取り付けています。さらには、昌幸説得に活躍した加津野昌春を激賞し、金子《きんす》五十両を贈りました。そして天正十年九月二十八日付で昌幸に上野箕輪城一帯や甲斐で二千貫文、諏方郡、当知行《とうちぎょう》（現在実力で実行支配している地域）を与えると明記した知行宛行状を作成し、昌幸の使者にこれを与えています。

このように昌幸は、北条と徳川を秤《はかり》にかけ、寡兵の徳川方に付いたのです。なぜそうしたかというと、昌幸は北条方が勝利したら、かえって自分が苦境に陥ると考えていたようです。本能寺の変直後、滝川一益の厚意により岩櫃城と沼田城を回復した昌幸にとって、ようやくの思いで確保した成果が北条氏に奪われる可能性が高かったからです。事実、北条氏政は今後の予定として沼田城などを回収すると公言していました。

昌幸が北条氏を見限り、徳川方に付いたのは、①北条方の戦局は思わしくなく、大軍ゆえに補給が困難という事情があったこと、②北条方が勝利すれば、沼田城や岩櫃城を取り上げられる恐れが出てきたこと、③劣勢の徳川方の勝利に貢献すれば、北条氏に帰属した以上の恩賞が見込めること、などが主な理由だと考えられます。

Q53 徳川家康に味方した後、北条氏に与えた大打撃とは?

真田昌幸は徳川方との帰属交渉を行いつつ、まずは北条方が甲斐・信濃経略に気を取られている隙に、上野の沼田・吾妻領を確保すべく続々と一族、家臣を送り込み、武装を強化させました。北条氏に手切れを通告したら、たちまち上野の北条方から攻撃されるだろうからです。

北条氏に対する備えが整うと、昌幸は天正十年(一五八二)十月十九日までに北条氏に手切れを通告。北条方も昌幸の様子がおかしいことに気づいていましたが、氏政は駿豆《すんず》国境(駿河と伊豆の国境)で、氏直は甲斐でそれぞれ徳川方と対峙していて、有効な手立てをとれませんでした。

昌幸は早速、依田信蕃と連携して、佐久・小県郡の北条方への攻勢を開始します。その目的は、甲斐に布陣する北条軍本隊への上野方面からの補給路を断つためでした。昌幸はまず小県郡の禰津城に籠城する禰津昌綱《まさつな》を攻め、攻略こそ成らなかったものの、北条方に大きな動揺を与えます。一方、依田信蕃は勇躍し、十月二十一日、望月城を攻めて望月氏を降伏させました。

北条氏直は、佐久郡の北条方への加勢として、北条綱成《つなしげ》ら五千余人を甲斐から派遣し、また昌幸を牽制すべく、上野吾妻郡の大戸城主・大戸（浦野）入道に岩櫃城を攻めるよう命じますが、時はすでに遅きに失していました。

昌幸・依田信蕃連合軍は、北条方の小諸城と伴野城の間の連絡を遮断し、十月二十六日、依田信蕃の本領の一つだった芦田《あしだ》城を奪還。昌幸は兵糧を提供し、信蕃が本領を確保できるよう援助します。これにより、北条方は碓氷峠口から甲斐への補給が困難になりました。

昌幸は、佐久郡の要衝・内山城を次の標的にしたらしく、北条氏直は慌《あわ》てて上野国の猪俣邦憲を内山城に移動させます。もし内山城を昌幸に取られれば、上野と甲斐を結ぶもう一つの補給路である内山口も封鎖されてしまうからです。

ところが、依田信蕃が上野から甲斐若神子の北条軍に送られる兵糧や人馬を襲ってこれを奪い、やがて昌幸とともに碓氷峠を占領し、北条方の物資と人馬の往復を完全に封鎖します。これをもって昌幸は、本領・真田郷に引き揚げました。

この一連の戦果により、佐久郡での形成は逆転して、徳川方の優位となります。これによって、甲斐で対峙していた北条氏直と徳川家康の間に和睦の機運が生まれ、天正十年十月二十九日、両者は和睦のうえ同盟を締結し、天正壬午の乱

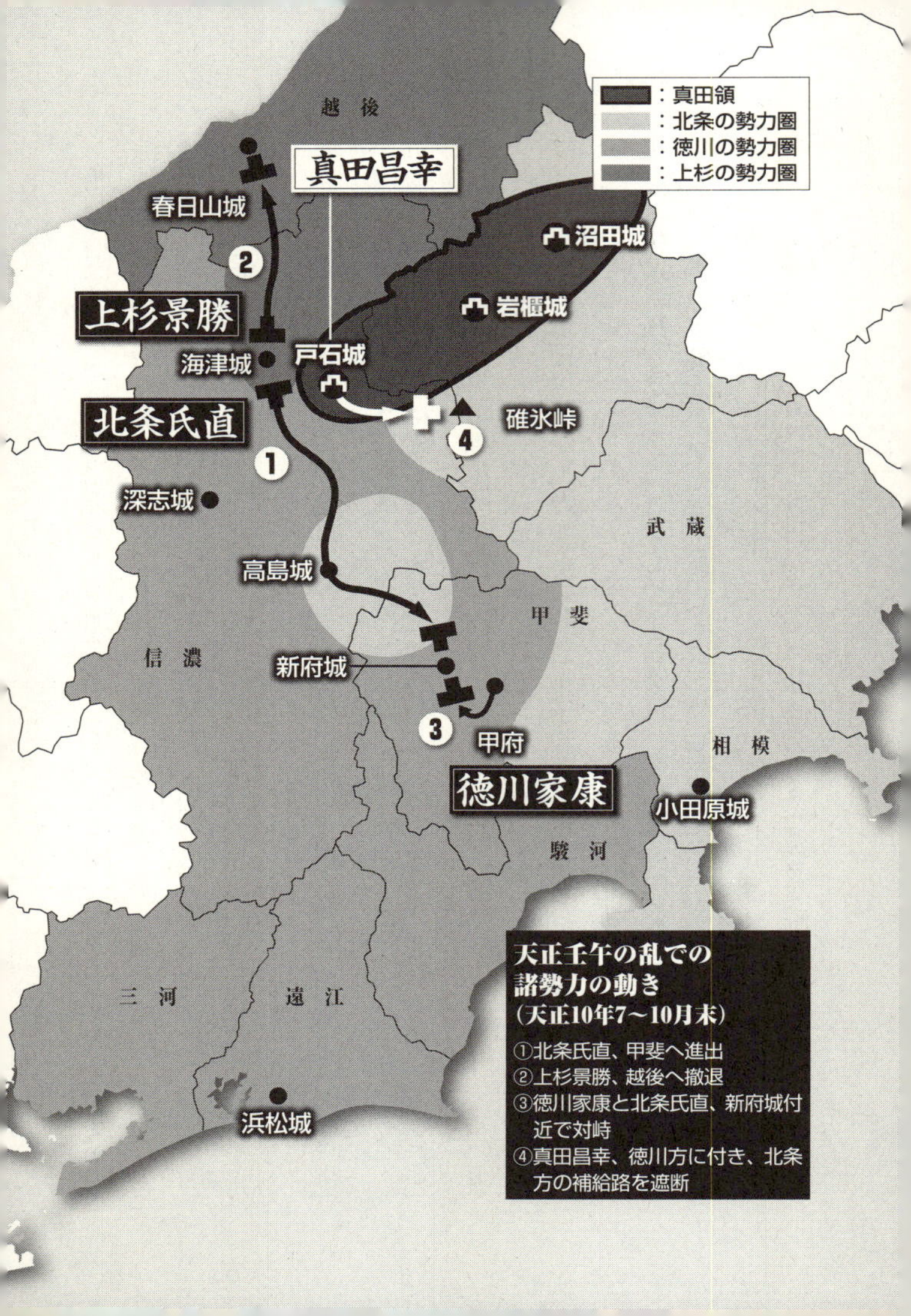

：真田領
：北条の勢力圏
：徳川の勢力圏
：上杉の勢力圏
越　後
真田昌幸
春日山城
沼田城
岩櫃城
上杉景勝
海津城
戸石城
北条氏直
碓氷峠
深志城
武　蔵
高島城
甲　斐
信　濃
新府城
甲府
相　模
徳川家康
小田原城
駿　河
三　河
遠　江
浜松城
天正壬午の乱での
諸勢力の動き
（天正10年7～10月末）
①北条氏直、甲斐へ進出
②上杉景勝、越後へ撤退
③徳川家康と北条氏直、新府城付近で対峙
④真田昌幸、徳川方に付き、北条方の補給路を遮断

は終結するのです。
このように、昌幸の徳川方帰属は、北条氏の死命を制したといえるのです。

Q54　上田城をいつ、どのようにして築城したのか？

真田昌幸の城、といえば上田城が有名です。昌幸がその築城を始めたのは、天正十一年（一五八三）四月のことです。これは、四月十三日付の上杉景勝が書いた書状に「真田が海士淵《あまがふち》（尼ヶ淵）を取り立てて築城を始めた」とあることからわかります。ここに登場する「海士淵」（尼ヶ淵）には、かつて小泉《こいずみ》氏の拠点・尼ヶ淵城があり、その古城跡があったといいます。昌幸がこれに目を付け、大規模に拡張、改修したのが上田城とされます。

上田城は、真田氏の新たな居城として築城が始められ、やがて近世城郭として豊臣《とよとみ》時代、江戸時代に受け継がれたとされてきました。ところが二〇〇八年、元上田市立博物館館長の寺島隆史《てらしまたかし》氏の研究により、もともとは徳川家康が徳川軍に命じて築城させた徳川氏の城で、後に昌幸に下賜《かし》されたものだという衝撃的な事実が明らかとなりました。それではなぜ、徳川の城だった上田城が昌幸の持ち城となったのか、またそもそもここに城が築かれた理由について説明しましょう。

天正壬午の乱終結後、信濃の徳川方（依田信蕃、真田昌幸）は、なおも北条方として抵抗する国衆との戦いを繰り広げていました。ところが依田信蕃は、天正十一年二月二十三日、佐久郡岩尾《いわお》城を攻撃中に戦死してしまいます。それでも信蕃の戦死直後、北条方は小諸城を徳川方に明け渡して上野国に去り、佐久郡は徳川方によって平定されました。

一方の昌幸は、小県郡の平定戦に着手していました。すでに天正十年閏十二月までには禰津昌綱を降伏させていましたが、さらに勢力拡大を目指し、小県郡「河南《かなん》」地域（千曲川南側一帯）に触手を伸ばします。

ところが天正十一年一月、「河南之者共」が昌幸の調略を拒んで蜂起《ほうき》。昌幸はこれを徳川氏への「逆心」だと喧伝《けんでん》して家康に報告し、家康から援軍を得たばかりか、この地域の平定をも許されます（「飯島文書」他）。

これで大義名分を得た昌幸は、閏一月、丸子三左衛門《まるこさんざえもん》（武田重臣・馬場信春の娘婿）が籠《こ》もる小県郡丸子城を攻め落とし、「河南之者共」のほとんどを降伏ないし滅亡させました（丸子氏は真田家臣となった）。こうして、昌幸は室賀氏以外の小県郡を単独で平定を実現します。

しかし、昌幸の小県郡平定戦は、上杉景勝を警戒させました。景勝は真田の勢力が北信濃や筑摩郡に及ぶことを恐れ、天正十一年三月、牧之島城主・芋川親正《いもかわちかまさ》に警戒を厳重にするよう指示。また宿敵・北条氏と同盟を結んだ徳川家康を敵視し、その徳川氏に帰属した昌幸を攻め潰《つぶ》そうと考えます。

昌幸が小県郡平定戦を仕掛けていたころ、家康は再び甲斐に出陣し、諏方高島《たかしま》城主・諏方頼忠《よりただ》を帰属させ、さらに北信濃への出陣（対上杉戦）をも構想していたようです。すでに家康は、上杉方の北信濃衆・屋代秀正《やしろひでまさ》と、深志（松本）城主・小笠原貞慶《さだよし》も従属させており、信濃の情勢は徳川方優位となり、北信濃の上杉領は重大な危機にさらされていました。

家康の甲府出陣を知った上杉方は警戒を強め、両勢力の境目にあたる虚空蔵山城の防備を固めました。これを受け、徳川方の加津野昌春は三月十五日、上杉家臣の長沼《ながぬま》城代・島津忠直《しまづただなお》に、家康に信濃侵攻の意図はないと弁明する手紙を送ります。ところがその直後の三月二十一日、昌幸が虚空蔵山城を奇襲。これもおそらく、真田兄弟があらかじめ示し合わせた策でしょう。この合戦で、上杉方は甚大な被害を受けますが、辛うじて真田軍を撃退し、城を守り切りました。

これに怒った景勝は、信濃に出陣しようとしますが、家康と結ぶ越中の佐々成政との対立が激化したため、出陣が困難となります。そこで景勝は四月、飯山城《いいやま》代・岩井信能《いわいのぶよし》に援軍派遣を命令しました。

そうした最中、昌幸は上田築城を始めました。築城地は北国街道を押さえる要衝であり、虚空蔵山城と対峙する位置にあたります。もし築城が成就してここに徳川軍が集結すれば、境目の虚空蔵山城はもちろん北信濃の上杉領に大きな圧力をかけることができます。それだけに、この築城は徳川家康にとっても極めて重要であり、徳川軍が動員されました。

つまり上田城は、本来は対上杉のための徳川氏の戦略拠点として築かれたものであり、おそらく真田領に立地することから、後に昌幸が拝領を願い出て、家康から許されたのでしょう。いずれにせよ昌幸は、徳川氏の力を借りて、自分の支配地域に、戸石城、松尾城と並ぶ有力城郭をまんまと手に入れることに成功したわけです。

もちろん、上杉景勝も上田城築城を傍観《ぼうかん》していたわけでなく、これを妨害し攻め潰すべく、北信濃四郡の将卒を虚空蔵山城に続々と集結させていました。しかし、その間隙《かんげき》をぬって深志城主・小笠原貞慶が青柳城に攻め寄せたため、上杉軍はこれと戦うべく転進し、それに勝利したことで北信濃に引き揚げてしまいました。こうして、上杉対徳川・真田勢の戦闘は回避され、上田城の築城は上杉方に邪魔されることなくほぼ完了したのです。

Q55　北条氏からどうやって沼田城を守り抜いたのか？

先述のように、徳川家康と北条氏直は天正十年（一五八二）十月二十九日に和睦、同盟を締結しました。この時、両氏が合意したおもな和睦条件は、以下の三点がありました。

①北条氏は、占領していた甲斐国都留郡と信濃国佐久郡を徳川方に渡す
②徳川氏は、北条氏の上野国領有を認め、真田昌幸が保持する沼田・吾妻領を引き渡す
③北条氏直の正室に、家康の息女督姫《とくひめ》を輿入《こしい》れさせ、両氏は同盟を結ぶ

ところが、このうちの②について昌幸は納得せず、北条方への沼田・吾妻領の引き渡しを拒み、家康を困惑させました。この結果、昌幸と北条氏の激突は決定的となります。もともとこの和睦条件①②は、「手柄次第《てがらしだい》」という条件だったので、昌幸が引き渡さないのなら、北条氏はこれを力ずくで奪い取るのが原則でし

た。一方、昌幸は北条氏との合戦では当然、徳川氏の応援は望めず、前途多難でした。

また先述のように、上杉景勝は宿怨《しゅくえん》関係にある北条氏と結んだ徳川家康に不快感を持ち、それに帰属した昌幸を攻め潰す意向でした。つまり昌幸は、上杉、北条の両氏を敵に回していたのです。

ただQ54で説明したように、上杉軍は青柳城に攻め寄せてきた松本城主・小笠原貞慶と戦ったのち、北信濃に撤退。そのため、昌幸の当面の敵は北条氏に絞られ、戦いの舞台は上野国に移ります。

ここで、本能寺の変が起きてからの上野国情勢について、解説しておきましょう。上野国では厩橋《まやばし》城主・北條芳林《ほうりん》（高広《たかひろ》）が北条氏に従わず、天正十年六月の滝川一益没落（神流川の戦いの敗北のため）直後から、北条方の今村《いまむら》城主・那波《なわ》顕宗《あきむね》や白井城主・長尾憲景を攻撃。さらに十月中旬には北条軍を撃退して気勢を上げ、上杉景勝に関東出兵を要請していました。さらに北條芳林は、沼田城の真田方と連携しつつ、北条氏を翻弄《ほんろう》することとなります。

昌幸が北条方から徳川方に転じたのはちょうどこのころのことで、北条氏直は真田方の岩櫃城や沼田城を攻撃し、十月二十八日には真田方の森下《もりした》城を攻め落とし、さらに沼田城に迫ります。この時、沼田城攻略は成らなかったものの、氏直は閏十二月には北條芳林の一族・北條長門《ながと》入道《にゅうどう》を味方に誘い、沼田城攻めに参陣する約束を取り付け、芳林方の切り崩しに成功します。そして天正十一年一月、北条氏政・氏直父子は上野に出陣し、白井城に在陣。ほぼ時期を同じくして、北条方は真田方の中山城主・中山氏を味方に付けることに成功します。これによって真田方は、岩櫃より沼田に続く補給路を遮断されて不利となりました。

氏政・氏直父子は、厩橋城の北條芳林に対し真田攻めへの参陣を要求しますが、芳林は拒否して北条氏に「手切《てぎれ》」（断交）を通告し、厩橋城に籠城。北条軍は厩橋城を攻めたものの失敗に終わり、二月上旬に撤退しました。

その間、北条氏は真田方に付いていた尻高一族の尻高源次郎を調略して中山城に配備し、真田・北條包囲網の形成を急ぎます。そして三月初旬には、武蔵・西上野の北条方に動員をかけ、沼田侵攻の準備に入りました（ちょうどこのころ、昌幸自身は上田築城に取り掛かり、上杉方と対峙していた）。

これを受け、北條芳林は上杉景勝の重臣・上條《じょうじょう》宜順《ぎじゅん》に「このままでは沼田城の真田方ともども攻め滅ぼされてしまう」と泣きつきますが、上杉景勝は佐々成政や新発田重家と交戦中のためまったく動けず、援軍派遣すらおぼつきませんでした。

そこで北條芳林は、常陸の佐竹義重らにすがりついたものの援軍は到着せず、九月十八日、ついに北条氏に降伏して厩橋城を開け渡しました。こうして、吾妻・沼田領の真田方は北条氏の攻撃を一身に受けることとなったのです。

それに先立つ六月、昌幸は沼田城将として一族の矢沢頼綱を派遣し、金子美濃守ら沼田衆を指揮させていましたが、北条軍の包囲と攻勢のため追い詰められていました。これを知った上杉景勝は、七月十五日に矢沢頼綱に帰属を促します。すると矢沢は、上杉氏への従属と引き替えに援助を求めることを決断しました。この時、昌幸は上杉氏と敵対していましたが、矢沢の決断を容認します。沼田城防衛のためには、やむを得ないとの判断だったのでしょう。昌幸はとにかく、沼田を北条氏に引き渡すことだけを拒んでいたのです。沼田の真田方は、九月十一日に津久田《つくだ》で北条軍と戦いました。この合戦の結果は明らかではありませんが、これを最後に、北条軍の沼田攻めは一時停滞します。

それは、十一月下旬に上野国衆・由良国繁と長尾顕長《あきなが》が北条氏に背《そむ》き、小泉城主・富岡《とみおか》氏を攻めるという事態が起こったからです。これには、佐竹・宇都宮・佐野《さの》氏らの反北条勢力の働きかけがありました。彼らは、北條芳林救援は果たせなかったものの、上野の北条方を切り崩し、真田支援には間に合ったのです。

かくして北条氏と反北条勢力との間で、下野国南部と東上野を舞台に激しい攻防戦が展開されます。これによって、北条氏による吾妻・沼田領攻撃は中断され、昌幸は一息つき、やがて反撃にうって出ます。

天正十二年（一五八四）一月、昌幸は謀略をもって白井城の北条方を吾妻郡の谷筋へ誘い込んで殲滅。三月には、南雲《なぐも》（群馬県渋川市）で北条方と交戦しています。北条氏は佐竹氏らに拘束《こうそく》されてまったく対処できず、手子丸城に北条氏邦自身が赴き、昌幸を牽制するのがやっとでした。

北条氏と反北条勢力の攻防は止まらず、天正十二年五月から七月にかけて沼尻《ぬまじり》合戦が起きます。これは北条氏と佐竹氏・宇都宮氏ら反北条勢力の命運を賭けただけでなく、天下の趨勢《すうせい》を左右する大きな意味を持つ戦いでした。というのも、このころ、北条氏と結ぶ徳川家康と、佐竹・宇都宮氏ら反北条勢力が結ぶ羽柴秀《はしばひで》吉《よし》（後の豊臣秀吉）が小牧《こまき》・長久手《ながくて》で対峙しており、沼尻合戦は家康と秀吉双方の戦局を有利にすべき使命をも担っていたのです。この合戦は紆余《うよ》曲折《きょくせつ》の末、北条軍が戦局を優位に進めたうえで和睦しています。

こうして、昌幸は佐竹氏らの行動に助けられ北条軍の猛攻を凌ぎ、このあと、徳川家康の陣営からも離れることとなります。

Q56 昌幸が頼りにした叔父・矢沢頼綱とは、どんな人物か？

矢沢頼綱は、真田幸綱の実弟とされる人物です。諸系譜によると、頼綱は海野棟綱《むねつな》の子とされますが、『良泉寺《りょうせんじ》「矢澤系図」』をはじめ『高野《こうや》山《さん》蓮華《れんげ》定院《じょういん》過去帳』などの分析から近年、元上田市立博物館館長・寺島隆史氏が新見解を発表し、実は真田《さなだ》右馬助《うまのすけ》（佐）頼昌《よりまさ》の子で、真田右馬助綱吉《つなよし》と幸綱の弟であると指摘しました。

頼綱は、はじめ「綱頼《つなより》」と称していましたが、武田勝頼の代になると「頼綱」となることから、勝頼から偏諱《へんき》を受けたものと考えられています。没年が八十歳（慶長二年五月七日没）と伝承されていることから、逆算すると永正《えいしょう》十五年（一五一八）と推定され、兄・幸綱の五歳年下となります。

頼綱は滋野一族の矢沢氏を継承して矢沢城主となりますが、天文十年（一五四一）の村上義清・武田信虎・諏方頼重《よりしげ》連合軍の海野攻めに際しては、村上方に降《くだ》り、本領に残留しました。その後、武田氏に臣従した兄・真田幸綱の調略によって武田方に転じ、一説に戸石城に在番していた頼綱が、幸綱に城を明け渡したとも伝わります。

兄・幸綱と甥・信綱の時代は、真田氏とともに活動したものの、原則として独立の国衆として武田氏の指揮下に入っていましたが、長篠合戦以後は真田家の惣領・昌幸を補佐する形で史料に登場するようになります。これは武田勝頼も了解済みであったようで、昌幸が留守の際は頼綱が上野の真田領を管理しました。

昌幸の沼田・小川・名胡桃城などの攻略戦を支え、沼田城攻略後は沼田城に在城しました。武田氏滅亡後も昌幸を補佐し、天正壬午の乱以後は沼田城で北条軍の猛攻をはねのけ、降伏勧告をも拒絶して孤軍奮闘しており、決して真田家に背きませんでした。

北条氏滅亡後、沼田領が真田氏に返還されると、真田信幸が城主となりますが、頼綱は今度は信幸を補佐すべく城に入り、生涯を沼田で終えました。昌幸にとって、頑固で律儀な叔父だったといえるでしょう。

Q57 徳川家康が、昌幸暗殺を計画したというのは本当か?

徳川家康は、天正壬午の乱終結時に北条氏と合意した和睦条件を履行するため、昌幸に上野国の沼田・吾妻領を引き渡すよう再三にわたって促します。しかし昌幸はこれに応じる気配をみせませんでした。そのため業《ごう》を煮《に》やした家康は、昌幸暗殺を画策し、刺客《しかく》を放ったという逸話があります。その経緯を紹介しましょう。

家康は北条氏に沼田・吾妻領の引き渡しを約束したものの、天正十一年(一五八三)から同十二年にかけて羽柴秀吉と対立し、小牧・長久手合戦に至りました。合戦終了後も両者の対立は続き、いつ再び開戦するか予断を許しません。そこで家康は、北条氏との同盟を強化し、援軍派遣を要請。すると北条氏政・氏直父子は、ここぞとばかりに懸案事項の真田昌幸領(沼田・吾妻領)割譲《かつじょう》を求めます。

もちろん、この問題については、これ以前の天正十一年五月から六月にかけても北条氏と徳川氏の間で協議され、家康は北条氏に引き渡すと返答していたようです。しかし、家康は昌幸の頑強な抵抗にあい、交渉は暗礁《あんしょう》に乗り上げていました。

かくして痺《しび》れを切らした家康は、天正十二年六月、昌幸暗殺を計画するのです。刺客を命じられたのは、小県郡の有力国衆・室賀正武《まさたけ》でした。『加沢記』によると、室賀は天正十二年六月、家康の密命を帯びた鳥居元忠《とりいもとただ》より昌幸暗殺を持ちかけられ承諾《しょうだく》。翌七月、おりしも上方《かみがた》から囲碁の名手が昌幸のもとを訪問することとなり、室賀も上田城に招かれます。

千載一遇のチャンスと考えた室賀は、家臣・室賀孫右衛門《まごえもん》を使者として鳥居元忠のところへ派遣し、七月七日に昌幸の居城に参上するので援軍を派遣してほしいと求めようとしました。ところが、室賀孫右衛門はすでに昌幸に内通しており、計画はすぐ昌幸の知るところとなりました。

Q51でも触れましたが、実は室賀氏の家臣のほとんどは、武田氏滅亡直後（天正十年三月）には、昌幸の調略に応じ、彼に内通していたのです。そんなことは夢にも思わぬ室賀正武は、昌幸を油断させるため僅《わず》かな供回りだけを連れて上田城に参上。城内に入った正武は、待ち伏せしていた真田方によって暗殺され、正武の妻子は甲斐へ落ち延びたといいます。

この真田昌幸暗殺未遂事件の経緯は、おもに軍記物にあるだけで、確実な史料に恵まれませんが、この事件が史実であることは間違いありません。常福寺《じょうふくじ》の善誉《ぜんよ》という僧侶が、上杉家臣・栗田《くりた》氏に宛てた書状（天正十二年九月十日付）に「去る頃室賀兵部が逆心を企て生害したことはきっと聞き及びのことでしょう。そこで室賀の妻子等が自害しようとしていたのを、愚僧《ぐそう》が急ぎ押しとどめ、説得して私の寺に連れてきています」とあり、善誉は栗田氏に室賀の遺族の保護を依頼しているからです。

また善誉の書状によると、昌幸は善誉を通じて栗田氏と連絡を取ろうとはかっており、しかもそれは、上杉景勝に何事かを要請するものであったようです。おそらく昌幸は、室賀正武を殺害したことで、家康との断交が不可避と覚り、上杉方へ再度転じる道を探り始めていたと思われます。

尾張徳川氏の家臣の系譜集である『士林泝洄《しりんそかい》』によると、「室賀正武の子・久太夫は、父が昌幸に謀殺されると善光寺《ぜんこうじ》に入り、後に直江兼続に招かれて還俗《げんぞく》。やがて上杉家を退出して昌幸暗殺を企んだものの果たせず、父を裏切った一族の室賀源助を討って尾張徳川家に仕えた」とあります。この系譜の内容がどこまで信頼できるかはわかりませんが、室賀の遺児が善光寺に入ったとある部分は、先の善誉と栗田氏とのやりとりによっても裏付けられるので、かなり事実に近いのではないでしょうか。

なお室賀氏は、室賀満俊《みつとし》と正武の系統がともに徳川氏の旗本となり幕末に至っていますが、小県郡の領主としては完全に没落することとなったのです。

Q58 徳川家康と断交し、上杉景勝と結んだ真意とは？

徳川家康と真田昌幸は、宿怨の間柄であったといわれ、息子・信繁とともにことごとく徳川に楯突《たてつ》いたことで知られています。そのきっかけとなったのが、昌幸の所領であった上野国沼田・吾妻領割譲問題でした。

先述のように、天正壬午の乱の後、家康は昌幸に沼田・吾妻領を北条氏に引き渡すよう命じました。しかし昌幸は断固として拒絶します。沼田・吾妻領は自力で確保した所領であり、それを北条と徳川という大国間の勝手な取り決めで反故《ほご》にされる謂れはないというのが、昌幸の考えでした。

これに対して家康は、羽柴秀吉との対決（小牧・長久手合戦）に忙殺《ぼうさつ》され、この課題に取り組む余裕がありませんでした。家康が本腰を入れて昌幸に沼田・吾妻領割譲を求めるのは、天正十三年（一五八五）に入ってからのことです。家康は、真田説得のため、天正十三年四月から六月七日にかけて甲斐に出陣し、甲府に入りました。軍事力を背景に、昌幸に圧力をかけるためです。そして家康は、昌幸へ使者を送り、沼田・吾妻領を北条氏に引き渡すよう命じました。その様子を『三河物語《みかわものがたり》』をもとに紹介しましょう。

天正壬午の乱の和睦条件（「御無事の切組《きりぐみ》」）である、甲斐国都留郡（郡内）と信濃国佐久・諏方郡の割譲を北条氏直は実行に移した。そのうえで北条氏は「家康は沼田を御渡し下さるように」と要請したのでる。そこで家康は、真田昌幸に「沼田を小田原へ渡し申せ」と命じた。ところが真田昌幸の返答は意外なものであった。

昌幸は「沼田は家康より与えられたものではない。あくまで真田が自力で確保した所領である。今度、家康に味方した忠節により与えると約束した知行でさえまだ守られていないのを恨《うら》んでいたところ、さらに私が保持している沼田を北条に渡せなどと命じられても、到底納得できるものではない」と断固拒否した。そしてやりとりをするうちに、昌幸の家康に対する不信感は募り、遂に「家康を主君とは仰ぐものか」と吐きすて断交した。

以上が、『三河物語』の記述ですが、家康と昌幸の関係断絶は、天正十二年七月の室賀正武による昌幸暗殺未遂事件で、ほぼ確定していたのでしょう。両者の関係は、天正十一年四月以来徐々に悪化していき、天正十二年七月の昌幸暗殺未遂で断絶状態となり、天正十三年四月から六月にかけての交渉で最終的に決裂したと考えられます。徳川氏からの離反を決意した昌幸は、生き残りをかけて再び上杉景勝との連携を探り始めるのです。

Q59　上田合戦は、実際にはどのような戦いだったのか？

真田昌幸が徳川家康を破ったことで知られる「上田合戦」は、天正十三年（一五八五）閏八月二日に上田城において、閏八月二十日には丸子城外において昌幸が徳川軍と交戦し、これを撃破した戦いの総称です。

昌幸は徳川軍との対決が不可避と覚ると、それまで敵対していた上杉景勝にただちに従属を申し入れ、加勢を乞《こ》いました。景勝はこれを受諾し、援軍派遣に踏み切ります。こうして第一次上田合戦が始まるのです。

ところでこの合戦は、信濃の一国衆である真田氏が、徳川軍を完膚《かんぷ》なきまでに撃破したことで知られますが、実をいうと確実な史料に乏しく、詳細は不明な点が多いのです。

一般に知られる上田合戦の経緯は、大久保彦左衛門尉忠教《ひこざえもんのじょうただのり》の『三河物語』のほか、『上田軍記』などの軍記物によるところが大きく、特に『上田軍記』や『長国寺殿御事績稿』などに記されている昌幸らの活躍がどこまで事実かは、検証が困難です。この合戦の模様は、実際に戦いに参加した大久保忠教による『三河物語』の記述がよく紹介されるので、ここでは、それをもとに解説しましょう。

徳川軍は、上田城下に迫り、二の丸まで乱入。大久保忠世の軍勢が火を放とうとすると、芝田康忠《しばたやすただ》がやってきてこれを制止した。敵に追撃されないためにも城下に火を放つのが定石《じょうせき》だが、若く実戦経験に乏しい康忠にはそれがわからなかったようだ。すると案の定《あんじょう》、真田勢の反撃にあって徳川軍は大混乱に陥り、しかも鉄炮衆や弓衆を後方に下げていたために隊伍《たいご》を立て直せず、総崩れとなった。さらに戸石城からも真田勢が出てきて徳川軍は撃破され、神川《かんがわ》に逃げるまでに多数が討ち取られてしまう。

　翌日、徳川軍は真田方の丸子城を攻撃すべく、八重原《やえはら》に布陣。すると真田昌幸・信幸父子は丸子城を支援すべく海野まで出陣し、手白塚《てしろづか》で徳川勢と戦闘になった。これを見た大久保忠世は真田父子を包囲して討ち取ろうと、平岩親吉《ひらいわちかよし》、鳥居元忠に使者を送って連携を申し入れるが、両隊は動かずに好機を逸してしまう。

　その後、真田父子は岡部長盛《おかべながもり》隊に攻撃を仕掛け、足軽に交じって前線で戦っていた。大久保忠世は平岩らに再び一斉攻撃を持ちかけるが、ここでも連携が取れず、真田と互角の勝負をしていた岡部勢を助けることができなかった。そして徳川方に戦意がないと覚った真田勢は、ゆうゆうと撤退。徳川勢も引き揚げ、大久保忠世らは小諸城に在城して、なおも真田の様子を窺った。


　以上は『三河物語』によるものです。『上田軍記』などによると、上杉景勝のもとへ人質に出された真田信繁は、景勝に許されて急遽上田に帰り、父・昌幸より軍勢を預けられ、この合戦に参加したとありますが、これが史実かどうかは明らかではありません。

　最後に、過日発見された「室賀満俊覚書」によると、①まず禰津古城を守っていた真田方が撤退を始めたため、追撃した徳川方と戦闘になったこと、②上田城下の町場で戦闘になったこと、③神川まで真田方に追撃され、大久保忠世とともに懸命に押し返したこと、④「小根山」（尾野山《おのやま》城）の戦闘で徳川方が敗退し、負傷者を捨てて逃げ崩れたが、室賀らはとって返して彼らを収容したこと、⑤岡部弥二郎（長盛）を支援するため真田勢に横槍を入れたこと、などが記されています。

室賀は第一次上田合戦に参戦しており、その軍功を書き上げているので、これらの内容は信頼性が高いです。①は『三河物語』にも記述がなく、禰津で徳川、真田両軍の前哨《ぜんしょう》戦があった模様です。

それ以後の経過は、「室賀満俊覚書」と『三河物語』の記述が一致するところが多いですが、前者は尾野山城攻防戦のみを、後者は丸子城攻防戦のみを記しており、これは室賀と大久保の参加した戦場の違いによるものでしょう。つまり徳川軍は、軍勢を二手に分け、尾野山城を攻撃して真田軍を牽制し、その間隙を衝《つ》いて丸子城を攻め落とそうとしたのでしょう。

しかし結局、徳川軍は上田城はもちろん、尾野山城や丸子城すら落とせず、多数の戦死傷者を出して小諸城に撤収しました。この合戦に、上杉景勝の援軍は間

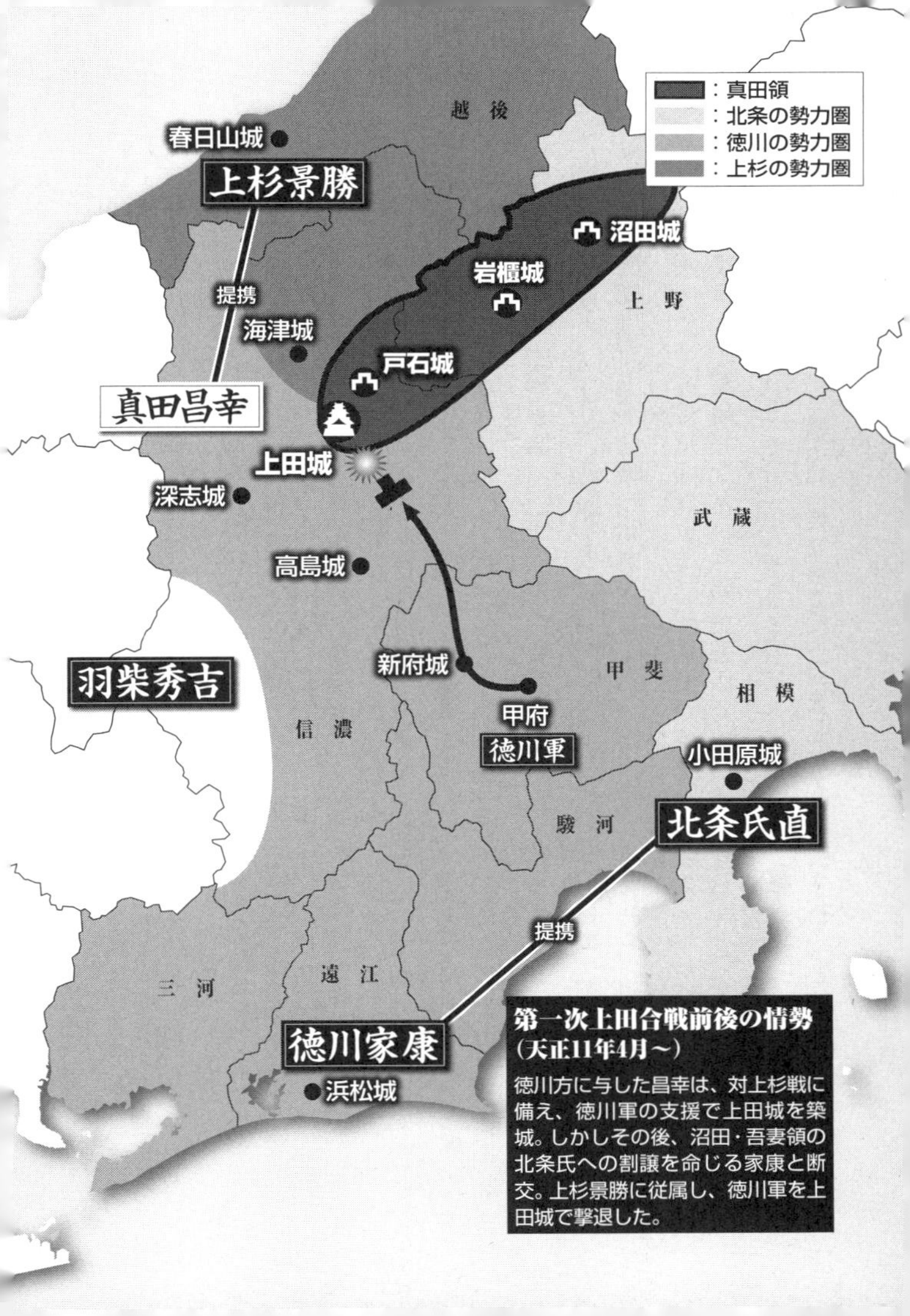

第一次上田合戦前後の情勢（天正11年4月～）

徳川方に与した昌幸は、対上杉戦に備え、徳川軍の支援で上田城を築城。しかしその後、沼田・吾妻領の北条氏への割譲を命じる家康と断交。上杉景勝に従属し、徳川軍を上田城で撃退した。

に合わず、戦闘は真田軍単独で行われました。徳川軍は家康不在とはいえ、歴戦の武将が顔を揃《そろ》え、あまつさえ真田軍を上回る兵力を擁《よう》しながら、信濃の一国衆に大敗したのです。

Q60 どうやって豊臣秀吉に臣従したか？ またその真意は？

上田合戦の最中、真田昌幸は上杉景勝に援軍を受けただけでなく、羽柴秀吉への接近を試みています。なぜ、こうした動きをとったのでしょうか？

その理由の一つは、帰属した上杉氏の台所事情にあります。昌幸は徳川軍来襲に備えるべく、上杉景勝に援軍派遣を要請しました。しかし、景勝が北信濃衆らの援軍を召集して上田に派遣したのは、上田合戦終了直後のことでした。つまり、上杉援軍は、上田合戦に間に合わなかったのです。

当時の景勝は、新発田重家の叛乱に対応するのが精一杯で、実をいえば真田への援軍もようやく実現したというのが実状でした。それだけでなく、景勝は関東諸将から上杉謙信以来の誼《よしみ》で、援軍を送ってほしいと、越山《えつざん》（三国峠を越えて関東に侵攻すること）を盛んに要請されていましたが、必ず行くと約束をするだけで実現できていませんでした。

昌幸は、あくまで上杉氏のみに依存して領土を守り抜く決意でしたが、現状は厳しいといわざるをえません。そこで上杉氏に従属しつつも、秀吉にも支援を求め、その指示によって周辺の秀吉方からも援軍を得ようと考えたのです。当時の政治状況下は、秀吉と徳川家康の再戦の可能性も大きく、秀吉にとっても、昌幸を取り込むことで信濃の戦局を優位とし、徳川氏を牽制することが可能でした。

昌幸は天正十三年（一五八五）九月末から十月初旬ごろ、大坂城の秀吉に書状を送り、手を結びたいと申し入れました。これは、上杉景勝も了承していたことでしょう。景勝もすでに秀吉に帰属しており、新発田攻めに援軍を派遣してもらうなど大きな助力を得ていました。新発田攻めに足を取られ、台所事情が苦しい上杉氏にとって、昌幸と秀吉の接近は歓迎こそすれ、阻《はば》む理由などなかったわけです。

昌幸の書状を受け取った秀吉は喜び、十月十七日付で返書を送りました。その内容は昌幸の狙《ねら》い通り、今後は真田氏を援助するというものでしたが、もう一点、昌幸を驚かせたであろう内容がありました。それには、秀吉方の相談相手として、徳川方に与しているはずの小笠原貞慶が指定されていたからです。貞慶はなんと、すでに秀吉の調略に応じて徳川方を裏切り、昌幸支援の旗手に指定されたのです。

秀吉はさらに十一月十九日に昌幸に条目を送り、①家康は天下に対し表裏《ひょうり》を構え許し難いので、成敗するつもりである、②家康討伐のため来年一月には出陣するので、その際には参陣すること、③信濃と甲斐のことは、小笠原貞慶・木曾義昌《よしまさ》と相談し、計略を進めること、などを伝えました。

このように、秀吉の徳川攻めが始まったら、昌幸はそれに協力することとなりました。昌幸の秀吉への接近は成功したのです。そして昌幸の目標は、信濃だけでなく、旧主・武田信玄の本国甲斐も含まれることとなりました。もし秀吉と家康が再び戦端《せんたん》を開いたら、昌幸は小笠原貞慶、木曾義昌らとともに、信濃を席巻し、甲斐侵攻を行っていたことでしょう。

Q61　上田合戦後、徳川方を攻めなかったのか？

上田合戦で真田昌幸に撃破された徳川軍は、なおも小諸城に在城して反撃の機会を窺っていました。ところが、天正十三年十一月十三日、本国の三河で重臣・

石川数正《いしかわかずまさ》（岡崎《おかざき》城代）が、秀吉の誘いに応じて突如尾張に出奔《しゅっぽん》しました。数正は、一族や妻女はもちろん信濃・小笠原貞慶の人質幸松丸《こうまつまる》らを伴い、徳川方に察知する隙も与えぬ電光石火の迅速《じんそく》さで徳川領国を脱出したのです。

数正が徳川氏を裏切った理由については、徳川氏と羽柴氏の板挟みにあったというのが定説です。実は出奔直前の十月二十八日、家康は秀吉へ人質を提出するかどうかを家臣団に諮《はか》り、家中一致でこれを拒否すると決定しました。ただ一人、人質提出（＝秀吉との和睦）を主張したのが、徳川氏の羽柴氏取次役を務めた石川数正でした。数正は秀吉と頻繁に接触し、羽柴氏の実力を承知しており、開戦したら撃退できる見込みは薄いと感じていたのでしょう。

徳川家中で唯一の開戦反対派である数正は孤立し、しかも指南《しなん》を担当していた小笠原貞慶も秀吉に調略されたため、完全に面目《めんぼく》を失って進退窮《きわ》まっていたのです。下手《へた》をすると、家中で暗殺されかねなかった数正は、遂に岡崎より脱走《だっそう》したのです。

家康は十一月十五日に同盟国・北条氏に石川数正の出奔を知らせ、また信濃に在陣する徳川軍にただちに撤退し、平岩親吉・芝田康忠・大久保忠世は浜松《はままつ》に帰還するよう厳命。事態を知った徳川方諸将の動揺と混乱は激しいものでした。

このころ昌幸は、徳川方を揺さぶるべく、恐るべき手を打っていました。「越後に武田信玄の息子・御聖導殿《おしょうどうどの》（次男・武田龍宝《りゅうほう》）という目の不自由な方とその子が匿われている。その武田父子を上杉景勝が支援して甲斐に帰国する準備が進められている」という噂《うわさ》を流していたのです（『三河物語』）。それればかりか、景勝のもとへ昌幸が武田龍宝を迎えに行ったとまで噂されていました（『長国寺殿御事績稿』）。

この噂はまったくの嘘で、武田龍宝は武田氏滅亡の際に甲府で自刃していました。しかし龍宝の息子・顕了道快《けんりようどうかい》（信道《のぶみち》）は、一向宗《いっこうしゅう》長延寺《ちょうえんじ》の実了師慶《じつりょうしけい》とともに甲斐を脱出し、家来の八重森家昌《やえもりいえまさ》の手引きで長延寺の知行地・信濃国犬飼村《いぬかい》（長野県飯山市）に逃れていました。これが、武田信玄の遺児・龍宝父子が生きているという噂話のもとでしょう。犬飼村は一向宗の勢力が強い地域であり、三河一向一揆《いっき》の残党や石山《いしやま》戦争の生き残りが匿われた地域です。昌幸は旧主・信玄の孫を利用して、甲信の武田遺臣に誘いの手を伸ばし、徳川方を一気に追い落とそうとしていたのでしょう。

大久保忠世ら徳川方諸将は、今自分たちが撤退すれば、昌幸が小諸城を奪うだけでなく、信玄の遺児（実は孫）を押し立てて甲斐に乱入するだろうと予想しました。しかし家康からの帰国命令は絶対なので、大久保忠世の弟・忠教が菅沼定《すがぬまさだ》利《とし》、鳥居元忠とともに決死の覚悟で残留し、あとの全軍は撤退します。

　信濃の秀吉方は、徳川方の動揺につけ込むように動きました。数正出奔直後の十二月三日、松本城の小笠原貞慶が保科正直《ほしなまさなお》の居城である高遠城を攻撃。当時、保科正直は昌幸攻略のため小諸に在城しており、留守でした。この戦闘は、正直の老父・保科正俊《まさとし》の機略《きりやく》で小笠原軍を撃破し、信濃の徳川方は辛うじて崩壊を免《まぬか》れました。しかし徳川方は、諏方・伊那・佐久三郡を確保しえただけで、他は秀吉方に奪われてしまいます。

　こうした状況下、家康は、秀吉が一向宗を利用するのをあらかじめ防ぐために三河一向宗を赦免《しゃめん》し、岡崎城の大改修や西尾《にしお》城、東部《とうべ》城の築城を指示し、西からの秀吉襲来に備えました。また、徳川軍の軍制や戦法等を、武田流に変更する軍制改革を実施します。

　秀吉と家康の再戦が目前に迫るなか、十一月二十八日、家康のもとに織田信雄《のぶかつ》の使者が訪れ、家康に秀吉との講和を勧告。しかし家康は、これを拒否しています。かくして秀吉と家康の決裂は決定的になったかと思われたのですが、十一月二十九日亥刻《いのこく》（午後十時ごろ）、内陸部を震源とする推定マグニチュード七・二～

八・一の大地震が、関西、中部地方を中心とする地域を襲いました（天正大地震）。

この地震は、秀吉の領国に甚大な被害をもたらし、家康との開戦は不可能となってしまいました。そこで秀吉は、家康打倒の強硬策から、上洛《じょうらく》を促す融和《ゆうわ》策へと外交路線を転じることとなったのです。

明けて天正十四年（一五八六）一月、織田信雄の説得により、ようやく家康も秀吉との和睦を受諾。これを受けて秀吉は、二月八日に諸大名に家康を赦免したので出陣はしないと伝え、開戦の危機は回避されたのです。

一方の昌幸は、甲斐への勢力拡大に向けて着々と手を打っていました。前年の天正十三年十二月には亡君・武田信玄の菩提所《ぼだいしょ》を小県郡の信綱寺《しんこうじ》に建立《こんりゅう》することを宣言し、佐久郡を制圧したら岩村田《いわむらだ》の龍雲寺《りゅううんじ》領を寄進すると約束しました。信玄の菩提寺・甲斐恵林寺《えりんじ》は織田氏の焼き討ちで壊滅しており、まだ再建されていなかったのです。昌幸は、信玄の菩提所を自分が建立しその御霊《みたま》を護持《ごじ》することで、旧武田方への調略を有利にしようとしたのでしょう。

さらに昌幸は、天正十四年一月から二月にかけて家臣たちにも「佐久郡本意となったら知行を与える」と明記した知行宛行状を盛んに発給し、徳川領国の佐久郡への侵攻を宣言していました。

これを知った秀吉は天正十四年二月、昌幸に朱印状を送り、信濃での矢留《やどめ》（停戦）を命じ、領域などは当知行（現状維持）のままとするよう要請します。家康が秀吉に従属する意思を表明した以上、徳川領への軍事行動は停止させねばならなかったわけです。この矢留は信濃全土に通達されたと推察されます。このため、昌幸の佐久郡、甲斐侵攻計画は挫折《ざせつ》を余儀《よぎ》なくされたのでした。

Q62　秀吉が昌幸を成敗しようとしたのは、本当か？

これは事実です。天正十四年（一五八六）八月、羽柴秀吉は徳川家康に真田昌幸成敗を命じています。しかしそれまで秀吉は、一貫して昌幸を後押しし、家康に対抗させようとしていたはずなのに、なぜ急に昌幸成敗を決断したのでしょうか。

家康が羽柴氏と和睦すると表明したことを受け、天正十四年二月、秀吉は諸大名に家康赦免を報じ、昌幸には「矢留」（停戦命令）出してその動きを抑えました。

しかし家康は油断せず、三月九日、十一日の二度にわたって同盟する北条氏政・氏直親子と駿豆《すんず》国境で会談し、氏政に秀吉との和睦に対して理解を求め、交渉次第では開戦することも視野に入れ、北条軍の援軍派遣と相互の関係強化を確認しました。

秀吉は、家康に上洛を促すべく、四月に妹・旭姫《あさひひめ》を家康の正室にすることを決め、五月に輿入れを実現。時に家康四十五歳、旭姫四十四歳でした。これによって家康は臨戦態勢を解き、秀吉に真田昌幸問題、つまり沼田・吾妻領の北条氏への割譲を家康自身が行うことに理解を求めました。

実は秀吉は、昌幸の扱いについて、天正十四年六月に上杉景勝が上洛した際に彼と話し合っていました。昌幸は当時、上杉氏に従属しており、景勝の内諾《ないだく》を得なければならなかったわけです。秀吉は、昌幸を木曾義昌・小笠原貞慶とともに家康の麾下《きか》に置くことを提案し、景勝はこれを了承していました。そのうえで秀吉は、昌幸に上洛を促したのです。

ところが、小笠原貞慶や木曾義昌が上洛したにもかかわらず、昌幸は上洛に応じませんでした。秀吉は上洛の代わりに、昌幸に人質を寄越すよう求めますが、昌幸はこれも拒否してしまいます。

なぜ、昌幸は秀吉の上洛要請を蹴り続けたのでしょうか。それは、沼田領が北条軍の攻勢にさらされていたからであり、また秀吉に沼田を取り上げられることを危惧《きぐ》していたからと推察されます。沼田領問題について、秀吉からの沼田領安堵の確約と徳川・北条両氏に対する停戦命令がない限り、昌幸は上洛することはできないと考えたのでしょう。

かくして秀吉は、自分の命令に従わぬ昌幸に怒り、「表裏《ひょうり》比興《ひきょう》之者《のもの》」と指弾。八月三日、昌幸の庇護者である上杉景勝に対し、家康に命じて成敗することにしたと報じ、真田領に在陣する上杉軍に支援無用と言い渡しました。そして八月六日には、家康に真田昌幸成敗を命じたのです。

この時秀吉は、真田領には上杉援軍が在番している城が二、三ヵ所あるので、そこには手を出さぬように家康に依頼しています。そのうえで、上杉領と徳川領の境目は、秀吉が上使を派遣して決めると宣言し、さらに小笠原貞慶と木曾義昌領にも手出しをせぬように求めました。そして、真田成敗のため出陣した以上は、家康の上洛が多少遅れてもかまわないとまで述べたのです。秀吉は、本気で昌幸を潰すつもりだったのでしょう。

存亡の危機に立たされた昌幸は、上杉景勝に秀吉への取り成しを依頼しました。ところが秀吉は、八月七日にあっけなく真田成敗の意向を覆《くつがえ》します。秀吉は家康に、真田昌幸問題を仲裁するので出馬を延期するよう求め、家康もこれを承諾しました。また九月二十五日には、上杉景勝に真田成敗中止を伝えました。

秀吉が真田成敗を中止した理由については、①秀吉は、真田問題を利用して家康との信頼関係を構築し、家康に暗に上洛を促した、②真田討伐を家康に実行させれば、東国における徳川・北条氏の力が増し、軍事バランスが狂う、③真田を対徳川、北条の緩衝地帯とすることの方が政治・軍事的にメリットが大きい、④昌幸を従属下に置く上杉景勝の説得工作の成果、⑤景勝の面子《メンツ》を考慮した秀吉の配慮、などが考えられるでしょう。

こうして、昌幸は滅亡を免れ、沼田領問題は一時的に棚上げされる形となったのです。

Q63 名胡桃城事件はなぜ起き、何があったのか？

名胡桃城事件とは、天正十七年（一五八九）十一月三日、北条家臣の沼田城代・猪俣邦憲が真田氏の拠点・名胡桃城を乗っ取った事件です。巷間《こうかん》伝えるところによれば、名胡桃城将だった鈴木主水は自責の念から沼田城下の正覚寺《しょうがくじ》で自刃したといいます。

この事件がなぜ起きたのか。それを理解するためには、沼田領問題の経緯を知っておく必要があります。本能寺の変後、真田昌幸は滝川一益から沼田城を返還され、岩櫃城など武田時代に押さえていた沼田・吾妻領をほぼ自力で回復しました。天正壬午の乱が勃発すると、昌幸は当初は上杉景勝に帰属しますが、北条氏直の信濃侵攻が開始されると、北条氏に味方して真田家存続を図りました。

ところが昌幸は、徳川家康・依田信蕃らの誘いに応じて徳川方に転じ、北条軍の補給路を断ち、北条氏を徳川氏と和睦せざるをえぬ状況に追い込みます。しかし徳川・北条両氏の和睦、同盟成立時の条件の中に、上野国一国は北条領とする、という合意事項が含まれていました。

このため昌幸は、徳川・北条両氏より沼田領割譲を迫られたものの断固拒否し、家康と断交して上杉景勝に帰属。そして徳川軍を上田合戦で、北条軍を沼田城郊外で相次いで撃破したのです。

その後、昌幸は豊臣秀吉に従属し、また家康も秀吉に屈すると、沼田領問題は棚上げされ、昌幸にとりあえず安堵されました。やがて、秀吉が北条氏に従属するよう交渉を始めると、北条氏政は上洛のための条件の一つとして、この沼田領問題の解決を求めるのです。

先述のように、そこで秀吉は、天正十六年春、真田・北条・徳川三氏の言い分を聞いて、裁定を下しました。それは、沼田城を含む沼田領三分の二を北条領、名胡桃城を含む三分の一は「真田墳墓《ふんぼ》の地」であるという由緒を考慮して真田領とするというものでした（もちろん、名胡桃周辺が「真田墳墓の地」という事実は確認できないものの、何らかの根拠があった可能性も否定できない〈Q1参照〉）。

そして真田が失う沼田領三分二相当の知行は、徳川家康が替地を補償するということになりました。この裁定には、北条氏も真田氏も不満でしたが、同年六月、双方とも秀吉の再提案を受諾し、七年に及ぶ懸案はついに解決されたのです。

秀吉は七月、上使を派遣して沼田領割譲を行わせ、沼田城には北条氏邦の家臣・猪俣邦憲が入りました。一方昌幸は、旧沼田領の三分の一を統括する拠点・名胡桃城に、鈴木主水を配備したとされます。そして裁定通り家康から沼田領の替地として信濃国伊那郡箕輪領を与えられた昌幸は、沼田領割譲によって知行を失った家臣に対して箕輪領で替地を充行《あてが》う作業を、天正十六年十一月三日、息子・信幸に始めさせました。

これが沼田領問題の経緯です。そして、真田氏が信濃伊那郡箕輪領での替地宛行の作業を開始したまさにその日に、猪俣邦憲による名胡桃城乗っ取り事件が起こったのです。

この事件は、北条氏滅亡に直結する一大事件にもかかわらず、実をいえば確実な史料が乏しく、その詳細は今も謎に包まれています。一般的に語られる事件の内容は、『加沢記』など後世の軍記物の記述に依拠《いきょ》しており、それを以下に紹介しましょう。


真田昌幸より名胡桃在城を命じられた鈴木主水のもとに、一人の牢人が寄寓《きぐう》していた。名前を中山九兵衛《なかやまきゅうべえ》といい、彼は上野国中山城主・中山安芸守《あきのかみ》の次男であった。中山九兵衛は牢人の身であったが、鈴木主水が姉婿にあたる縁で名胡桃城に腰を落ち着けたという。鈴木も才気溢《あふ》れる義弟・九兵衛を頼みに思い、心を許していた。

ところが沼田城代・猪俣邦憲の家臣・竹内八左衛門《たけうちはちざえもん》は、名胡桃城に中山九兵衛がいることを知り、秘かに接触を図った。両人はもともと知己《ちき》であったからだという。九兵衛に会った八左衛門は「あなたは本来なら中山城主であるべきなのに、近年は牢人となりみじめなことこのうえない。どうか名胡桃城主・鈴木主水を騙《だま》し討ちにして、北条氏に忠節を尽くしてはどうか。そうすれば本領・中山はいうまでもなく、名胡桃、小川城までもがあなたの領地になることは疑いないだろう」と説いた。

それを聞いた九兵衛は心を動かし、「承知した。やってみよう」と返答した。そこで九兵衛は、信州上田より偽《にせ》の飛脚《ひきやく》を仕立て、さらに真田昌幸の花押《かおう》を真《ま》似《ね》て「今度伊那郡の城普請のため、城取り（城の縄張《なわば》り）について相談したいので、名胡桃城は中山九兵衛に預け、すぐにこちらに来てほしい」と記した書状を偽造した。するとこれを見た鈴木は、いつもなら万事油断ない人物で確認してから動くのに、この時ばかりは運が尽きたのか書状を信じ、十月二十二日に名胡桃を出発し、岩櫃城に赴いた。そして城代・矢沢頼綱に事情を話すと、彼は驚き「それは騙されたに違いない。もし鈴木を召し出すのであれば、まず私のところに命令があるはずである。これは猪俣が仕掛けたものだろう。加勢を引き連れただちに城に戻ってもらいたい」と言った。

面目を失った鈴木は、加勢を連れて急遽名胡桃城に戻ったが、城はすでに北条

名胡桃城跡。写真手前が城跡（提供：みなかみ町観光協会）

勢に占領され、周囲には北条の旗幟《きし》が乱立し、城に近づくこともできなかった。そこで鈴木は思案して、加勢をすべて岩櫃に帰し、郎党三十人ばかりと沼田城下に赴いて正覚寺に入り、「このような事態になっては真田家にいられない。ぜひ邦憲の家来にしてほしい。さすれば無二の奉公に励みます」と申し入れた。猪俣邦憲は「心がけは神妙である。今度対面するのでしばらくそこで休んでいてもらいたい」と言い、鈴木らを正覚寺に捨て置いた。

　鈴木は降参したと見せかけ、猪俣と対面したら一太刀《ひとたち》浴びせ、刺し違えようと考えていたが、これを察知されたと思い、寺の庭で自刃した。享年四十二であったという。鈴木の妻子は沼田城内の般若《はんにや》曲輪に押し込められていたが、城内に鈴木を不憫《ふびん》に思った人がおり、彼の手引きで米俵に入れられて城外に運び出された。そして必死に北条方の監視を逃れ、岩櫃にたどり着いたという。のちに鈴木の遺児は、矢沢頼綱の取りなしで右近《うこん》と称し、真田信幸に仕え、後に采女《うねめ》となり、出家して閑斎《かんさい》と号したと伝わる。

以上が『加沢記』の記す名胡桃城事件の顚末《てんまつ》です。この逸話がどこまで事実かは明らかではありませんが、北条氏は後に豊臣政権の詰問《きつもん》に陳弁《ちんべん》するため「彼城主中山書付」(名胡桃城の城主中山の証言書)なるものを提示している事実があることから、名胡桃城に在城していた中山と北条氏との間で通謀《つうぼう》があったとする『加沢記』の記事は、信頼できるのかもしれません(なお別の史料に、中山氏について「彼城主ニ候歟《そうろうか》」、つまり「名胡桃城の城主だったのか」とあり、彼が城主であったと断言していない。北条氏にとっては極めて苦しい言い訳だったことを窺わせる)。

この名胡桃城事件の情報は、その日のうちに昌幸嫡男の信幸から家康のもとに正式に報告がなされて家康の知るところとなり、家康もただちに秀吉に報告しました。昌幸は家康の与力大名であったから、秀吉への上訴《じょうそ》は徳川氏を通じて行われるのが原則だったのです。

『加沢記』によれば、昌幸は当時上洛中であり、秀吉のもとにいて、京都で名胡桃城事件を知ったといいます。怒った昌幸は、ただちに秀吉に北条氏の非道を訴え、秀吉も自身の裁定を軍事力で破った北条氏に怒り、遂に小田原出兵を布告しました。北条氏はこの事件により、滅亡に追い込まれることとなったのです。

Q64　小田原出兵では、どんな働きをしたのか?

秀吉の小田原攻撃命令を受け、真田昌幸は息子・信幸を率いて関東出兵の準備に入りました。この時、大坂にいた次男・信繁も秀吉に許されて上田の真田軍に合流したといい、この合戦が信繁の初陣であったと伝わります。

真田軍は、上杉景勝・前田利家を中核とする北国軍に加わることとなり、天正十八年（一五九〇）三月、上杉景勝・前田利家ら総勢三万五千人余が信濃小県郡に集結し、北国軍の編制が完了します。

一方、北条方は北国軍を攪乱するため、三月十五日には信濃を追われて上野で匿っていた相木常林・伴野信番《のぶしげ》らを佐久郡に送り込み、白岩城《しろいわ》（相木氏旧領）で挙兵させ、また碓氷峠には与良与左衛門《よらよざえもん》（佐久郡牢人か）らを配備しました。

しかし北国軍は、白岩城を難なく攻略し、碓氷峠を突破。この時真田軍は、碓氷峠の合戦で活躍し、北条軍を総崩れに追い込んでいます。碓氷峠を突破した真田軍以下は、松井田《まついだ》城下に殺到し、四月十日に水の手を占拠して兵糧攻めに入りました。また、北国軍の別働隊が国峯城などの周辺諸城を次々に撃破。このためついに四月二十日、松井田城代・大道寺政繁《だいどうじまさしげ》らは降伏します。

松井田城を攻略した真田軍ら北国軍は、引き続き上野国の北条方諸城を攻撃し、西上野の重要拠点・箕輪城を調略によって乗っ取りました。箕輪城代・垪和《はが》信濃守は追放され、昌幸父子は秀吉から箕輪城の仕置を命じられています。その後、真田軍は再び北国軍に合流し、六月十四日に武蔵国の鉢形城を開城させました。城主・北条氏邦は前田家に預けられ、後に金沢で死去しています。

真田軍は、北国軍とともに八王子《はちおうじ》城を攻め、激戦の末、六月二十三日に攻略。秀吉は真田氏らを賞し、関東での作戦を終えさせ、小田原城包囲軍に加わらせました。このように真田氏は、小田原攻めでは地の利のある上野国や武蔵国の攻略戦を担い、見事な戦果をあげて秀吉と合流したわけです。

なお小田原開城後、真田父子は秀吉に従って奥州《おうしゅう》にも出陣し、奥州仕置に協力しています。

Q65　豊臣政権下では、どんな地位で、どんな働きをしていたのか？

天正十九年（一五九一）、天下統一を成し遂げた豊臣秀吉は、早速、東国再編を実行に移しました。まず北条氏の遺領・関東に徳川家康、旧徳川領国に織田信雄の移封《いほう》を決定。しかし信雄が渋ったことに秀吉は怒り、織田家を改易《かいえき》処分として、旧主・織田家を潰してしまいます。そして旧織田・徳川領国には秀吉一族や直臣《じきしん》を配置することとなりました。

甲斐には羽柴秀勝《ひでかつ》（秀吉甥）、信濃には仙石秀久《せんごくひでひさ》（小諸城主、佐久郡）、石川数正（松本城主、筑摩・安曇郡）、毛利秀頼《もうりひでより》（飯田城主、伊那郡）、日根野高吉《ひねのたかよし》（高島城主、諏方郡）が配置され、木曾郡は秀吉の直轄となります。

戦国時代から信濃を支配していた国衆は、独立大名と認定されたうえで、諏方頼忠（諏方→上野惣社《そうじゃ》）、木曾義昌（木曾→下総阿知戸《しもうさあじと》）、保科正直（伊那高遠→下総多古《たこ》）、小笠原秀政（松本→下総古河《こが》）、小笠原信嶺《のぶみね》（伊那松尾《まつお》→武蔵本庄《ほんじょう》）などのように移封されました。甲斐にいた武田遺臣の多くも、本領を去って家康とともに関東に移ります。信濃から移封された大名は、秀吉麾下の豊臣大名ではあるものの家康の与力大名という位置づけであったので、関東に移されたのでしょう。

ところが、真田昌幸だけは移封されず、信濃国小県郡と上野国沼田・吾妻領を安堵されました。これは極めて異例のことです。秀吉が昌幸を移封させなかったのは、関東の家康を監視させ、いざという時の家康包囲網の中核にするという思惑があったのでしょう。

昌幸は、天正十六年の秀吉による沼田領裁定直後から、沼田領の支配を嫡男・信幸に委ね、自身は小県郡の支配を行い、事実上真田家を二つに分けています。この背景には、信幸が家康の重臣・本多忠勝《ほんだただかつ》の息女・小松姫《こまつひめ》と婚姻したことがあるのかもしれません。

豊臣政権下で、昌幸は伏見《ふしみ》城と国元を往復し、伏見城普請、下野の宇都宮国綱改易処分などに関与しました。また朝鮮出兵では、昌幸・信幸・信繁父子は肥前《ひぜん》名護屋《なごや》城に参陣しており、家臣に朝鮮渡海に向けた準備を指示したものの、どうも渡海しないまま終わったようです。このため他の大名と違い、真田氏は国力を落とすことなく、関ヶ原合戦を迎えることとなったのです。

Q66 犬伏の別れで、父兄弟が東西両軍に分かれた真意とは？

犬伏《いぬぶし》の別れとは、関ヶ原合戦の直前、徳川家康の上杉征討に従うべく進軍中、真田昌幸・信幸・信繁父子が石田三成《いしだみつなり》挙兵の報を聞き、下野国犬伏で話し合い、東西両軍に分かれることを決めて袂《たもと》を分かった事件をいいます。

犬伏の別れに至るまでの経緯を簡単に紹介しましょう。慶長五年（一六〇〇）、家康は会津《あいづ》の上杉景勝が謀叛を企てていると決めつけ、上洛を命じました。景勝が事実無根として拒否したため、家康は上杉征討を決意し、六月十六日に大坂を出陣。家康は七月二日に江戸城に入り、諸大名に会津攻めのために至急参陣するよう要請しました。

一方、家康の上杉征討を知った石田三成は、家康に合流しようとしていた大谷《おおたに》吉継《よしつぐ》を佐和山《さわやま》城に呼び、打倒家康の挙兵を持ちかけ、彼を味方に引き入れます。そして三成は、毛利輝元《もうりてるもと》を大坂城に呼び、豊臣秀頼《ひでより》を奉じて挙兵しました。

毛利・石田方（西軍）は、七月十七日に「内府違いの条々」を諸大名に発送し、太閤《たいこう》の遺命《いめい》に背く家康の行動を逐一《ちくいち》批判し、秀頼への忠節と家康の政権排除を宣言します。

同じころ、家康と合流すべく宇都宮に向けて進軍していた真田昌幸・信幸・信繁父子は、下野の犬伏に着陣。その夜、昌幸のもとに、石田三成が派遣した使者が到着し、七月十七日付の「内府違いの条々」と三奉行（長束正家《なつかまさいえ》・増田長盛《ましたながもり》・前田玄以《げんい》）連署状が届けられました。

驚いた昌幸は、陣所に信幸・信繁兄弟を呼び寄せ、人払いを厳命し、密談を行ったとされます。なおこの密談については、七月二十日説と二十一日説がありますす（『滋野世記』は七月十日と記すが明らかな誤りである）。昌幸が三成に二度に及ぶ返書を書いたのが七月二十一日なので、二十一日説が正しいでしょう。

密談の内容については、後世の軍記物しか頼る史料がありませんが、内容は大同小異です。

まず昌幸が、西軍に与する決意を二人に伝え、これに信繁が賛同します。ところが、信幸は慎重な姿勢を崩さず、「父の命令とはいえ、家康の恩顧《おんこ》をいただいていたことはないかもしれませんが、すでに家康の動員に応じてここまで出陣してきた以上は、今さら逆心を企てるのも不義というものではないでしょうか」と

「真田父子犬伏密談図」。右から昌幸、幸村、信幸（上田市立博物館所蔵）

昌幸を諫めたのです。

するとと昌幸は「信幸の言うことも一理ある。だが武士たるものはそのような心構えだけではやっていけない。真田家は、家康にも秀頼にも恩顧を蒙《こうむ》ったわけではないが、このような時節を迎えたからには、家を隆盛させ、大望を成し遂げようと思うのが武将というものだ」と述べ、決意を変えませんでした。昌幸は家臣・坂巻夕庵《さかまきゆうあん》を呼んで信幸に翻意《ほんい》させようとしたものの、夕庵が「信幸様がこうと決めたからには、自分が翻意させることは難しいです」と辞退したため、父子は別々の道を歩むことに決めたといいます（『滋野世記』）。

また『長国寺殿御事績稿』には、信幸が徳川重臣・本多忠勝の息女（小松姫）を、信繁が豊臣重臣・大谷吉継の息女をそれぞれ娶《めと》っているので、両者は徳川方と石田方に分かれることになったとか、昌幸は家康に年来の恨みを抱いていたので、これを幸いに石田方に付くこととして信繁がこれに賛同した、などと記されています。

さらには、信幸と信繁兄弟が激論を交わした挙げ句に激昂《げっこう》し、互いに刀に手をかけるほどだった、と記すものもあります。真田家臣・河原《かわら》家の伝承によれば、河原右京亮綱家《うきょうのすけつないえ》が様子を見に行ったところ、昌幸が烈火の如く怒り「誰も来るなと言っておいたではないか。何をしに来たか」と怒鳴って下駄《げた》を投げつけ、それが綱家の前歯に当たり、彼は生涯前歯が欠けたままだったといいます。

これらが史実かどうかは定かでありません。いずれにせよ、三人は談合のすえ、昌幸・信繁はこのまま犬伏から上田に帰って石田方に、信幸は宇都宮に進んで徳川方に味方することとしました。この時、昌幸はそれぞれに与する家臣を分ける命令を下したとされ、「家を分けることが、結局は家の存続に繋がることになろう。これも一つの方法である」と訓辞したとされます。

ところが、確実な史料を探っていくと、実は真田信幸はすでに前年の慶長四年（一五九九）には、大坂から妻子を引き揚げており、徳川方への帰属を決めていた節があるのです。その証拠が、大谷吉継が昌幸に宛てた書状です。

そこには、昌幸・信繁父子の妻女は大谷氏が預かっているので安心されたいとありますが、信幸の妻女については「伊《い》豆《ず》殿《どの》女中《じょちゅう》改《あらため》候《そうろう》あいだ、去年くだり候」と記されています。このことは、信幸が「女中改」という口実のもと、妻女を沼田に帰国させていることを示しています。この許可は、当時の政治状況からみれば家康が出したものと考えられ、上方の情勢を考慮してすでに一年前から、信幸は徳川方への帰属を決めていたとみられます。

犬伏の別れが史実かどうかは確実な史料がありませんが、もし父子の密談が実際にあったとすれば、それは不慮の石田挙兵に対応したものではなく、すでに事態を予想していた真田父子が、最終的な意思確認をしたに過ぎないということになるでしょう。

昌幸・信繁父子は、中山道《なかせんどう》ではなく間道の吾妻街道を通って上田を目指しました。途中、昌幸父子は、上野国沼田城に立ち寄り、城に入ろうとしました。これは秘かに沼田城を乗っ取り、徳川方や信幸を動揺させる狙いだったといいます。

ところが、留守を預かっていた信幸夫人の小松姫は入城を拒み、もし無理に城に入ろうとするなら舅《しゅうと》といえども容赦《ようしゃ》せぬと、戦支度《いくさじたく》を始めました。さすがの昌幸もこれには閉口《へいこう》し、何らの意趣《いしゅ》なくただ孫の顔を見たいだけだと伝えると、対する信幸夫人は、子供らを城外に連れて昌幸に孫の顔を見せ、昌幸と信繁を沼田から去らせたといいます。

Q67 第二次上田合戦は、実際にはどのような戦いだったか？

下野から上田城に帰ったものの、真田昌幸は自らの去就や信幸との訣別《けつべつ》について、石田三成らに明らかにしませんでした。その狙いは、石田方から多くの譲歩を引き出すことにあったのでしょう。抜け目のない昌幸は、自分を高く売ろうとしていたのです。

昌幸を味方にしたい三成は、慶長五年（一六〇〇）八月五日付の書状で「小諸・深志・川中島・諏方などの信濃一国を与える」と明言し、さらに六日付で甲斐国も与えると約束しました。これにより昌幸は、甲斐・信濃で自由に暴れ回り、領土を切り取るよう西軍より公認されたわけです。昌幸はようやく西軍に味方することを言明し、信幸の東軍帰属を知らせました。信濃はいうまでもありませんが、昌幸はとりわけ、甲斐を欲していました。なぜなら、敬愛する武田信玄の生国であり、ゆくゆくはそこで隠居したかったからだといいます（『長国寺殿御事績稿』）。

昌幸は八月五日、上田城に家臣団を召集し、「信濃衆はことごとく徳川方となったが、自分とともに敵と戦うべし」と訓辞します。かくして、第二次上田合戦の幕が上がることとなります。

徳川軍は、家康が江戸にいったん戻り、情勢を見極めながら東海道を西上し、その息子の秀忠が、榊原康政《さかきばらやすまさ》・大久保忠隣《おおくぼただちか》・酒井家次《さかいいえつぐ》をはじめとする徳川家譜代ら三万八千余人を率いて八月二十四日に宇都宮を出陣し、家康とは美濃《みの》で合流することとなりました。秀忠軍は中山道を西に進み、九月一日には碓氷峠を経て軽井沢に着陣し、二日に小諸城に入ります。

徳川の大軍に対し、真田軍は昌幸・信繁父子以下わずか五千人（二千五百人、三千人とも、諸説あり）という小勢《こぜい》だったと伝わります。

ところで第二次上田合戦も、有名なわりには確実な史料に乏しく、よく知られる戦局のほとんどは軍記物の記述によるもので、実際はどうだったかはまったくといってよいほどわかっていません。ただ合戦直前までは、確実な文書があり、ある程度の動きを追うことが可能です。

まず九月三日、昌幸は徳川陣中の息子・信幸のもとへ使者を派遣し、「頭を剃《そ》って秀忠のもとに出向き、降参する」との意思を伝えました。石田軍との重要な一戦を前にいたずらに兵を損じるべきではないと考えていた秀忠は喜び、信幸と本多忠政《ただまさ》を使者として派遣し、三日に昌幸と会見させ、上田城を明け渡せば赦免する旨を伝えさせます。

ところが、四日になって昌幸が態度を翻し、激怒した秀忠は、全軍に上田城攻撃を下知《げち》します。秀忠は怒り狂っていました。昌幸は秀忠との交渉の席上、相当無理難題を吹っ掛け、徳川方を挑発したようです。人を食ったような昌幸の動向は、軍備を整えるための時間稼ぎであったとも、秀忠を挑発するための策謀であったともいわれます。実に秀忠は、この合戦が初陣であったといいます。秀忠は百戦錬磨の昌幸の策略に、見事引っかかってしまったのです。

その間、昌幸は領内に「敵の首を一つとれば知行百石を与えよう。これは決して嘘偽りではない」と布告し、広く参陣を呼びかけます。これに応じる農民・町人が続々と上田城に集まり、真田軍の士気は大いにあがったといいます。また昌幸は、あらかじめ戸石城の郊外にある虚空蔵山（長野県上田市上塩尻《かみしおじり》にある虚空蔵山城ではなく、同市上野にある虚空蔵山のことであろう）や、上田城側面の林などに伏兵を配置し、さらに神川の水を上流で塞《せ》き止めさせておいたといいます。

昌幸の開戦準備にまったく気づかぬ秀忠は、全軍に上田城への進撃を命じ、九月五日に、真田信幸に戸石城攻略を指示しました。信幸はこれに従い、堅城で知られる戸石城に向かいますが、城方の真田軍はこれを知ると城を捨てて退去。城将は真田信繁で、彼は父・昌幸の了承のもと、兄との戦いを避けて城を明け渡したのだと伝わります。

戸石城制圧に、秀忠は気をよくしました。幸先《さいさき》のよい戦果というだけでなく、側面を衝かれる心配がなくなったからでもありました。秀忠は九月六日に本陣を染屋原《そめやはら》（染屋台、染屋馬場台とも、同上田市古里《こさと》）に置き、いよいよ上田城攻めに着手します。

以上が、合戦直前の流れで、それからの戦闘の経過については『寛永諸家系図伝《かんえいしょかけいずでん》』『長国寺殿御事績稿』などをもとに紹介しましょう。

まず秀忠は、軍勢に命じて上田城周辺で刈田《かりた》（稲を刈って敵を挑発すること）を行わせました。これを見た真田方は城から兵を出し、刈田を行う徳川方に鉄炮を

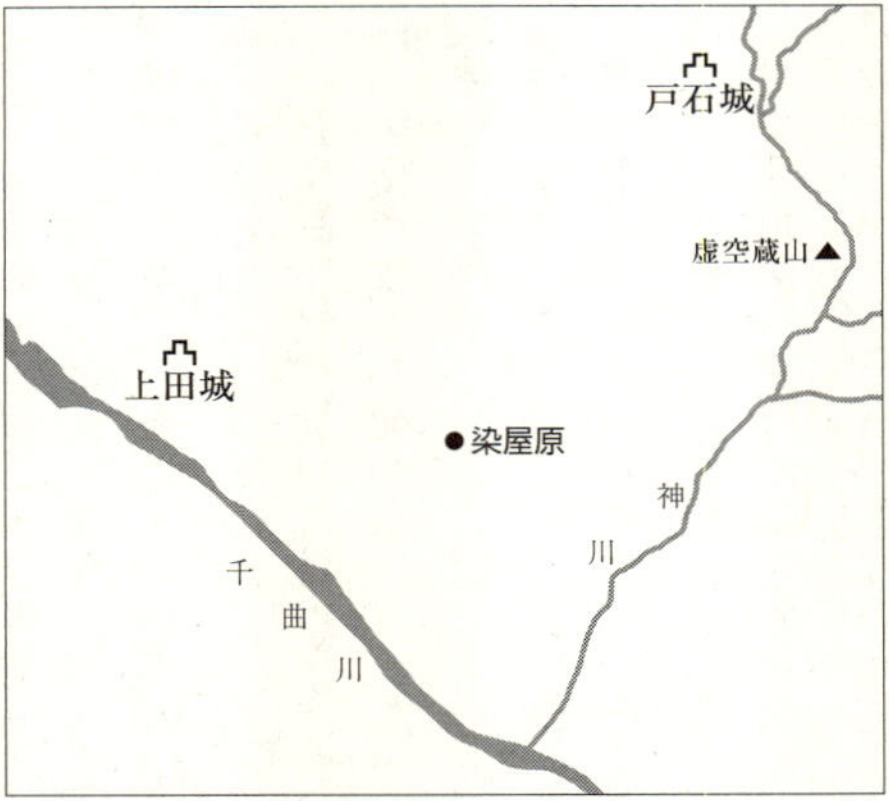

上田城周辺図

撃ちかけます。徳川方が真田兵に襲いかかると、彼らは慌てて城へ逃走。徳川方はなおも真田兵を追いかけ、遂に城際にまで到達します。しかし、これは昌幸の挑発でした。徳川方は、たちまち城からの弓矢や鑓《やり》での鋭い反撃にあい、多数の死傷者を出して撃退されてしまうのです。

　次に昌幸・信繁父子は、わずかな従卒を連れて自ら敵前偵察に出ました。わざと徳川軍に見えるよう、大っぴらに動き回ったのです。敵将が出てきたことを知った徳川軍は色めき立ち、神川を渡河して真田父子を追跡し始めました。

　真田方は適当に攻撃を加えては退くことを繰り返し、徳川軍の先陣と小競《こぜ》り合いを展開。すると、大久保・酒井・本多らは先陣を支援すべく続々と神川を越えて攻め寄せ、真田父子は急いで逃げ始めました。徳川軍は真田父子を討ち取るべく、目の色を変えて追撃。そしてこれも、徳川軍を誘《おび》き寄せようという昌幸の策略でした。

徳川軍全軍が神川を渡河したのを確認した昌幸は、神川の塞き止めを一気に切り落とさせ、城内の将兵に城際に攻め寄せた敵への反撃を下命。さらに上田城外に待機する伏兵にも蜂起を指示しました。このため徳川軍は、前方からは城方の弓矢、鉄炮と軍勢に、側面からは城門横の林から出現した伏兵に攻撃され、大混乱に陥ります。

そればかりか、虚空蔵山に伏せていた真田兵は、染屋原の秀忠本陣を襲撃。これによって徳川軍の指揮系統は寸断され、周章狼狽《しゅうしょうろうばい》した徳川方は小諸目指して算を乱して敗走を始めます。ところが神川は増水しており、真田軍の追撃を恐れて恐慌状態に陥っていた徳川軍の将兵たちは、多数が溺死《できし》したといいます。

同じく九月六日、徳川方の日根野吉重《よししげ》（諏方高島城主）と石川三長《みつなが》（康長《やすなが》、松本城主）は、松本への道筋を確保すべく、真田方の冠者ヶ岳《かじやがたけ》城（子檀嶺《こまゆみ》城・冠者城とも、長野県青木村当郷《とうごう》）を攻めたものの、ここでも手痛い打撃を受けて敗退したといいます。

かくして徳川軍は、各地で真田軍に散々な目にあわされ、完全に面目を失いました。秀忠はなおも上田城攻略に固執《こしつ》しましたが、本多正信《まさのぶ》らの諫言《かんげん》により九月七日に遂に攻撃続行を断念し、森忠政（海津城主）、仙石秀久（小諸城主）、石川三長らに真田父子の押さえを命じ、自身は諏方に出て木曾谷を経由し、十七日に妻籠《つまご》に抜け、美濃を目指しました。そして周知のように、九月十五日の関ヶ原合戦には、ついに間に合わなかったのです。

仮に関ヶ原合戦が長期戦となっていれば、昌幸は甲斐、信濃を席巻していたかもしれません。

Q68　上田合戦後、真田父子の処遇はどうなったのか？

第二次上田合戦で徳川秀忠軍を撃破した真田昌幸は、石田三成ら西軍の勝利を確信していたといいます。しかし慶長五年九月十五日の関ヶ原合戦で西軍は大敗を喫し、わずか一日で決着がついてしまいました。

信繁の舅・大谷吉継は壮烈な最期《さいご》を遂げ、石田三成・小西行長《こにしゆきなが》・宇喜多秀家《うきたひでいえ》らは戦場から逃亡。西軍の敗戦を知った毛利輝元は大坂城西ノ丸を退去し、城下の屋敷に移って家康に恭順《きょうじゅん》の意思を示しました。家康は、九月二十二日に毛利輝元と和睦し、大坂城西ノ丸に先遣隊を派遣して城を押さえ、二十七日には大坂城に入ります。

これにより、家康はほぼ反対派を一掃し、秀吉死後の「豊臣体制」の実権掌握に成功しました。石田三成らはまもなく捕縛され、十月に処刑。また毛利・石田方の与党はことごとく減封、改易、処刑などの厳しい処分が科せられたのです。

真田昌幸所用の昇梯子の具足（真田宝物館所蔵）

西軍の敗北を知った昌幸は、自らの命運もここまでだと思い、「天下を相手にまわして華々しく討ち死にしよう」と家臣等に呼びかけ、策を練ったといいます。まず上田城を監視する徳川方を撃破することを考え、虚空蔵山城の麓《ふもと》に布陣する森忠政の軍勢に夜襲を仕掛け、これを追い払いました。

しかし、息子・信幸らが徳川氏への降伏を促し、昌幸は渋々これを受諾したといいます。むしろ信幸にとって困難だったのは、昌幸・信繁父子に切腹を命じようとする家康を説き伏せ、流罪《るざい》に減免《げんめん》することでした。家康は二度も煮え湯を飲まされた昌幸を許さず、死を与える決意を固めていたといいます。

ところが、助命嘆願を必死で訴える信幸と、それに同調する側近・本多正信、重臣・本多忠勝の意向を汲《く》み、昌幸・信繁父子を高野山への追放に留めることとしました。この時、本多忠勝は「あくまで真田父子の切腹にこだわるなら、婿の信幸とともに真田父子を支援して上田城に籠城し、主君・家康と戦うのも辞さぬ」と言い放ち、家康を驚かせたと伝わります。

いずれにせよ、昌幸・信繁父子の降伏が決まり、上田城は諏方頼水《よりみず》・依田信《のぶ》守《もり》・大井政成・伴野貞吉《さだよし》らが受け取りました。その後、家康は上田城を徹底的に破壊したといい、真田時代の城の構造については今も謎に包まれています。

昌幸・信繁が上田を後にしたのは、慶長五年十二月十三日のことでした。昌幸は信幸と別れるに際して、「それにしても悔しい限りだ。家康こそこのような目にあわせてやろうと思ったのに」と呟き、悔し涙を流したと伝わります。昌幸は当時五十四歳、信繁は三十四歳でした。

Q69　九度山ではどんな暮らしをし、どのように亡くなったのか？

真田昌幸・信繁父子は、それぞれの家族の他に、上田から池田長門守《いけだながとのかみ》・原出羽守《でわのかみ》・高梨内記《たかなしないき》・小山田治左衛門《じざえもん》ら十六人の家臣を従え、高野山に向かいました。父子が落ち着いたのは、高野山の麓の細川《ほそかわ》というところであったと伝えられ、その後しばらくしてから、真田氏が檀那として保護していた蓮華定院に厄介《やっかい》になりました。そしてまもなくして、同院の紹介で高野山麓の九度山《くどやま》に屋敷を構えて、ここに移ったのです。

家康は、真田父子の動向を監視するよう紀伊《きい》国和歌山城主・浅野幸長《あさのよしなが》に命じていました。父子は高野山内限定で行動の自由が認められていたとも、九度山の浦野川の淵（現在「真田淵」と呼ばれる）や、九度山周辺の上下五町（約五百五十メートル）の間だけという限定付きの行動が認められていたとも伝わります。

しかし、その生活は困難を極めたようです。真田父子だけでなく、家来の食い扶持《ぶち》も必要だったからです。現在残されている文書を見ると、父子は借金をして生活費を工面していたようです。

中でも彼らの生活を圧迫したのは、蟄居《ちっきょ》を始めて数年後に起きた火事とみられます。不幸中の幸いであったのは、真田父子やその家族、家来は無事だったことですが、屋敷の再建などで真田信之（関ヶ原後に、信幸から改名）から百両を借用しなければなりませんでした。また生活費を捻出《ねんしゅつ》するために、あちこちから借金をしており、その返済も馬鹿にならなかったのです。

昌幸らの収入は蓮華定院、浅野幸長からの合力《ごうりき》と、真田信之から送られてくる仕送りのほか、旧臣たちや真田家の菩提寺・信綱寺からの心付けなどだけでした。それだけでは生活していけなかったようで、昌幸はしばしば国元に書状を送り、金子の送金を催促しています。旧臣・大熊伯耆守《おおくまほうきのかみ》らに「万事不自由だ」と嘆《なげ》くほどでした。

なお、昌幸・信繁父子と信之は、関ヶ原合戦後、生涯会うことがなかったと考えられていました。しかし、それは事実ではなく、昌幸の生前に一度だけ、三人が高野山で対面していることが判明しています。

五月十六日付（年未詳）の真田昌幸書状（河原右京宛）に、信之と河原右京が高野山を訪れ、昌幸を訪問し、早々に上田へ帰国したことが記されていのです。河原は高野山での用事を済ませ、少し後から信之を追って帰国の途についたようです。このことから、昌幸と信之がたった一度だけ、対面を実現させたことは確実なのです。

やがて昌幸は病気がちになり、息子・信之や浅野長政《ながまさ》（秀吉一族、五奉行の一人）を通じて家康に赦免してくれるよう嘆願《たんがん》を繰り返し、帰郷を心の支えとするようになっていきました。時期は定かでありませんが、昌幸の赦免嘆願は、本多正信が家康に披露するところまで進んでおり、それを伝え聞いた昌幸も今後のことを楽観視しており、「赦免されるのはまもなくだから、（九度山から）下山したらぜひお会いしたい」と旧知の人物に手紙を送っています。しかし案に相違して、家康が昌幸を許すことはありませんでした。

赦免の希望が潰《つい》えた昌幸は、病気が進行したこともあり、弱気になっていったようです。旧臣らに手紙を送り、駿馬《しゅんめ》を一疋《ひき》送ってくれるよう依頼し、その馬を眺《なが》めながら療養の慰《なぐさ》めにしたいと書き記しています。そこには、武田信玄が、「我が両眼」と愛《め》で、豊臣秀吉が「表裏比興の者」と評し、徳川家康に二度の苦《く》杯《はい》を嘗《な》めさせた知謀の名将の面影はもはやありませんでした。

やがて慶長十六年（一六一一）、重篤《じゅうとく》となった昌幸は、信繁を枕頭《ちんとう》に呼び、徳川氏と豊臣氏の決戦が近いことを予言し、信繁に考え抜いた秘策を授けたと伝わります。それは、籠城戦では勝ち目がなく、積極的に討って出て勝負をかけよ、というものでした。さらに昌幸は、息子・信繁の悲運をも見通していました。家康を二度も破った自分の意見ならば豊臣家はいうことを聞くだろうが、無名の信繁では握り潰されるであろうと。

慶長十六年六月四日、昌幸没、享年六十五。法名龍《りゅう》花《か》院殿《いんでん》一翁《いちおう》干雪《かんせつ》大居士《だいこじ》。

第二章　真田信之・信繁編

～好対照の前半生、決別とそれぞれの戦い、そして真田家の危機～

Q70 信之と信繁はいつ、どこで生まれたのか?

真田信之《のぶゆき》(関ヶ原合戦後、「信幸」から改名。本章では便宜上、「信之」とする)は、永禄《えいろく》九年(一五六六)に昌幸《まさゆき》の嫡男《ちやくなん》として誕生しました。生まれた場所は定かでありませんが、『加沢記《かざわき》』によると戸石《といし》城で、生母は昌幸の正室・山之手殿《やまのてどの》とされます。

信之の出生時、父・昌幸は甲府《こうふ》で武田信玄《たけだしんげん》の側近として活動していることから、普通に考えれば甲府で生まれたと推定されます。ただ、戸石城で誕生したのが事実ならば、同城は武田氏より真田氏に管理が委《ゆだ》ねられていた可能性を示唆《しさ》していて、興味深いものです。

幼名《ようみよう》は不明ですが、源三郎《げんざぶろう》を仮名《けみよう》としており、武田氏より偏諱《へんき》を受けて「信幸」と名乗ったと推定されています。なお元服《げんぷく》の時期を考えると、武田信玄ではなく、勝頼《かつより》から偏諱を受けたのでしょう(武田信勝〈勝頼の嫡男〉より偏諱を受けたとする記録もある)。

次に信繁《のぶしげ》ですが(「幸村《ゆきむら》」と称される経緯は後述)、その生年は永禄十年(一五六七）とされています。ただしこれは諸系譜類に、慶長《けいちょう》二十年（元和《げんな》元年、一六一五）五月七日に四十九歳で戦死したとの記録から逆算したもので、確実な記録で裏付けることができません。

仙台藩に仕えた末裔《まつえい》による「仙台真田系譜」には、元亀《げんき》元年（一五七〇）二月二日出生とあり、享年《きょうねん》四十六と記されています（小西幸雄『仙台真田代々記』宝文堂、一九九六年）。四十六歳説は『武辺咄聞書《ぶへんばなしききがき》』にも見え、実を言えば、信繁の生年は確定されていないのです。果たしてどちらが正しいのでしょうか。

まず、通説の永禄十年説には大きな問題点があります。天正《てんしょう》十三年（一五八五）の第一次上田《うえだ》合戦の際、信繁は父・昌幸の命《めい》により上杉景勝《うえすぎかげかつ》のもとへ人質として送られますが、その時彼は「弁丸《べんまる》」と幼名で呼ばれており、しかも「御幼《ごよう》若之方《じゃくのかた》」と記録されています。もし永禄十年生まれであれば、すでに信繁は十九歳になっているはずであり、きわめて不自然なのです。

成人しても幼名と諱《いみな》を組み合わせて称している人物もおり、必ずしも幼名を使用しているからといって子供であったと断定はできません。ただそれだと、「御幼若之方」という上杉方の認識と相違することになります。

それならば元亀元年説はどうかといえば、第一次上田合戦の時には十六歳だったことになり、元服前であれば弁丸でもいいでしょうが、「御幼若之方」というには少し年齢が行き過ぎている感が否《いな》めません。私が思うに、実際は、もう少し若かったのではないでしょうか。

それを示唆する史料があります。大坂の陣〈慶長十九年〈一六一四〉、同二十年〈一六一五〉〉で、後藤又兵衛《ごとうまたべえ》（基次《もとつぐ》）の麾下《きか》だった長澤九郎兵衛《ながさわくろべえ》の体験記である『長澤聞書』に「真田左衛門《さえもん》は四十四、五にも見えた。額《ひたい》に二三寸ほどの傷跡があり、小柄な人物だった」とあるのです。

一方で、九度山《くどやま》での幽閉《ゆうへい》生活中、信繁は故郷の姉婿《むこ》・小山田茂誠《おやまだしげまさ》に送った手紙の中で「急に老《ふ》け込んでしまい、歯も抜け髭《ひげ》も真っ白で老人のようになってしまいました」と嘆《なげ》いています。つまり、大坂入城当時の信繁は、年齢に見合わぬ老いた風貌《ふうぼう》だった可能性が高いのです。

それを前提に考えると、長澤九郎兵衛の「四十四、五にも見えた」との証言は、実年齢はもっと若かった可能性を示唆しています。残念ながら決め手がありませんが、天正十三年当時に十代前半ならば、弁丸の幼名と上杉方から「御幼若之方」と呼ばれた事実に整合性がとれるのではないでしょうか。私は、信繁は天正初年（一五七三）ごろの生まれではなかったかと考えています。

なお、信繁の出生地は、普通に考えれば兄・信之と同じく甲府ということになるでしょう。

Q71　なぜ、信繁は幸村と呼ばれるのか？

真田左衛門佐の諱は、古くから一般に「幸村」といわれてきました。ところが、「幸村」の諱については、確実な文書で確認することができず、彼が大坂夏の陣直前に認《したた》めた書状にも「真左衛門佐信繁」と自署されており、「幸村」ではないのです。

ところが、彼が戦死直前に、信繁から幸村に改名したとする説は根強い。その根拠は、信繁の兄・真田信之が近習《きんじゆう》に「信繁は幸村に改名した」と語ったと伝える史料があること（『滋野通記《しげのつうき》』）、また慶長二十年五月二日付の幸村書状の写しが伝えられていることです（『真武内伝附録《しんぶないでんふろく》』）。その全文は次の通りです。

いよいよ貴寺御安全珍重《ちんちよう》の至りに候《そうろう》。然《しか》からば当城四、五日のうちに落城に及ぶべしと存候、これにより正宗一振《まさむねひとふり》進め申し候、恐々謹言《きようきようきんげん》

真田左衛門佐幸村

真田伊豆守信之

『真武内伝附録』に書写されている「真田幸村」の花押（右）。信之（左）のそれと酷似している

五月二日　　　左衛門佐

幸村（花押《かおう》）

蓮花《れんげ》定院《じょういん》へ

なおなお未来の儀、未《いま》だ存ぜず候間、

貴僧に任せ候。以上

これは信繁戦死の五日前、死を覚悟し、彼が高野山《こうやさん》蓮華定院に正宗の刀剣を寄進《きしん》して、その保管を委ねたことを示す書状です。

『真武内伝附録』には、この全文に続けて「右の書、今に蓮花定院に有之由《これありのよし》、正宗の一振も有之」と記され、同書の「房州《ぼうしゅう》公御法名《ごほうみょう》之記、附高野宝物之覚」には「正宗大小　三の巻に記す左衛門君より状翰《じょうかん》に添賜《そえたま》はる也《なり》」とあり、刀は大小一対だったことが明記されています。

ところが、この文書と正宗の刀剣は、蓮華定院には現在伝えられていません。しかも、この五月二日付幸村書状の花押は、『真武内伝附録』に書写されていますが（右ページ参照）、信繁のそれまでの花押とは異質で、むしろ兄・信之の花押に酷似《こくじ》しており、近世様であることがわかります。他にも、文言の内容や書状の形式などが、当時のものとしては違和感があります。そのため、私は「幸村」と称した可能性は低いのではないかと考えています。

なお、幸村の名前が流布《るふ》するのは、寛文《かんぶん》十二年（一六七二）に成立した『難波《なんば》戦記』にその名が記されて以後といわれます。また松代《まつしろ》藩が幕府に提出した系譜が掲載された『寛政重修諸家譜《かんせいちょうしゅうしょかふ》』や、真田系譜類でも「幸村」を採用しており、これが講談などに取り入れられ、定着していったのだと考えられます。

彼の諱が、その死まで「信繁」であったのか、それとも「幸村」と改名したのかは、いまだ決着がついていないのです。

Q72 武田家滅亡時、二人はどこにいたのか？

『長国寺殿御事績稿《ちょうこくじでんごじせきこう》』によれば、真田昌幸の家族は人質として新府《しんぷ》城にいたといいます。しかし新府城自体はもちろん、城下町も未完成であり、人質は甲府と新府の両方に分けて管理されていました。では、真田信之と信繁はどちらにいたのでしょうか。

武田一族の穴山梅雪《あなやまばいせつ》（信君《のぶただ》）や信濃伊那《しなのいな》郡国衆・小笠原信嶺《おがさわらのぶみね》の人質は甲府に、木曾義昌《きそよしまさ》と保科正直《ほしなまさなお》、そして真田昌幸の人質は新府にいました。

織田信長《おだのぶなが》による武田領侵攻が始まると、小笠原信嶺の人質（老母）は信嶺の謀《む》叛《ほん》を知った武田方によって処刑され、梅雪の人質はその家臣が甲府より奪い去って穴山氏の本拠地・下山《しもやま》に移したといいます。一方、木曾義昌の人質は、義昌の謀叛のため老母、息女、息子の三人が処刑され、保科正直の人質（嫡男・正光《まさみつ》）は処刑されそうになったものの、家臣の機転で新府を脱出したと伝わります。

こうした混乱のなか、武田勝頼は、昌幸が岩櫃《いわびつ》城に帰る際に、信之、信繁をはじめとする人質すべてを返したといいます。勝頼は、昌幸のこれまでの忠節に報《むく》いたのでしょう。

ところが、織田軍の信濃侵攻と勝頼の没落を知った信濃は不穏な空気に包まれており、昌幸とその家族は甲斐《かい》から命からがらようやく岩櫃城に帰還することができたと記されています。昌幸は、岩櫃城や沼田《ぬまた》城の兵力をもって勝頼を後詰《ごづ》めするどころか、身の危険を排除しつつ上野《こうずけ》に帰るのがやっとだったのです。

なお、信之が武田勝頼のもとにいたことを窺《うかが》わせる逸話があります。『大鋒院《だいほういん》殿《でん》御事績稿』『滋野世記』『真武内伝附録』などによると、勝頼の嫡男・武田信勝《のぶかつ》が元服した際に、信之もこれに倣《なら》って元服し、信勝より「信」を与えられたといいます。これは極めて興味深い記録で、事実の可能性が高い。

信勝は、天正七年（一五七九）十二月に元服したと推定され、武田家の当主（御屋形様《おやかたさま》）となり、勝頼は隠居しました（これは形だけのものである）。これにあわせて、武田一族や重臣らは一斉に受領《ずりょう》、官途《かんと》を変更しています。昌幸が、真田喜兵衛尉《きへえのじょう》から安房守《あわのかみ》になったのもこの時のことです。

当時、源三郎の仮名を称していた信之は、ちょうど十四歳であり、元服の時期に相当します。このように、少なくとも信之は、甲斐に人質として留め置かれていた可能性が高く、新府城にいたとの記録は納得できるでしょう。

Q73 天正壬午の乱では、それぞれ何をしたのか？

天正壬午《てんしょうじんご》の乱における信之、信繁兄弟の活動は対照的で、後年の二人とまったく逆のような働きをしています。

まず信之ですが、武田氏滅亡時に十七歳になっていた彼は、父・昌幸の戦略の一端を担う青年武将として活動を始めました。

武田勝頼の許しを得て、父・昌幸のもとへ一族とともに帰還した信之は、天正壬午の乱が勃発《ぼっぱつ》すると、昌幸の命を受けて天正十年（一五八二）八月下旬までには岩櫃城に急行しました（『加沢記』）。すでに本能寺《ほんのうじ》の変直後に、滝川一益《たきがわかずます》より沼田城を受け取っていた真田氏は、ここに金子美濃守《かねこみののかみ》ら旧知の沼田衆を籠城《ろうじょう》させ、さらに一族の矢沢頼綱《やざわよりつな》を派遣していました。

岩櫃城に信之が配備されたのは、真田郷と沼田城を確保するための大動脈・北国《ほっこく》街道を掌握《しょうあく》するために他なりません。昌幸は、沼田・岩櫃両城を固め、利根《とね》・吾妻《あがつま》郡を掌握し、北条《ほうじょう》氏に対抗する準備を始めたわけです。

当時、昌幸は北条氏に従属していましたが、このままでは沼田・岩櫃両城を取り上げられる可能性が高かった。そのため、一時は味方のふりをして準備の時間を稼《かせ》ぎ、十月に徳川家康《とくがわいえやす》に帰属して北条氏から離叛したのです。

北条氏は十月下旬、吾妻郡の大戸《おおど》（浦野《うらの》）入道《にゅうどう》（真楽斎《しんらくさい》か）に対し、ただちに岩櫃城を攻めるよう命じました。ところが、大戸氏は真田方の調略《ちょうりゃく》で昌幸に味方し、居城・手子丸《てこまる》城は北条方の多目周防守《ためすおうのかみ》麾下の富永主膳《とみながしゅぜん》らに攻められ、大戸入道らは自刃《じじん》。手子丸城には多目周防守、富永主膳が入ります。

対する真田方は、大戸氏の危機を知った信之が応援に向かっていましたが、救援には間に合いませんでした。それでも信之は、城の奪還を決意。自ら軍勢を率《ひき》いて戦い、多目らを敗走させ、手子丸城を奪い返したといいます（『加沢記』）。おそらく、このころの北条方との戦いが、信之の初陣《ういじん》でしょう。

一方の信繁（当時はまだ弁丸）は、昌幸の判断でなんと人質として木曾に送られていました。

本能寺の変直後、上野・武蔵《むさし》国境の神流川《かんながわ》合戦で北条軍に敗れた滝川一益は、上野国衆の人質を楯《たて》に上野を脱出し、信濃佐久《さく》郡の小諸《こもろ》城にたどり着きました。一益は、さらに諏《す》方《わ》、木曾を通過しなければ本国・伊勢《いせ》に帰ることができません。

そこで一益は、昌幸と依田信蕃《よだのぶしげ》に相談を持ちかけ、信濃脱出の方法を協議。すると昌幸と信蕃は、佐久・小県郡《ちいさがた》の武士から人質を取り、これを連れて木曾に抜け、木曾の国衆《くにしゆう》・木曾義昌にそれらの人質と引き替えに領内通行を認めてもらうよう提案します。

これは見事に成功し、一益は無事に信濃を脱出し、伊勢への帰還を果たしました。義昌は佐久・小県郡諸士の人質を確保することで、これを利用して信濃制圧を企《たくら》んでいたのです。そしてこの人質の中に、昌幸老母（河原《かわら》氏）の他に、信繁がいたことが、丸島和洋《まるしまかずひろ》氏の研究で明らかとなりました。

その根拠は、信繁が河原綱家《つないえ》に宛《あ》てた書状です。この書状は、河原綱家が見舞い状を信繁に出したことへの返事であり、「手紙をいただき大変に嬉しく思っている。そちらの様子は静かであるとのこと、安心している。それがなにより嬉しい。やがて帰国するだろうから、その時に詳しくお話ししたい」と書かれています。

問題は、その包紙上書《つつみかみうわがき》です。そこには「きそより、弁　左衛門丞との」と認められているのです。信繁が木曾から書状を出すという事態は、天正壬午の乱に際し、昌幸老母（信繁祖母）とともに木曾義昌の手元に人質として置かれていたとしか想定できません。

このように、信之・信繁兄弟の前半生は対照的で、兄は戦場の最前線に出陣して華々しい活躍をし、弟は人質として不安の日々を過ごしていたのです。

Q74　上田合戦で、信之はいかなる働きをしたのか？

第一次上田合戦についてはすでにQ59で述べたので、ここでは真田信之の活躍に絞《しぼ》って解説しましょう。

第一次上田合戦は、天正十三年（一五八五）閏《うるう》八月二日の上田城、閏八月二十日の丸子《まるこ》城外における戦いの総称です。

信之は、昌幸に命じられて要衝《ようしょう》・戸石城に待機し、出陣の機会を窺っていました。徳川軍が昌幸の挑発に乗って遮二無二《しゃにむに》上田城に攻めかかると、信之は軍勢を率いて出陣し、秘《ひそ》かに徳川軍の側面に回り込みます。

染屋原《そめやはら》（染屋台、染屋馬場台とも、長野県上田市古里《こさと》）の台地に視界を遮《さえぎ》られ、徳川軍からは信之勢の動きはまったくわかりませんでした。徳川軍は、正面の昌幸と上田城に気を取られ、信之の進軍を許してしまったわけです。

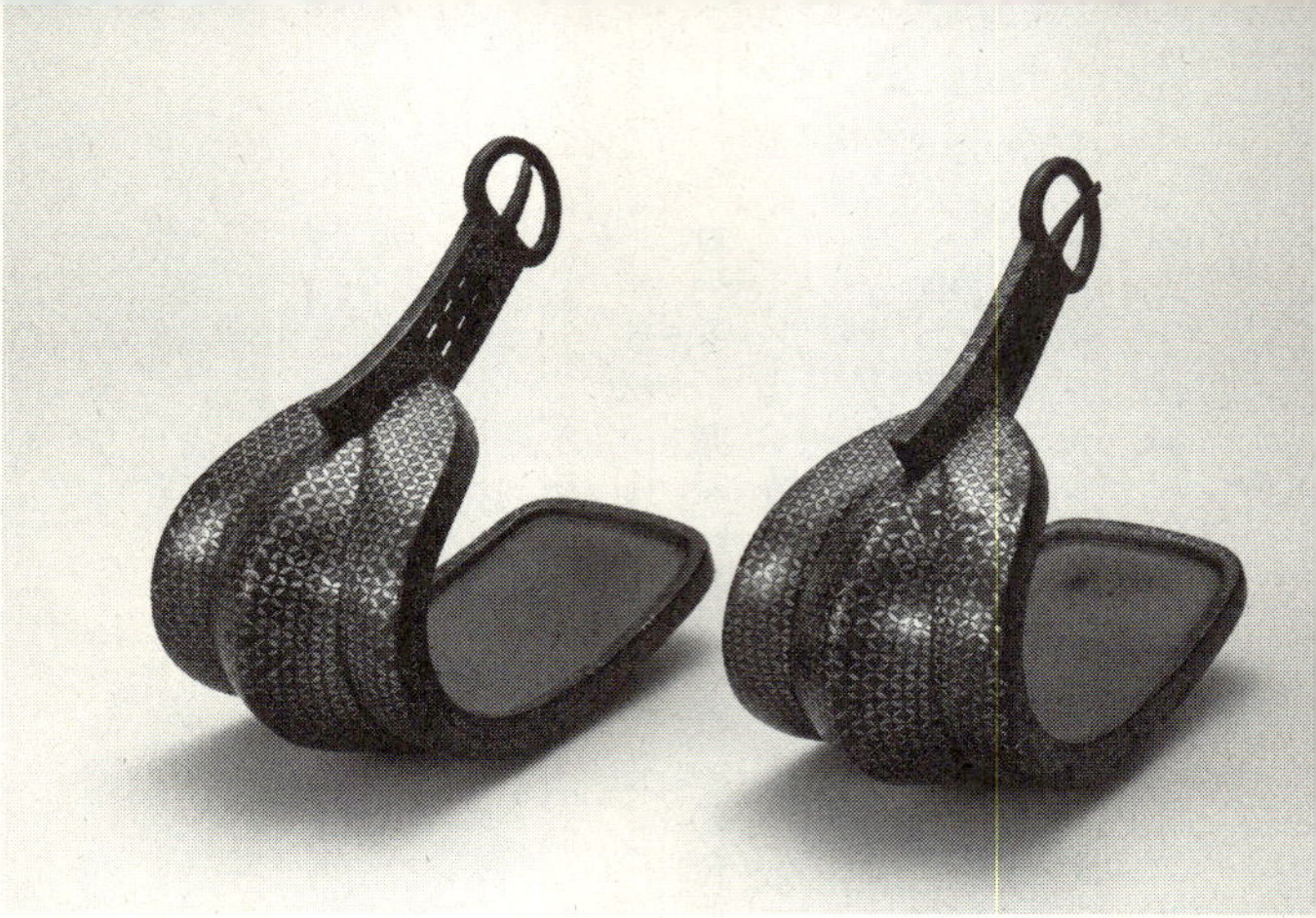

伝真田信之所用の「七宝繋紋象嵌鐙」。武田信玄から拝領したと伝わる（真田宝物館所蔵）

そして昌幸の謀略にはまった徳川軍は、上田城攻撃の劈頭《へきとう》で猛烈な抵抗にあい、たまらず逃げ崩れます。そこへ、戸石城から出陣してきた信之勢に側面を衝《つ》かれて壊乱《かいらん》し、神川《かんがわ》に逃げるまでに多数が討ち取られましたのです。

翌日、徳川軍が丸子城攻撃に向かうと、信之は昌幸とともに海野《うんの》まで出陣し、手白塚《てしろづか》で徳川軍と戦います。さらに徳川軍がもたもたしている隙《すき》に岡部長盛《おかべながもり》隊を攻撃し、これを押し崩しました。徳川軍に戦意がないと覚った昌幸は、信之らとともに、ゆうゆうと上田城に撤退したといいます。この戦いでも、信之の若武者ぶりは際立《きわだ》っていたようです。

Q75　信繁は、上杉家でどんな人質生活を送っていたか？

真田信繁は、父・昌幸が徳川方から上杉方に転じる際、上杉景勝のもとへ人質として送られました。天正十三年（一五八五）八月のことです。そのことが確認できるのは、上杉家臣の海津《かいづ》城代・須田満親《すだみつちか》が八月二十九日付で矢沢頼幸《よりゆき》（矢沢頼綱の嫡男）に宛てた書状によってです。

そこには「今度御証人（人質）として御幼若の方をお送りいただき痛み入る」とあることから、まず海津城に送られたことがわかります。その後、越府《えつふ》（現在の直江津《なおえつ》）もしくは春日山《かすがやま》城下に在府することとなったようです（『景勝公一代略記』ほか）。

これには、矢沢頼幸も同行していました。これより先の天正十三年六月二十一日に、矢沢頼幸は真田信之より乗馬衆五人、足軽《あしがる》衆《しゅう》十三人を同心《どうしん》衆として預けられていました。そのうえで、信繁とともに越後《えちご》に派遣されたわけです。そして矢沢頼幸は天正十四年（一五八六）九月、上杉景勝の新発田重家《しばたしげいえ》攻めに参陣しており、信繁は定かでありませんが、少なくとも矢沢頼幸は単なる人質ではなく、加勢の役割をも担っていたようです。

史料が少ないため、信繁や矢沢頼幸の越後での生活については明らかになりませんが、信繁は景勝の近くに滞在しつつ、頼幸は真田家を代表して上杉軍への加勢としての役割を務めていたようです。

Q76 信之はなぜ、いつ、本多忠勝の息女・小松姫と結婚したか？

真田信之が、本多忠勝《ほんだただかつ》の息女・小松姫《こまつひめ》と結婚したのは、徳川氏と真田氏の結びつきを強めるためといわれています。

ところが実は、二人がいつ結婚したかについては確証がなく、諸説紛々《ふんぷん》としています。輿《こし》入れの時期については、
①天正十一年（一五八三）説（『甲陽軍鑑《こうようぐんかん》』）
②天正十四年（一五八六）説（『沼田記』）
③天正十六年（一五八八）説（『沼田日記』）
などがあります。

また、信之に輿入れするにあたって、小松姫は徳川家康の養女になったとも、

秀忠《ひでただ》の養女になったともいわれますが、これも確証がないのです。いずれにせよ、徳川氏の養女として信之に嫁《とつ》いだことは事実のようです。

では、信之の婚姻《こんいん》はいつごろと考えるべきでしょうか。昌幸と家康の関係を時系列で追うことで探ってみましょう。天正十五年一月四日、豊臣秀吉《とよとみひでよし》は上杉景勝に書状を送り、真田征伐《せいばつ》を取りやめ、昌幸を赦免《しゃめん》することを正式に通達し、昌幸に上洛《じょうらく》させるよう指示しました。これを受けて、昌幸は小笠原貞慶《さだよし》とともに上洛し、秀吉に謁見《えっけん》します。

その時、家康の重臣・酒井忠次《さかいただつぐ》も臨席しており、秀吉は昌幸らに家康の与力《よりき》大名になることを命じ、帰国の途次《とじ》、駿府《すんぷ》に立ち寄って家康に出仕《しゅっし》するよう求めました。実はすでに、秀吉と上杉景勝との間では、昌幸の上杉氏帰属を解き、家康麾下とすることが決められていたのです。それを今回の上洛で、昌幸本人に正式に命じたというわけです。

昌幸は三月十八日、小笠原貞慶とともに、酒井忠次に伴われて駿府城に入り、家康に出仕しました（『家忠日記《いえただにっき》』）。ここに正式に、昌幸は領土を安堵《あんど》され、大名として認定されることとなったのです。昌幸の子・信之と、小松姫との婚姻が結ばれた可能性があるとすれば、その最も早い時期としては、この天正十五年が考えられます。

　次に時期として考えられるのは、信之が家康の与力大名になることが確定した天正十七年（一五八九）でしょう。信之は同年二月十三日、駿府に出向き家康に出仕しています（『家忠日記』）。

　すでにこの年、真田氏では昌幸が上田・真田領を、信之が沼田・吾妻領を支配する体制が整えられていました。信之の徳川出仕は、秀吉の意向のもと、北条氏対策の一環として実現したものでしょう。このような情勢下で、家康が真田氏との関係を緊密にすべく、小松姫を嫁がせた可能性があります。

　この他に、小松姫輿入れの経緯については、次のような逸話が伝わっています。家康は難物《なんぶつ》の昌幸を従わせるために、重臣・本多忠勝の息女を信之の正室にしようと持ちかけますが、昌幸は返事をしようとしませんでした。そこで家康の養女として嫁がせるが如何《いかが》かと持ちかけたところ、昌幸はようやく了承し、小松姫は江戸城西ノ丸を出て、高力摂津守《こうりきせっつのかみ》が従って沼田に向かったといいます（『つちくれ鑑《かがみ》』『本多家武功聞書』）。

　この話が天正十一年から十六年のものならば明らかにおかしいですが、天正十八年（一五九〇）以後のこととすれば問題がありません。小松姫の子女は、真田信政《のぶまさ》、浜松殿《はままつどの》（高力忠房《ただふさ》室）、西之台殿《にしのだいどの》（佐久間勝宗《さくまかつむね》室）がいたとされます。

このうち、浜松殿は天正十九年（一五九一）生まれ、西之台殿は文禄《ぶんろく》四年（一五九五）生まれ、信政は慶長《けいちょう》二年（一五九七）生まれで、『つちくれ鑑』などの記述と齟齬《そご》がないことがわかります（嫡男・信吉《のぶよし》は、小松姫を生母とする説と、真田信綱《のぶつな》息女を生母とする説があり、ここからは外した。なお真田家の記録によれば、彼は文禄四年〈一五九五〉生まれという）。

これらのことから、信之と小松姫の婚姻の時期として最も可能性が高いのは、天正十八年でしょう。しかしいずれも決め手はなく、真相はなお明らかではありません。

Q77　信繁はなぜ、いつ、大谷吉継の息女と結婚したか？

真田信繁が、豊臣秀吉の家臣・大谷吉継《おおたによしつぐ》の息女を娶《めと》ったことは有名で、これは事実です。しかし、信繁がいつ、秀吉のもとに召《め》し出され、いつ結婚したのかは実はよくわかっていません。

信繁が大谷夫人を娶ったのは、彼が秀吉のもとに人質として送られ、大坂城下に居住してからのことであるのは間違いありません。まず信繁が大坂に入った時期ですが、天正十四年（一五八六）説が根強いです。しかし、昌幸が徳川家康との対立を秀吉の調停によって解消し、上洛を果たして豊臣政権への従属を誓約《せいやく》した天正十五年（一五八七）が最も妥当《だとう》でしょう。

天正十四年九月、家康の上洛が決定すると、秀吉は昌幸に人質を出すよう命じました。ところが、昌幸がこれに従わなかったため、怒った秀吉は家康に命じて昌幸を討伐しようとした事実があります。つまり天正十四年九月の時点で、昌幸は秀吉に人質を提出していなかったのです。

当時、昌幸正室（山之手殿）は上杉方の海津城に人質として留《とど》まっており、信繁もまた越府にいたのでしょう。これが解消されるのは、昌幸が上洛して秀吉に正式に臣従《しんじゅう》した天正十五年以後と想定して間違いないでしょう。

一説に、上杉景勝が上洛している最中に、昌幸が人質として預けておいた信繁を越後から勝手に召し返し、そのまま秀吉のもとへ送ったために、景勝が怒って抗議したともいいますが、それは事実ではないでしょう。

天正十五年以後、信繁は豊臣氏に出仕し、まずは伏見《ふしみ》に、次いで大坂城下に屋敷を構え、西国《さいごく》で生活していたのでしょう。そして、大谷夫人を娶ったのがこの間であることは確実です。確証はありませんが、文禄三年（一五九四）ごろの結婚という説が提示されています。この結婚は、真田氏と豊臣氏との結びつきを強める意図があったと思われ、ちょうど小松姫を娶って徳川氏との結びつきを強めた兄・信之と対照的といえます。

信繁と大谷夫人との間には、あぐり（信繁四女、生年未詳）、大助幸昌《だいすけゆきまさ》（信繁長男、慶長七年〈一六〇二〉生まれ〈異説もある〉）、阿菖蒲《おしょうぶ》（信繁六女、生年未詳）、おかね（信繁七女、生年未詳）、大八《だいはち》（信繁次男、後に片倉守信と称す、慶長十七年〈一六一二〉生まれ）らの子女があったと伝わります。

なお大谷夫人は、関ヶ原合戦の際には大坂城下の真田屋敷におり、夫・信繁とは離ればなれとなっていました。そして合戦勃発時には、父・大谷吉継に庇護《ひご》されたものの、敗戦後は夫・信繁と九度山で合流し、再会したと考えられます。

大坂の陣に際して大谷夫人は、子供を連れて大坂城に入城しましたが、元和元年（一六一五）の落城後、子供一人を連れて城からの脱出に成功し、高野山に逃れようとしたようです。

大谷夫人と子供は、一人の武者に守られていましたが、紀伊国伊都郡《きいのくにいとぐん》で潜伏《せんぷく》していたところを、五月二十日、大坂方の落人《おちうど》捜索をしていた浅野長晟《あさのながあきら》の麾下によって発見され捕縛されました（『駿府記』『浅野家旧記』）。

彼女は、信繁が豊臣秀頼より与えられた国俊《くにとし》の脇指《わきざし》を所持しており、この情報を知らされた徳川家康は上機嫌だったといいます。長晟には褒美《ほうび》として黄金五十七枚が贈られました（『駿府記』『浅野家旧記』『浅野家文書』）。しかし、彼女のその後の消息はわかっていません。

Q78 豊臣政権下の、信之の地位とは？

天正十五年（一五八七）、真田昌幸が豊臣秀吉に臣従して、真田家は豊臣大名の一員となりました。これを契機に、真田信之は昌幸より沼田・吾妻領の支配を任され、沼田城主となります。

そして天正十七年（一五八九）二月十三日、秀吉の命により駿府に出向き家康に出仕しました（『家忠日記』）。これによって、信之は昌幸より自立した豊臣大名と認定され、徳川家康の与力大名となったのです。そして天正十八年（一五九〇）の北条氏滅亡後、沼田二万七千石の大名となりました（『慶長年間大小名分限帳《ぶんげんちょう》』）。

その後は、父・昌幸、弟・信繁とともに、奥州《おうしゅう》出陣、朝鮮出兵に伴う肥前名《ひぜんな》

沼田城天守の推定復元模型（沼田公園内・旧生方家住宅展示、写真協力：沼田市教育委員会）

護《ご》屋《や》出陣などの軍役《ぐんやく》を務め、文禄三年（一五九四）には伏見城普請《ふしん》を担っています。

なおこの間の文禄二年（一五九三）九月一日、信之は秀吉から従五位下《じゅごいのげ》・伊豆《いずの》守《かみ》に叙任《じょにん》され、翌三年十一月二日に朝廷より正式に補任《ぶにん》されました（『真田家文書』）。その口宣案《くぜんあん》（口頭で伝えた内容の控《ひか》え書き）には「豊臣信幸」と明記されており、秀吉から豊臣姓を下賜《かし》されていたことも確認できます。

こうした豊臣政権下の足跡《そくせき》から、信之が父・昌幸、弟・信繁同様に秀吉から重用《ちょうよう》されていたことが窺えますが、特に注目すべきは、慶長二年（一五九七）に信之が沼田城に五層の天守を築いていることでしょう（時期には諸説あり)。これは沼田二万七千石という格式からすれば巨大なものであり、信之はそれを秀吉から許されるほど評価されていたのでしょう。

なお、信之は大坂城下に、昌幸と信繁とは別に単独で屋敷地を拝領《はいりょう》し、大坂屋敷を建設しています。慶長四年(一五九九)九月、徳川家康は伏見城を出て大坂城西ノ丸に入り、豊臣秀頼《ひでより》を補佐することとなり、それにあわせて、諸大名も同五年三月には大坂で屋敷地を拝領し、屋敷建設に着手しています。真田氏らもこの時に大坂屋敷を建設したらしく、昌幸が信之に宛てた書状によると、信之・信繁兄弟は隣接する屋敷地を拝領し、屋敷建設を行っています。

Q79 豊臣政権下の、信繁の地位とは?

真田信繁は、天正十五年(一五八七)以後、父・昌幸の指示により、豊臣秀吉のもとへ人質に送られたとされます。では彼は、秀吉の存命中、ずっと人質扱いだったのでしょうか。

結論からいえば、それは正しくはないでしょう。では、豊臣政権下における信繁の待遇と地位は、どのような変遷《へんせん》をたどったのでしょうか。

ここで注目すべきは、信繁が、①秀吉の家臣・大谷吉継息女を娶ったこと、②秀吉により従五位下・左衛門佐に任官されたこと、の二点です。人質に対して、これは破格の待遇であり、不自然です。つまり、これらが実施された時、信繁はすでに人質ではなかったと考えられるのです。

それについてはもう一つ、注目すべき事実があります。昌幸夫人・山之手殿が、大坂に人質として居住していることが判明しています。昌幸から二人の人質を預かるというのは不自然であり、山之手殿が人質となった時点で、信繁は秀吉に召し出されて出仕、すなわち豊臣家臣に列せられたと考えられるのです。

ではその時期はいつのことなのでしょうか。確証は得られていませんが、文禄初年には出仕し、しかも大名に取り立てられていたと推定されます。一般に信繁は、「大名ではなく、あくまで真田家の次男」とみなされていますが、そうではなく、父・昌幸とは別個の大名として扱われていたと考えられるのです。というのも信繁は、文禄三年一月十八日に、昌幸、信之とともに、京都伏見城の普請役を命じられているからです。

これは三人あわせて、千六百八十人の人足賦課《にんそくふか》でした。この普請役は、大名の知行《ちぎょう》に対する賦課であることから、信繁が秀吉より知行を宛行《あてが》われ、大名として認定されていた事実を示すものです。この賦課基準は、石高《こくだか》の五分の一、つまり百石につき二人というものだったとされます。信繁の割当ては三百八十人でしたから、これをもとに換算すると、信繁の知行は三百八十人分＝一万九千石であったと推定されます（丸島和洋「信濃真田氏の系譜と政治的動向」『信濃真田氏』岩田書院、二〇一四年所収）。

またこの伏見城普請は、前年の文禄二年十二月には予告されているので、信繁の大名取り立てを文禄初年と推定しても大過《たいか》はないはずです。

こうした実績をもとに、秀吉は信繁に大谷吉継の息女を娶らせ、さらに叙任したのでしょう。なお、信繁の従五位下・左衛門佐叙任は、文禄三年十一月二日のことで、この時の口宣案に「豊臣信繁　叙従五位下左衛門佐」と記されており、豊臣姓を許されたことがわかります（『柳原家記録《やなぎはらけ》』）。

実はこれは、兄・信之と同日付でした（なお兄・信之は、前年の文禄二年九月一日にすでに叙任されており、口宣案の発給が翌三年十一月二日なので、信繁も同じであったと考えられる）。この時点で、信繁は、兄・信之と官位の上では同等に扱われていたのです。確証はありませんが、大谷夫人との結婚も文禄三年といわれており、この年が信繁にとって人生の画期《かっき》となったことは間違いありません。

このように、信繁は人質の身から秀吉に出仕することとなり、豊臣大名となりました。そればかりか、重臣・大谷吉継の息女を娶ったことといい、豊臣姓を許されて高い官位を受けたことといい、信繁が秀吉から気に入られていたといわれるのは事実なのでしょう。

その意味で、昌幸が臨終《りんじゅう》の床《とこ》で信繁に秘策を授けた時に、「大名ではないおまえは重用されないだろう」と述べたという逸話は、事実に反するといえます。いずれにせよ、秀吉の厚遇を受けたことが、後の信繁の行動や大坂入城に繋《つな》がっていくのでしょう。

Q80　関ヶ原合戦で、それぞれいかなる働きをしたか？

慶長五年（一六〇〇）の関ヶ原合戦に際し、真田信之・信繁兄弟は袂《たもと》を分かつこととなりました。信之は徳川方に味方し、信繁は父・昌幸とともに上田城に籠城して石田三成《いしだみつなり》方に付くことを決め、下野国犬伏《しもつけいぬぶし》で分かれた両者は、それぞれの道を目指すこととなります。

信之は、七月二十七日付で徳川家康から褒賞され、昌幸打倒後は、その本領・

信濃国小県郡を安堵すると約束されました。そして将軍・徳川秀忠率いる徳川軍本隊と合流し、中山道《なかせんどう》経由で美濃《みの》を目指して進むこととなります。その道筋には父弟が籠城する上田城があり、信之は骨肉の争いが避けられないことを覚悟したことでしょう。

一方の信繁は、上田城に籠城することを決め、昌幸とともに、家臣らに結束して戦うよう求めました。かくして、信濃の関ヶ原である第二次上田合戦の幕が切って落とされるのです。

信之は秀忠軍とともに、九月一日には碓氷《うすい》峠を経て軽井沢《かるいざわ》に着陣し、二日に小諸城に入りました。秀忠軍が三万八千人余の大軍であるのに対し、真田軍は昌幸・信繁父子以下わずか五千人（二千五百人、三千人とも、諸説あり）という小勢《こぜい》だったと伝わります。

先述のように、昌幸は九月三日、秀忠陣中にいた息子・信之のもとへ使者を派遣し、「頭を剃《そ》って秀忠のもとに出向き、降参します」との意志を伝え、喜んだ秀忠は、上田城を明け渡せば赦免すると伝え、家臣に信濃国分寺《こくぶんじ》での会見を指示。ところが四日になって、昌幸は態度を翻《ひるがえ》して交渉は決裂《けつれつ》しました。これは、秀忠を挑発する狙《ねら》いがあったとされます。

上田城（提供：上田市）

秀忠は上田城に向けて全軍を進め、九月五日、信之には戸石城攻略を指示。信之はこれに従って戸石城に向かいますが、それを知った戸石城将の信繁は、城を捨てて退去しました。これは真田一族で争うことを避けたためとされます。こうして信之は、上田城攻めの軍勢からは外れることとなり、上田城攻防戦で自身はもちろん、家臣からも犠牲者を出さずに済んだのです。

秀忠は九月六日に本陣を染《そめ》屋《や》原《はら》に置き、上田城攻めを開始しますが、秀忠軍は真田勢の挑発に乗り、城際まで攻め進んだところを昌幸・信繁父子の反撃に遭い、甚大《じんだい》な被害を受けます。

さらに真田方は、戸石城近くの虚《こ》空《く》蔵《ぞう》

山《さん》（上田市上野《うえの》）や、上田城側面の林などに伏兵を配置しており、その上、神川の水を上流で塞《せ》き止めていたといいます。

秀忠軍先鋒《せんぽう》隊を撃破した昌幸・信繁父子は、自らわずかな従卒《じゅうそつ》を連れ、わざと敵前偵察《ていさつ》に出て、秀忠軍にその身をさらしました。敵将の父子が出てきたことを知った秀忠軍は、目の色を変えて神川を渡河《とか》し、父子を追跡し始めます。これを目にした大久保・酒井・本多らの諸勢も次々にこれに続きました。

秀忠軍全軍が神川を渡河したのを確認した昌幸は、神川の堰《せき》を一気に切り落とさせ、さらに城際に攻め寄せた敵への反撃を命じると、伏兵を繰り出し、徳川軍を前後左右から包囲殲滅《せんめつ》しようとします。

かくして秀忠軍は、大混乱に陥ります。そればかりか、虚空蔵山の伏兵が、染屋原の秀忠本陣に襲いかかり、秀忠の心胆《しんたん》を寒からしめました。ついに秀忠軍は小諸目指して敗走し、増水した神川で多数が溺死《できし》したと伝わっています。

このように、信繁は秀忠軍を撃破する戦功をあげ、信之は秀忠の命で戸石城を確保するという活躍をみせたのです。

Q81　関ヶ原後の信之の地位とは？

　関ヶ原合戦後、信之は父・昌幸と弟・信繁の助命嘆願《たんがん》に動き、徳川家康の重臣・本多正信《まさのぶ》や舅《しゅうと》・本多忠勝にすがって必死に家康をかき口説《くど》いたといいます。そのため家康も遂に折れ、昌幸・信繁父子の死罪を免じ、高野山への追放としました。昌幸・信繁父子は、慶長五年十二月十三日、上田を後にし、高野山へと旅立ちます。

　その後、信之は、父・昌幸の上田三万八千石、信繁の知行（総石高不明、先述の推定では一万九千石ほどか）を家康より安堵され、小県郡一円を委《ゆだ》ねられました。以前から領していた沼田二万七千石と合わせると、八万四千石ほどとなりそうです。信之はその後も沼田城を拠点とし、徳川方の有力大名として、活躍していくこととなります。

　なおこのころ、信之は父・昌幸と同じ「幸」の字を使うことを憚《はばか》り、「信幸」から「信之」と改名しました。

Q82 信繁はなぜ、大坂城に入ったのか？ 入城後の地位は？

慶長十九年（一六一四）、徳川家康は同年八月に豊臣秀頼が計画していた京都・方広寺《ほうこうじ》の大仏開眼供養《くよう》の中止を命じます。その理由は、同寺に設置された梵鐘《ぼんしょう》の銘文《めいぶん》に、豊臣氏の繁栄を願い、家康を呪《のろ》う文言《もんごん》があるというものでした。この結果、徳川氏と豊臣氏の関係は急速に悪化し、秀頼と母の淀殿《よどどの》は徳川との開戦を決意します。

秀吉恩顧《おんこ》の大名たちを招こうとしたものの、すべてに拒絶された大坂方は、牢《ろう》人《にん》たちを広く招くことで、味方を増やそうとしました。そして、九度山で不遇を託《かこ》っていた信繁のもとにも、大坂城からの密使がやってきます。秀頼の使者は、信繁に豊臣方へ味方するよう懇願《こんがん》し、当座の支度《したく》金として黄金二百枚・銀三十貫を贈ったといいます。

信繁はこれを承諾し、十月九日に家族を伴って九度山を脱出し、大坂へ向かいました。永い牢人生活で鬱々《うつうつ》としていた信繁にとって、秀頼からの誘いは起死回生の機会と思われたのでしょう。

大坂に入城した信繁は、五千余を率いる一軍の大将となったとされ、その地位は長宗我部盛親《ちょうそかべもりちか》、毛利勝永《もりかつなが》とともに大名衆として処遇されたといいます。通説によると、信繁は大名格ではなかったものの、父・昌幸の武名によってそのように処遇されたといいます。しかしそれは事実ではなく、先述のように、信繁はすでに豊臣秀吉存命中から豊臣政権に出仕し、大名として扱われていたのです。

Q83　信繁はいかにして大坂方を勝利に導くつもりだったのか？

真田信繁は、長宗我部盛親、後藤又兵衛ら歴戦の武将とともに、大坂城を討って出て、近畿地方で徳川方を迎え撃つ作戦を主張。しかし大野治長《おおのはるなが》、大野治房《はるふさ》らしかし、大坂方の主流派は、籠城策でまとまっており、遂に押し切られたといわれます。しかし、信繁らの具体的な作戦内容はわかっていません。

信繁が構想した作戦として著名なものは、慶長十六年（一六一一）、父・昌幸から臨終の床で授けられた秘策でしょう。その内容は、『真武内伝』『武将感状《かんじょう》記《き》』などにみられます。それを紹介しましょう。

勝利を得るためにはまず、大坂方は尾張《おわり》を奇襲し、中山道の出口を押さえ、徳川の出方を待つ。そうすれば家康は慌《あわ》てて、関東・奥州の諸大名を動員して反撃してくるだろう。

ここで時間を稼ぎ、時機を見計らって兵を近江《おうみ》に撤退させ、まず瀬田《せた》橋を、次いで京都の宇治《うじ》橋を落として防備を固め、家康を牽制《けんせい》する。その間、二条《にじょう》城を焼き払い大坂城に籠城する。

こうすれば、徳川軍は大坂方がどのような罠《わな》を張っているかと緊張しながら、西に出向いてくることだろう。そして徳川軍に夜討ち朝駆けを繰り返せば、敵は疲弊《ひへい》して士気が落ち、諸大名の中でも動揺や不満が広がり、大坂方へ応じる者も出始めるだろう。

その結果、家康は大坂への攻撃を継続できなくなり、引き揚げざるをえなくなる。そうすれば、天下は再び豊臣に傾いてくるだろう。

この作戦は、後詰めのない豊臣方にとって籠城策は愚策であり、出撃にこそ活路があるというものでした。昌幸の作戦が史実かといえば極めて怪しいですが、今日まとまって伝えられている大坂方の積極策というのは、これが最も著名です。

Q84　真田丸はいかなる構造をしていたのか？

真田丸とは、大坂冬の陣に際し、真田信繁が大坂城惣構《そうがまえ》（城の一番外側の囲い）の玉造口《たまつくりぐち》外に構築した出丸《でまる》、すなわち城本体から張り出した形で築かれた城です。

この出丸に籠城した信繁は、迫《せま》りくる前田利常《まえだとしつね》勢ら徳川軍を撃破し、家康・秀忠に痛恨《つうこん》の敗北を嘗《な》めさせたことで知られています。

通説によると、大坂城は上町《うえまち》台地の北端に築かれ、北は淀川《よどがわ》、東も河川と湿地帯、西は湿地帯と大坂湾が控えており、城に接近するには地続きの南側、すなわち天王寺《てんのうじ》方面以外にありませんでした。豊臣秀吉は、城の長所と短所をよくわきまえており、晩年に惣構を築き、南側の弱点を封じようとしたとされます。

そして信繁は、城の弱点とされる南側を補強すべく、真田丸を築いたのだとされます。しかしながら、真田丸が誰によって築かれたのか、その構造や、規模については諸説あって決着をみていません。

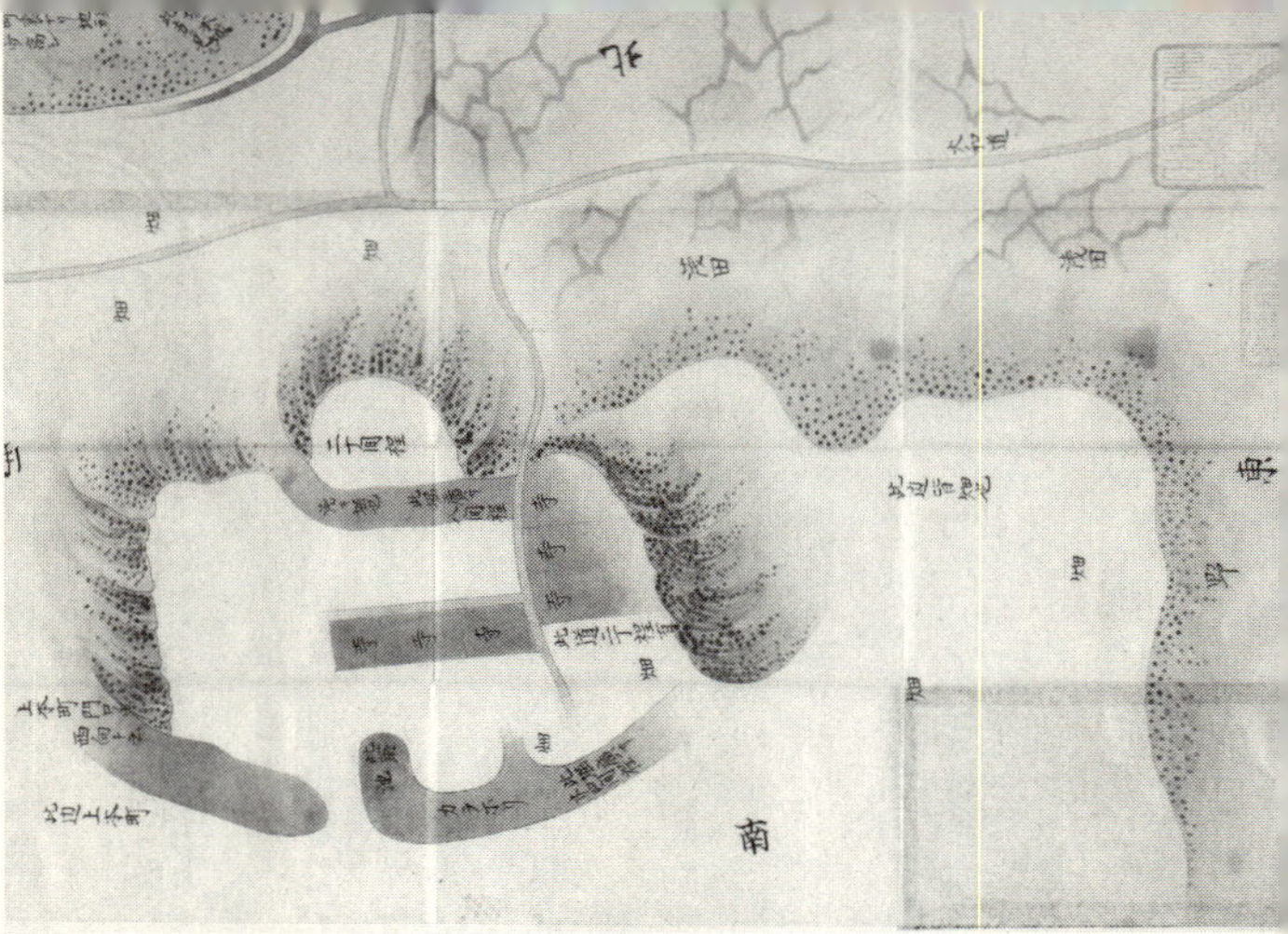

浅野文庫蔵「諸国古城之図」の「摂津 真田丸」（広島市立中央図書館所蔵）

まず築城の経緯から解説しましょう。

真田丸については、「なぜあのような場所に砦《とりで》が必要なのか」と味方から訝《いぶか》しがられながらも、信繁自身が築城したという説と、もともとは後藤又兵衛がここに目をつけて砦を築こうと資材まで集めたものの、信繁が勝手に出丸を構築してしまったという説があります。

前者は『大坂陣山口《やまぐち》休《きゅう》庵《あん》咄《はなし》』、後者は『落《おち》穂《ぼ》集《しゅう》』に記録されているものです。また後者に近い記録として、ここは本来は後藤又兵衛が守る予定だったものの、諸軍の遊軍を命じられたため、信繁が代わって守ることになったというものもあります（『大坂御陣覚書《おぼえがき》』）。

いずれにせよ、信繁が守ったことには

千田嘉博氏の研究に基づく真田丸（画：板垣真誠　監修：千田嘉博）

間違いなく、「真田丸」「真田出丸」と呼ばれるようになったのは事実です。しかし実は、真田軍だけが守ったのではなく、長宗我部盛親軍と半分ずつ分担して守備していたにもかかわらず、世間では信繁一人の出丸のように呼称されるようになったのだといいます（『長澤聞書』）。

さて、真田丸の規模と形態ですが、これも判然としません。まず規模は、わずかに『大坂御陣覚書』に、「百間四方の出丸」との記述があるのみで、現在の城郭研究では、南北二百二十メートル、東西百四十メートルほどと推定されています。

また形態は「丸馬出《まるうまだし》」、すなわち半円形の土塁《どるい》というのが通説です。これは徳川方の諸記録や、前田軍に加わって参戦した小幡景憲《おばたかげのり》（『甲陽軍鑑』の編者）が、「丸馬出」と記していることなどが根拠となっています（『小幡景憲記』ほか）。

ところが、最近、二つの新研究が発表されました。いずれも学術誌ではありませんが、注目されるものなので紹介しましょう。それは、千田嘉博《せんだよしひろ》氏「『守り』でなく『攻め』の砦！　通説を覆す真田丸の実像とその狙い」（『歴史街道』二〇一四年十二月号）、坂井尚登《さかいひさと》氏「『真田丸』を復元する」（『歴史群像』二〇一五年六月号）です。

千田氏は、浅野文庫蔵「諸国古城之図《しょこくこじょうのず》」に収録されている「摂津《せっつ》 真田丸」（296ページ参照）に注目し、これは江戸時代に現地踏査を踏まえて描かれた信頼性の高い絵図だと確認したうえで、真田丸が「馬出」の本体と北側の小曲輪《くるわ》を持つ二重構造であったと指摘しました。（前ページ参照）

そして「諸国古城之図」と現地の状況を重ね合わせると、従来の推定よりも巨大である可能性が高いと述べています。また、真田丸は大坂城の惣構と堀の規模からすると、本来は不必要な城砦《じょうさい》であり、わざと敵を引き受けるように構築した「攻めの城」だと指摘しています。

一方、坂井氏は千田氏と同じく「諸国古城之図」のほか、永青《えいせい》文庫蔵「大坂真田丸加賀《かが》衆挿ル様子」、「僊台武鑑《せんだいぶかん》」所収「大坂冬の陣配置図」を参考に、近代測量図、航空写真などとの比較検証を行った結果、真田丸は「諸国古城之図」が描く形態であったとみられ、「丸馬出」ではなくほぼ長方形だったと結論づけました。そしてその規模は、南北（北側の小曲輪を含む）二百七十メートル、東西二百八十メートル（堀幅を除く）であったと推定します。これは、通説の推計よりも遥かに巨大です。

真田丸の研究は、千田、坂井両氏によって新たな段階を迎えたといえるでしょう。しかし真田丸跡付近（大阪明星学園、心眼寺《しんがんじ》周辺）は都市化が進み、現地調査では復元には限界があります。今後、発掘調査などによって新たな発見が期待されます。

Q85　信繁が、部隊を「赤備え」で統一したのはなぜか？

真田信繁の軍勢が「赤備え《あかぞな》」であったことはよく知られています。大坂冬の陣の時に、真田丸に翩翻《へんぽん》と立ち並ぶ旗幟《きし》は赤であったといわれ、その様は『大坂陣山口休庵咄』『大坂御陣覚書』などに活写されています。また「大坂冬の陣図屛《びょう》風《ぶ》」にも「真田出丸」に赤の旗幟が林立している様子が描かれています。

これは大坂夏の陣でも同じで、信繁が布陣した茶臼山《ちゃうすやま》周辺は、あたかも躑躅《つつじ》が咲き誇るごとく赤く染まったといい、ともに布陣していた毛利勝永隊の白旗と並ぶ様は、鮮やかであったと伝えられています（『松平《まつだいら》津山《つやま》家譜《かふ》』『武辺雑談《ぶへんざつだん》』）。

この赤備えは、武田信玄・勝頼の時代に、武田軍のうち山県昌景《やまがたまさかげ》、上野衆小幡信真《のぶざね》らの軍勢が、武田氏から装備を赤に統一するよう命じられたことに由来します。信繁は、武田時代の様子を知っており、父・昌幸以来の武田軍の伝統を継承することをアピールしつつ、とりわけ人目をひく赤備えを採用することで、自らの存在を誇示しようとしたのではないでしょうか。

また徳川家康を苦戦に追い込んだ武田信玄の軍装を再現することで、家康への威圧を試みたのかもしれません。この様子を見た小幡景憲は、武田流の軍装に感動したといいます（『小幡景憲記』）。

Q86 大坂冬の陣で、信繁はいかなる活躍をしたのか？

大坂冬の陣で、真田信繁は玉造口に真田丸を築き、ここに籠城して徳川軍の攻撃に備えました。

　真田丸が攻撃を受けたのは、慶長十九年（一六一四）十二月四日のことですが、この合戦の模様は確実な記録に乏《とぼ》しく、今日知られている戦闘の様子は『大坂陣山口休庵咄』『大坂御陣覚書』などによるものです。

信頼性の高い『当代記《とうだいき》』には、前田利常、松平忠直《ただなお》、井伊直孝《いいなおたか》らが真田信繁を攻めるべく前進したところ、鉄炮による攻撃を受けて多数が戦死傷し、これを見た徳川家康と秀忠は大いに腹を立てたと記されています。

また『前田家大坂冬陣日記』によると、「篠藪」（篠山《ささやま》、笹山の誤記か）を前田隊の山崎閑斎《やまざきかんさい》（長徳《ながのり》）が乗っ取ったものの、その際に岡田助右衛門、大橋外記、大河原助右衛門、同四郎兵衛らが戦死し、稲垣ら多数が負傷したとあります。

　一方『大坂陣山口休庵咄』などを総合すると、十二月三日夜半、井伊直孝の先手衆《さきてしゅう》は真田丸に接近しており、前田利常勢と同じく夜半に、真田丸の空堀《からぼり》に侵入していたといいます。明けて四日は朝から霧が出ており、双方とも相手の旗先すら見えぬ状況でしたが、それが少し晴れたところで真田方が戦闘態勢に入り、徳川方を鉄炮でつるべ打ちにしたといいます。

　そのため空堀の中に入っていた徳川方の兵卒は一人残らず戦死し、後から真田丸に迫ろうとした徳川方は堀際に近づくことすらできず、さらに真田丸に攻めかかった徳川方は、大坂城惣構からも横矢による攻撃を受け、大損害を蒙《こうむ》ったといいます。これが世にいう真田丸の戦いでした。家康・秀忠は、ただちに引き揚げを命じ、前田、井伊勢らを撤退させました。

Q87 大坂冬の陣で、信之は何をしていたのか？

真田信之は、二度の大坂の陣に参戦しませんでした。当時、信之は病身であり、とても出陣できる状況にはなかったようです。

慶長十九年十月一日、徳川家康が大坂攻めを宣言すると、信之も幕府から出陣を命じられました。しかし病身だったため、代わりに長男・真田信吉、次男・信政を出陣させることとします。

それでも信之自身、病身を押して江戸に出府し、将軍・徳川秀忠に謁見しました。信吉・信政兄弟率いる真田隊は、十月下旬に江戸を出陣し、信之は病気療養のため江戸に残留。息子二人を心配した信之は、一族で重臣の矢沢頼幸、小山田之知《ゆきとも》らに「信吉は若いのでなんとか守《も》り立ててほしい」と何度も手紙を送って頼んでいます。

真田信吉・信政兄弟は、大坂冬の陣では佐竹義宣《さたけよしのぶ》らとともに木村重成《きむらしげなり》と戦いました。重成は真田隊の奮戦ぶりに感心し、真田丸に籠《こ》もる信繁にこのことを伝えたといわれます。

大坂冬の陣の和睦《わぼく》後、信吉・信政兄弟は、叔父《おじ》の信繁と対面しています。信繁は幼いころ別れた二人を見てその成長に目を細め、また兄弟に従ってきた矢沢頼幸、木村土佐守《とさのかみ》（綱茂《つなしげ》）、大熊伯耆守《おおくまほうきのかみ》らと旧交を温めています。

慶長二十年四月、徳川氏と豊臣氏が再び手切れとなって再戦が宣言されると、まだ病身にあった信之は、再び信吉・信政兄弟を出陣させます。

真田隊は、天王寺口に配備され、藤堂高虎《とうどうたかとら》・井伊直孝らとともに大坂方と戦いました。また五月七日の決戦では、毛利勝永隊と衝突して撃破され、多数の戦死傷者を出します。しかしその後、軍勢を立て直して反撃し、大坂城内に突入しました。

大坂夏の陣で、真田隊は二十七の首級《しるし》を得たといいます（「大坂表御合戦首帳」ほか）。しかし、真田隊の痛手も大きいものでした。記録によって異同がありますが、禰津主水《ねづもんど》、原郷左衛門《はらごうさえもん》（Q45で触れた矢沢頼綱の外孫）、恩田左京《おんださきょう》、羽田雅《う》楽《た》ら三十六人が戦死、湯本三左衛門《ゆもとさんざえもん》ら二十四人が負傷したと伝わります（『真武内伝』）。

なお、大坂の陣の翌年、信之は沼田領の支配を嫡男・信吉に任せ、自身は上田城に移っています。

Q88 信繁に裏切りを勧めた叔父・真田信尹とは？

真田隠岐守信尹《おきのかみのぶただ》は、兄・昌幸、甥《おい》の信之と信繁の陰に隠れてあまり有名ではありませんが、昌幸にひけをとらぬ知謀の武将です。

信尹は真田幸綱《ゆきつな》の四男として、天文《てんぶん》十六年（一五四七）に誕生しました。生母は河原隆正《たかまさ》の妹です。昌幸と同じく武田信玄に気に入られ、武田一族である加津《かづ》野《の》氏の養子となり、武田氏より市右衛門尉《いちえもんのじょう》の官途を与えられ、また偏諱を受けて昌春《まさはる》と称しました。

加津野昌春は、御鑓奉行《おやりぶぎょう》となり、元亀二年（一五七一）の駿河深沢城《するがふかさわ》攻防戦では、敵将・北条綱成《つなしげ》の旗指物《はたさしもの》「黄八幡《きはちまん》」を奪う戦功をあげます。武田勝頼の代になると、昌幸とともに武田家奉行の一員に連なり、重臣への道を歩み始めました。そして天正七年（一五七九）末から八年（一五八〇）初頭の間に、武田氏より隠岐守の受領を授けられました（昌幸は安房守を与えられている）。

武田氏滅亡後は、昌幸のもとへ逃れて行動をともにし、上杉氏に帰属すると、上杉軍を先導して信濃国更級《さらしな》郡の牧之島《まきのしま》城を確保。まもなく北条氏直《うじなお》軍が信濃へ侵攻してくると、昌幸が北条方へと転じる一方で、昌春はなおも牧之島城にあって上杉方に身を置き続けました。

先述しましたが、これは昌幸とあらかじめ合意しての行動であったようです。というのも昌春は、秘かに昌幸を通じて北条軍を招き入れ、牧之島城を北条方に引き渡す計略を進めていたからです。

ところが、昌春の城内調略は失敗し、七月、上杉方の山田右近尉によって追放されてしまいます。窮地を脱した昌春は、今度は甲斐に在陣していた徳川家康のもとへ行き、徳川方となりました。そして、昌幸を北条方から徳川方に転じさせる調略に従事し、九月にこれを実現させ、家康から褒賞されています。

天正十一年（一五八三）三月、昌春は緊張が高まっていた徳川・上杉両氏の仲介として、信濃を守る上杉方の島津《しまづ》忠直《ただなお》に対し、上杉氏に対抗する意図はないとの書状を送ります。しかし、これは上杉方を油断させるための謀略で、まもなく昌幸とともに信濃国虚空蔵山城を攻撃して、上杉方に打撃を与えています。
ところが、家康との折り合いが悪くなって致仕《ちし》すると、蒲生氏郷《がもううじさと》に武田遺臣の曾根昌世《そねまさただ》とともに仕えました。この時に、加津野から真田に復姓し、諱も信尹と改めたとされます。信尹は、昌世とともに会津若松《あいづわかまつ》城の築城にも関与するなど、蒲生氏の軍制を支えますが、氏郷死去後、蒲生氏を退身して再び家康に仕えました。

慶長十九年の大坂冬の陣では、使番《つかいばん》として参陣し、陣中目付《じんちゅうめつけ》に任じられました。その折、家康と本多正信から、甥・真田信繁を徳川方に誘う工作を依頼された信尹は、信繁に会うことはできたものの、警戒されており、暗がりで遠目で会話を交わしただけであったといいます。

この時、信尹は、「信濃十万石」を与えるとの家康の約束を信繁に伝えますが、信繁が鼻でせせら笑って相手にしなかったため、誘引工作は失敗に終わりました（『慶長見聞書』）。

慶長二十年五月の大坂夏の陣では、戦死した信繁の首級を確認する役割を命じられたといいます。

晩年は、甲斐国巨摩《こま》郡で三千石を与えられ、大蔵《おおくら》（山梨県北杜《ほくと》市須玉町《すたまちょう》大蔵）

に屋敷を構え、寛永《かんえい》九年（一六三二）五月四日に八十六歳で死去しました（『寛永諸家系図伝』ほか）。

Q89　大坂夏の陣で、信繁はいかにして勝つつもりだったのか？

大坂夏の陣で、徳川方は、家康・秀忠本体を含む約十二万が大坂城東の河内《かわち》口から、松平忠輝《ただてる》・伊達《だて》政宗《まさむね》らが率いる先鋒三万五千余が大坂城南東の大和《やまと》口から大坂城に侵攻する手筈《てはず》となっていました。

対する大坂方は、大坂冬の陣の和睦の際、大坂城の堀を徳川方に埋められてしまったために、裸城《はだかじろ》となっていました。それゆえ真田信繁は、もはや籠城戦が見込めぬ大坂城を出て、野戦で徳川方に勝負を挑む考えでした。

これは後藤又兵衛らも同じでした。徳川方の先鋒が河内平野に展開して、家康・秀忠本隊と合流するのを防ぐために、兵数が少ない先鋒を叩《たた》き、さらに紀伊国和歌山城主・浅野長晟を討つという作戦を計画しました。徳川方の出端《でばな》を挫《くじ》き、大坂方の優勢を誇示して、諸大名の動揺を誘おうとしたのでしょう。

まず、大坂方の大野治房が先制攻撃を仕掛けますが、四月二十九日に浅野隊に撃破され、堺《さかい》を放火したのみで空《むな》しく後退してしまいます。

ところがこの時点でもなお、大坂城内では作戦計画がまとまらず、ようやく五月五日に後藤又兵衛、信繁らが道明寺《どうみようじ》方面に進んで決戦を挑むことに決まり、翌日の出陣、攻撃の準備に入りました。大坂方は、大和からの山岳路から河内平野へ抜ける直前の隘路《あいろ》の出口にあたる道明寺を押さえ、東軍を各個撃破しようと考えたようです。

しかし、この作戦は内通者によってすでに徳川方に漏《も》れており、さらに徳川方は大坂方がもたもたしているうちに奈良街道の隘路を通過し、道明寺の東の国分《こくぶ》に布陣していたのです。

五日夜、行軍を開始した後藤隊は先陣として進み、真田信繁・毛利勝永隊は後陣としてこれに続きました。後藤隊は誉田陵《こんだりよう》（応神天皇陵《おうじん》）に布陣し、さらに小《こ》松山《まつやま》に移動すると、六日朝に進撃してくる徳川方と戦闘に入りました。

これが道明寺合戦です。後藤隊の攻撃に徳川方は押され気味で、大きな損害を受けました。しかし伊達政宗隊が参戦したことから形勢は逆転し、ついに後藤隊を小松山から追い落とされてしまいます。後藤隊の損害も多くなり、やがて又兵衛が戦死。敗走する後藤隊を追撃してくる伊達隊を薄田兼相《すすきだかねすけ》隊が引き受けますが、薄田もあっけなく戦死してしまいます。

信繁らが到着したのは、ちょうどこのころでした。誉田陵付近に進出した真田隊らは、後藤・薄田隊の壊滅と、徳川方の進出により、このままでは敵中に孤立し、各個撃破されてしまう可能性がありました。作戦は完全に失敗に終わったのです。

それでも、追撃してくる敵の動きをいったん止めなければ、味方の陣容を立て直すことができません。そこで信繁は、敗走してくる渡辺《わたなべ》糺《ただす》隊を後方に送ると、自隊を伊達隊の正面に置き、一歩も退《ひ》かぬよう全軍に下知すると、巧みな用兵で伊達隊の前進を止め、遂にこれを敗走させるのです。

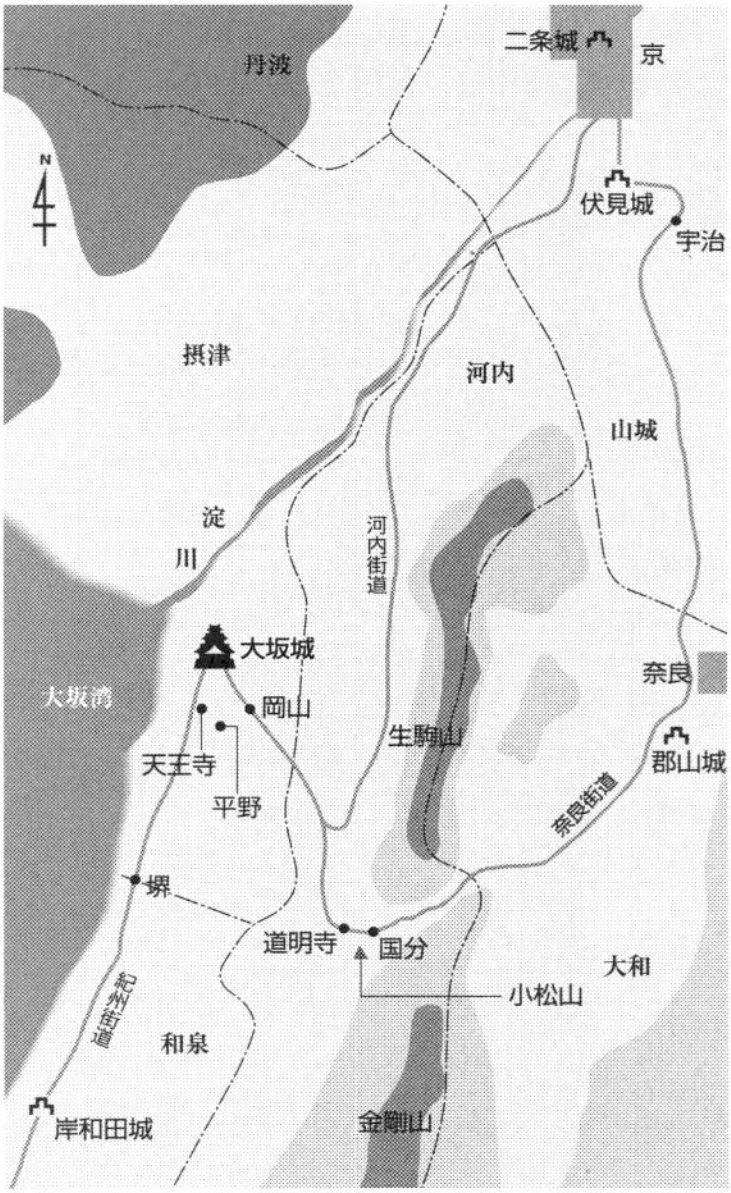

「大坂夏の陣」関連図

真田隊の奮戦を見た大坂方は、真田隊を支援、協力して応戦の態勢に入りました。しかしその時、大野治長や豊臣秀頼からの使者が到着し、河内口方面の徳川方を叩こうとした木村重成らが八尾《やお》、若江《わかえ》合戦で戦死し、作戦が失敗したことを告げ、撤退を命じました。このままでは徳川方に包囲される危険性が出たため、大坂方は退却を決断。信繁らが立案した徳川方を河内平野の入口で撃破する構想は、こうして崩れ去ったのです。

Q90 信繁が片倉小十郎に娘を任せたというのは事実か？

真田信繁の息女・阿梅《おうめ》（三女とも五女とも）が、伊達政宗の重臣・片倉小十郎《かたくらこじゅうろう》重綱《しげつな》の妻になったことはよく知られています。

その経緯については二説あり、一つは片倉勢が大坂落城の際に乱取りした多数の人々の中に彼女が紛《まぎ》れていたというもの。これは『片倉代々記』によるもので、誰の息女かはわからなかったが、後に真田の息女と知って重綱が後妻にしたとあります。

もう一説は、五月六日の道明寺合戦終了後の夜、真田信繁が大坂城内から息女・阿梅を送り出し、伊達隊先鋒・片倉重綱の陣に託したというものです。これは『老翁聞書《ろうおうききがき》』という記録によるもので、白綾《しらあや》の鉢巻《はちまき》を締め、白柄《しらえ》の長刀《なぎなた》を手にした美麗な十六、七歳の女性が片倉の陣中に来て、名前も身元も明かさなかったものの、重綱が尋常《じんじょう》な女性ではないと考えて連れ帰ったとあります。この時、片倉の兵卒たちは、太閤《たいこう》様の御息女だろうかと口々に噂《うわさ》しますが、後に女性の家来が訪ねてきて、彼女が真田信繁の息女であることがわかったと記録されています。

このどちらが正しいか明らかではありませんが、信繁の息女・阿梅は片倉重綱に匿《かくま》われ、後に妻となり、天和《てんな》元年（一六八一）十二月八日に片倉の領地である白石《しろいし》（宮城県白石市）で死去したといいます。享年七十八。

なお、伊達氏や片倉氏に匿われた信繁の子女は阿梅だけでなく、弁《べん》（青木五郎兵衛朝之妻、元和六年〈一六二〇〉没）、御田（なほともいう、岩城但馬守宣隆《いわきたじまのかみのぶたか》室、寛永十二年〈一六三五〉没）、おかね（石川宗雲室、明暦《めいれき》三年〈一六五七〉没）、貞閑（没年不詳）、大八（信繁次男、後に片倉守信《もりのぶ》と称す、寛文十年〈一六七〇〉没）らも保護されたといいます（小西幸雄『仙台真田代々記』宝文堂、一九九六年、同『真田幸村と伊達家』国宝大崎八幡宮仙台・江戸学叢書65、二〇一五年参照）。この信繁次男・大八、後の片倉守信の子孫である仙台真田氏については、今後も検討する必要があるでしょう。

Q91　大坂夏の陣の決戦の日、信繁はいかに戦ったのか？

慶長二十年五月七日、真田信繁は最後の決戦に臨みました。毛利勝永らとともに天王寺口の茶臼山に布陣し、徳川家康に乾坤一擲《けんこんいってき》の戦いを挑もうとしますが、信繁の戦いぶりや作戦については、軍記物で様々に語られています。

たとえば『慶長見聞集』によると、茶臼山に布陣する真田・毛利隊に対し、松平忠直隊、本多忠朝《ただとも》隊らが向き合っていました。そして松平隊が鉄炮を撃ちかけながら前進を始め、これに毛利隊が反撃したことで両軍の衝突が始まります。毛利隊は、本多忠朝、真田信吉・信政兄弟、秋田実季《あきたさねすえ》、小笠原秀政《ひでまさ》・同忠脩《ただなが》らなどの軍勢を次々に撃破。この時、本多忠朝、小笠原秀政らが戦死しています。

信繁も、小笠原勢を破り、松平隊と戦ったものの遂に壊滅し、その後、主従三人で休息をとっているところを松平隊の足軽頭・西尾《にしお》久作《きゅうさく》によって討たれたと記録されています。

また『三河物語』には、真田隊は徳川軍旗本衆を攻め破り、家康本陣に肉迫したと活写されています。軍記物による戦闘の状況は大同小異ですが、その実態は史料が少なく、実は明らかでありません。

もっとも、大坂方の作戦の全貌《ぜんぼう》を知る一次史料こそないものの、それを窺わせる文書は存在します。それは五月七日当日の二通の書状です。ともに大野主馬《しゅめ》治房が出した書状で、宛名が欠損しています。おそらく信繁らとともに轡《くつわ》を並べる大野治長や他の武将に宛てたものでしょう。まず一通目は次のようなものです。

敵が押し寄せてきたとのこと、ただいま注進を受けた。しかしながら率爾《そつじ》（軽率）の合戦をしてはならない。近辺にいる真田や毛利と申し合わせ、よくよく敵を引き付けてから戦闘を始めるのがよろしかろう。軍法を守ることが肝要《かんよう》である。船場《せんば》方面へは明石全登《あかしてるずみ》、道犬《どうけん》（大野治胤《はるたね》）を派遣した。そちらからのさらなる注進を待つ。

なおくどいようだが、率爾の合戦は厳禁だ。真田・毛利と相談することが肝心だ。

五月七日　　大主

そしてもう一通も大野治房が某《なにがし》に宛てたもので、内容は次のようになります。

重ねて申し遣《つか》わす。敵が押し寄せてきたとしても、茶臼山、岡山より主馬(大野治房)が軍勢を押し出したならば(そこが戦機なのでともに戦ってほしい)、とても大事な作戦なのだから、このことを侍どもによくよく申し付け、法度《はっと》違反などがあれば即刻成敗《せいばい》するようにせよ。昨日の合戦もあまりに足長に出陣したため不覚を取ったのだから、今日の合戦は一大事である。主馬一人の手柄があってもすべてが台無しになれば詮《せん》なきことだから、軍法を堅く守るように申し付けてほしい。

なお真田・毛利と申し合わせ、率爾の合戦をしないようにせよ。今日こそが大事だ。天下分け目の合戦なのだから、抜け駆けなどがないように、堅く堅く軍法を守るようにせよ。とにかく敵を引き付けてから一戦に及べば、必ず運が味方することだろう。

五月七日　　大主

この書状を見る限り、真田信繁ら大坂方の作戦は、徳川方を引き付け、いっせいに攻撃を仕掛けることで敵を混乱させ、勝機を見出《みいだ》すことだったようです。それは信繁、毛利勝永はもちろん、大野治房ら大坂方の首脳も合意していた作戦でした。

さらに信繁は、豊臣秀頼自身が大坂城に待機する残余の軍勢を率いて参戦することで、味方の士気をあげ、敵をひるませ、一気に家康と秀忠に勝負を挑むつもりであったと伝わります。

信繁にとって誤算だったのは、徳川方の攻撃が予想よりも早く始まったことでした。そのため、秀頼が出陣の準備を整え、大坂城を出陣する前に、戦端《せんたん》は開かれてしまいました。つまり、大坂方が軍勢集結を終える前に、合戦が始まってしまったことが、敗北の原因だったというわけです。こうして、秀頼は出陣の時機を失い、翌八日、大坂城で自刃したのです。

Q92　信繁の嫡男・大助幸昌はいかなる人物か？

真田信繁の嫡男・大助幸昌は、正室・大谷夫人との間に生まれました。その生年については諸説あり、『真田系譜稿』には慶長七年（一六〇二）生まれ、『仙台真田系譜』には慶長六年（一六〇一）七月二十四日出生とあります（『仙台真田代々記』）。

最も信頼性が高い『駿府記』は、真田大助の享年を十三と記録しているので、逆算すると慶長八年（一六〇三）生まれが正しいでしょう。ただ『駿府記』も伝聞に基づいているでしょうから、誤記の可能性も否めません。いずれにせよ、大助は信繁の九度山配流《はいる》中に誕生しています。

大助の事績は、ほとんど明らかになっていません。慶長十九年、父・信繁、母・大谷夫人や妹らとともに九度山を脱出し、大坂城に入城し、そして大坂の陣で父とともに戦ったのは事実です。大坂冬の陣が、大助の初陣と考えられ、真田丸の戦いでは、一軍を率いて城外に討って出たとする記録もあります。

大坂夏の陣では、慶長二十年五月六日の道明寺合戦で奮戦し、伊達隊と戦って首級をあげたと伝わりますが、この時負傷したようです。翌五月七日、大助は信繁とともに天王寺口に出陣。そして合戦が始まると、信繁から大坂城に戻って豊臣秀頼に出陣を懇請《こんせい》し、どこまでも秀頼の供をするよう命じられました。大助は父とともに戦うことを願いますが、信繁はそれを許さず、戦場を離脱させたといいます。

大坂城にたどり着いた大助は、秀頼に出馬を要請しますが、戦機を逸《いっ》したとして秀頼側近らによって阻《はば》まれます。やがて信繁戦死の報を聞くと、大助は父の言いつけに従って、秀頼とともに自刃する覚悟を決めました。

これを見た秀頼の側近・速水守久《はやみもりひさ》が憐れみ、「貴殿は譜代の家臣ではないのだから、秀頼公の最期《さいご》を見届ける必要はなかろう。しかも貴殿は一昨日の誉田（道明寺合戦）で股《また》に鑓疵《やりきず》を負っている。もうここに留まる必要もなかろう。早々に落ち延びられよ」と諭《さと》したものの、大助は肯《がえ》んじなかったといいます（『大坂御陣覚書』）。

豊臣秀頼、淀殿が自刃すると、大助もこれに殉《じゅん》じました。その際、「将たる者は切腹に臨んで佩楯《はいだて》は取らぬものだ。我は真田左衛門佐の倅《せがれ》なり」と言い、膝《ひざ》鎧《よろい》をつけたまま切腹したと伝わります。若年でありながら、真田信繁の息子であることを誇りとし、従容《しょうよう》として自刃し、父の後を追ったのです。

Q93　真田十勇士は実在したのか？

残念ながら、真田十勇士は架空の人物です。立川《たつかわ》文庫という明治末年から昭和初期にかけて刊行され、圧倒的な人気を博した少年向けの講談本に、彼らが登場し、それが後世に伝わったのです。

真田十勇士は、真田幸村（立川文庫にも「信繁」でなく「幸村」とある）を支える十人の武士であり、猿飛佐助《さるとびさすけ》、霧隠才蔵《きりがくれさいぞう》、穴山小助《あなやまこすけ》、三好清海入道《みよしせいかいにゅうどう》、三好伊三入道《みよしいさにゅうどう》、根津甚八《ねづじんぱち》、筧十蔵《かけいじゅうぞう》、海野六郎《うんのろくろう》、由利鎌之助《ゆりかまのすけ》、望月六郎《もちづきろくろう》がいました。彼らは、立川文庫の第五編『智謀真田幸村』に初めて登場し、以後、『猿飛佐助』『霧隠才蔵』など個々の勇士に関するスピンオフも刊行され、その人気を不動のものとしました。

すべて架空の人物とはいえ、名前のモデルとなったと考えられる人物は存在します。それは根津（禰津）、海野、望月であり、彼らは滋野三家の名字を冠しています。このほか、穴山小助は『真武内伝附録』に幸村の影武者として登場する同名人物がモデルでしょうし、霧隠才蔵は『真田三代記』に登場する、家康の動向を探るよう幸村に命じられた霧隠鹿右衛門という忍者がその原型でしょう。

そもそも立川文庫で最高潮に達する真田人気の源流は、江戸時代に刊行された『難波戦記』（寛文十二年〈一六七二〉成立）、『真田三代記』（成立年未詳）などの実《じつ》録物《ろくもの》（江戸時代の読物）が、講釈場で講釈されたことにさかのぼります。

そしてこの二書が、民間の真田人気の基礎を固め、それに『西遊記《さいゆうき》』などのプロットが合成されて立川文庫の筋書きができあがり、「真田十勇士」が創り上げられていったのでしょう。

Q94　真田家は、実際に忍者を使っていたのか？

真田家というと、ドラマなどで忍者を巧《たく》みに使う一族として描かれます。しかしもちろん、忍者をドラマのように扱った事実はありません。

ただ、真田家をはじめとする滋野一族は、山岳《さんがく》信仰、医術、芸能、妖術《ようじゅつ》、盲《もう》人《じん》などと関係が深く、それが真田家に対する周囲の人々の畏怖《いふ》となっていた可能性も否めません。

滋野一族の祖といわれる貞保《さだやす》親王（清和《せいわ》天皇皇子）は盲目であったと伝えられ、

望月氏の祖神・諸羽明神《もろはみようじん》、禰津氏の祖神・四宮権現《しのみやごんげん》などは盲人の祖神です。武田信玄の次男・龍宝《りゆうほう》が、滋野一族の宗家・海野氏の養子となったのは、彼が病気により盲目となったことと無関係ではありません。武田氏が海野氏と縁組みしたのは、祖先に盲人があり、祖神に盲人を祀《まつ》る滋野一族であったことが大きいでしょう。盲人は同時に芸能者でもあり、各地を旅しながら芸を見せ、同時に情報を得た可能性もあります。

また望月氏は、巫女《みこ》や舞太夫《まいたゆう》といった芸能者を支配していたとされ、禰津氏は鷹匠《たかじよう》で、その技術が秘伝であったことはよく知られています。そればかりか、禰津氏は「ノノウ巫女」と呼ばれる巫女集団を支配していたと推定されています。彼女たちは芸能者であるとともに、呪術者でもありました。こうした異能の集団と密接な関係を持っていたことから、真田家は周囲の人々から畏怖されたのかもしれません。

山岳信仰についてお話しすると、滋野一族結集の核は、祖神・貞保親王、善淵王《よしぶちおう》、海野広道《ひろみち》を合祀《ごうし》する白鳥《しらとり》神社であり、また真田家を含む滋野一族は、四阿山《あずまやさん》を神体とする山家《やまが》神社をも信仰していました。そして滋野一族が分布する信濃国小県・佐久郡や上野国吾妻郡などは、修験道《しゆげんどう》の聖地でもありました。

先述したように、『真田御武功記』に、天文十年（一五四一）の海野平《うんのだいら》合戦の際、戦死を覚悟した真田幸綱の前にどこからともなく巫女が現れ、彼に鉾《ほこ》を手渡し、「この鉾を使って敵陣を突破し、ここから脱出せよ。そして時機を待て。妾《わらわ》は白鳥明神の使いである」と述べ、忽然《こつぜん》と姿を消したという逸話が記されています。

もちろん、これは史実ではありませんが、白鳥神社とその使いの巫女が真田家を導くという考え方があったことは注目されます。真田信繁もこうした山岳信仰と無関係ではなく、彼が山伏《やまぶし》になったとの伝承がまことしやかに伝えられています（『採要録《さいようろく》』）。

では、忍者という人々はまったくの架空だったのかといえば、そうでもありません。「素破《すっぱ》」「乱破《らっぱ》」「かまり」などと呼ばれた人々が活動していたことは、文書でも確認できるのです。

真田家についてみていくと、家臣の出浦対馬守《いでうらつしまのかみ》（出浦氏は埴科《はにしな》郡出浦城主、元村《むら》上義清《かみよしきよ》家臣で、武田氏に従属。武田氏滅亡後、真田氏に属す）は、武田時代に素破《すっぱ》頭であったといわれます（『真田家戦功録』）。

また、真田信繁の影武者として穴山小助、望月宇右衛門《うえもん》がいたとされ、夏の陣で戦死したのは望月だったといいます（『真武内伝附録』）。この穴山小助が、先述した「真田十勇士」の穴山小助のモデルでしょう。

さらに、大坂夏の陣に際し、真田信之と息子の信吉・信政兄弟は、真田信繁に内通したと疑われますが、これを幕府に訴え出たのは、真田家臣だった馬場主水《ばばもんど》という人物で、武田家以来の忍びの者だったといいます（『大鋒院殿御事績稿』）。なお、この事件についてはQ95で解説します。

ある程度信憑性のある記録に登場する真田家の忍びは、この馬場主水ぐらいですが、このような人物を召し抱えていたことは確かでしょう。こうした背景により、真田家は忍者という特異な才能を持つ集団を配下に置いていたと考えられるようになったのでしょう。

Q95 信繁の活躍により、信之にお咎めはなかったのか？

大坂の陣終了後、幕府は合戦に参加した真田信吉・信政兄弟と、出陣はしなかったものの信繁と兄弟である当主・信之に、大坂方との内通の疑いを抱いていたといいます。

幕府の疑惑は、①真田信吉・信政隊は大坂方に向けて一矢《いっし》も放たず、戦意が低くみえたこと、②真田兄弟の陣所から秘かに大坂方の信繁のもとへ、玉薬《たまぐすり》（弾薬）、矢の根（矢じり）、兵糧《ひょうろう》などが運び込まれていたこと、③信繁の旧来の家来が信州に多数いたが、大坂挙兵を知ってこの時とばかりに馳《は》せ参じたこと、④信繁自身が、真田兄弟の陣所に見舞いに来ていたこと、⑤五月七日、大坂城内に真田信吉の家来が一番乗りを果たして真田の旗を掲げたのを見た家康は、さては真田信吉は信繁に内通していたかと思ったこと、などが主な理由であったとされています。

このため、真田兄弟は戦後、信繁との内通を疑われ、京への凱旋《がいせん》の行列から外されたばかりか、宿所の割当ても受けられなかったといいます。こうした疑惑は、実は真田家中からの密告があったためです。それが、先述の馬場主水の事件です。

かつて真田家の小身《しょうしん》の家来だった馬場は、真田信之の指示のもと、信吉・信政も承知していた信繁への協力を、自分が実行する密命を受けていたと暴露しました。驚いたのが信吉・信政兄弟です。そのような事実はなく、きちんと大坂方と戦って首帳《くびちょう》（戦場で討ち取った敵の首と、討ち取った者の名を記したもの）などにも戦功登録を済ませてあり、ましてや重臣・禰津主水、原郷左衛門、恩田左京、羽田雅楽以下三十六人が戦死、湯本三左衛門ら二十四人が負傷していたのです（『真武内伝』）。

幕府の召喚《しょうかん》を受けた信吉は、戦功を証明する書類などを重臣らに持たせ、馬場主水と対決させました。その結果、すべては事実無根と明らかにされ、真田家にかけられた嫌疑《けんぎ》は晴れたのです。馬場が真田家を訴えたのは、盗みの罪で成敗されそうだったからだといいます。

無実が証明された信吉は、幕府に偽証《ぎしょう》した馬場の身柄引き渡しを願い出たものの許されず、主水は放免《ほうめん》されてどこへともなく姿を消しました。しかし真田家は馬場を執拗《しつよう》に探索し、三年かけて行方《ゆくえ》を捜し出し、殺害しています。

ただし、信繁に兵糧や玉薬を横流ししていた事実はあったようです。信之は大坂の陣後、家臣・宮下藤右衛門に切腹を命じています。その理由は、大坂の陣の時に、信繁と個人的に接触し、兵糧などを送っていたことが明らかになったからだといいます（以上『大鋒院殿御事績稿』『真武内伝』）。

信之をはじめ真田家が本当に無関係であったかは定かでありませんが、信繁に共感する家臣が少なくなかったのは事実なのでしょう。

Q96　信之が松代に転封された真相とは？

二代将軍・徳川秀忠は元和八年（一六二二）、上田藩主・真田信之に、信濃国松代藩への転封を命じました。その理由は定かでありませんが、大坂の陣において信之、信吉、信政にかけられた疑惑が背景にあるのではないかとする説もあります。

転封を言い渡される際、信之は秀忠から、「松代は名城であり、また北国の要害であるからよくよく仕置をするようにせよ、松代のことは信之に任せる」と直々《じきじき》に言葉をかけられたといいます。

信之にとっては寝耳に水でした。しかし上意である以上、履行《りこう》しなければなりません。上田城へ戻るべく中山道を急いでいた信之は、十月十三日付の鴻巣《こうのす》（埼玉県鴻巣市）発の書状で家老・出浦昌相《まさすけ》にこれを知らせています。その際、信之は「真田家の面目《めんぼく》である」と喜びを伝えました。

一方で、「私もはや老境にさしかかり、万事仕方のないこととはいえ、将軍の上意であるからには子孫のためにこれを承知し、松代に移ろうと決意した」とも

松代（海津）城（提供：公益財団法人 ながの観光コンベンションビューロー）

記し、故地上田、真田を後にする寂《さび》しさを匂《にお》わせています。転封の作業は急ぎ進められ、十月十九日には松代城に備え付けられていた道具類が真田氏に引き渡され、十一月十八日には信之自身が松代に移り住んでいます。

この転封は、沼田三万七千石（真田信吉）は据え置き、上田六万八千石に二万三千石を加増し、松代十万石に転封というもので、栄転といえるでしょう。しかし内実は、多少の加増ではあったものの、先祖代々の土地を離れることとなった家臣たちにとっては、苦渋《くじゅう》の転封となりました。

このため、転封直後から寛永期（一六二四〜四四年）にかけて、信之は家臣や奉公人などが真田家を退身して上田に帰ってしまうという事件にしばしば悩まされることとなりました。上田から松代への転封を、快《こころよ》く思っていなかった家臣が少なくなかったことを窺わせます。

なお、真田氏は松代への転封に不満だったことから、代わりに上田に就封する仙石忠政《せんごくただまさ》に引き渡すべき領内支配に関する諸帳簿類をすべて処分して移ったという逸話がありますが、それが事実かどうかは定かではありません。

Q97　信之が家督を譲った信吉とは、いかなる人物か？

実は、真田信之の嫡男であるにもかかわらず、信吉ほど謎の多い人物はいません。そもそも生年が、諸説紛々で確定していないのです。

信吉の生年については、文禄二年（一五九三）説、同四年（一五九五）説、慶長元年（一五九六）説、同二年（一五九七）説があります。これらは、信吉の没年から逆算したものです。それによると、文禄二年説は四十二歳没（『真田家御事績稿』『沼田記』ほか）、同四年説は四十歳没（『沼田日記』）、慶長元年説は三十九歳没（『滋野世記』『幸村君伝記』）、慶長二年説は三十八歳没（『寛政重修諸家譜』ほか）といった具合です。

次に、信吉の生母が誰かという問題があります。真田家の公式記録『真田家御事績稿』のうち、『天桂院《てんけいいん》殿御事績稿』には、生母は小松姫とあります。ところが幕府が編纂《へんさん》した『寛政重修諸家譜』には、信吉が慶長二年生まれで、弟の信政が慶長元年生まれであると記録されており、明らかにおかしいのです。

しかも『寛永諸家系図伝』には記載がなく、嫡男であるのにいかにも扱いが軽い。ただ興味深いのは、信吉の生母を小松姫としつつ、『真田家御事績稿』には、異説として彼の生母が真田信綱の息女だったと記していることです。おそらくこれが正しいのでしょう。しかし徳川氏の養女として輿入れした小松姫を憚り、信吉生母である真田信綱息女は記録から消されてしまったと考えられます。

いずれにせよ、信吉は大坂の陣で、病身の信之の代理として弟・信政とともに出陣し、多大な損害を受けながらも戦功をあげました。そしてその後、信之から沼田領の支配を任され、大坂の陣で疲弊《ひへい》した領国を回復させるために、年貢の五分の一と諸役の三ヶ年免除を通達したと伝わります。

また信吉は、沼田の用水路開削《かいさく》や新田開発に力を入れました。とりわけ元和六年（一六二〇）より起工して、八年の歳月を経て寛永五年（一六二八）に完成した川場《かわば》用水は、難工事の末に開削に成功した用水路として知られます。

また新田開発にあたっては、三ヶ年の年貢や人足役などの諸役を免除することを約束し、開発を奨励しています。この結果、数多くの新田が成立したといいます。この他にも、交通網の整備や新町の起立にも尽力し、沼田では信吉時代は善政が布《し》かれた期間として永く記憶されました。

信吉の正室は江戸幕府の重鎮・酒井忠世《ただよ》の息女で、息子には熊之助《くまのすけ》と兵吉《へいきち》（後の伊賀守信利《いがのかみのぶとし》）がいました。ところが信吉は、寛永十一年（一六三四）十一月二十八日、参勤交代で江戸に出府中、疱瘡《ほうそう》を患《わずら》って急逝《きゅうせい》してしまいます。息子・熊之助はまだ三歳であり、信吉の早すぎる死が、真田家にお家騒動をもたらすこととなります。

Q98　真田家にお家騒動が起きた真相とは？

真田信之は身内の不幸に見舞われ続けた人物でもありました。沼田城三万石を支配していた嫡男・信吉が寛永十一年（一六三四）に急逝すると、その跡は信吉の嫡男で、信之の孫にあたる熊之助が継ぎました。

熊之助は寛永十二年一月、三代将軍・徳川家光《いえみつ》にお目見えすべく江戸に出府し、孫を心配した信之も老齢と病身を押して参府し、熊之助の相続を申請しました。家光はこれを許し、沼田城主・信吉の家督は熊之助が継いだのです。

しかし、わずか四歳の熊之助に沼田領支配ができるわけもなく、信吉の弟・信政が後見役として実権をふるうこととなりました。ところが、寛永十五年（一六三八）十月六日、江戸在府中の熊之助が、わずか七歳で夭折《ようせつ》。この結果、沼田城主は信政が相続して二万五千石を支配し、熊之助の弟・信利には部屋住領として五千石が与えられることとなりました。

明暦二年（一六五六）九月、九十一歳となった信之は、幕府に隠居を願い出て、真田領十三万石を松代と沼田に分割し、松代を次男・信政に、沼田を孫・信利に譲ることを幕府に申請し、無事に許可されました。これによって信之は、心おきなく余生を送れるはずでした。

ところが、事態は急変します。明暦四年（一六五八）二月五日、松代藩主・信政が急死してしまうのです。その直前、死を意識した信政は、遺言状を認め、自分の家督は五男（異説もある）・幸道《ゆきみち》に継がせたいと記していました。

しかし、幸道は、当時まだ二歳の幼児に過ぎず、それにひきかえ沼田藩主・信利は二十四歳の青年藩主となっていました。このため、真田家では幸道派と信利派が対立することとなり、果たしてどちらが家督を相続するか、予断を許さぬ状況となってしまったのです。

Q99　信之はいかにして、お家騒動を収めたのか？

幸道派と信利派との対立は、真田家中では信利派が優位とみられていました。なぜならば、信利の生母は、信吉正室・酒井氏だったからです。彼女は酒井忠世

〈真田信之家系図〉

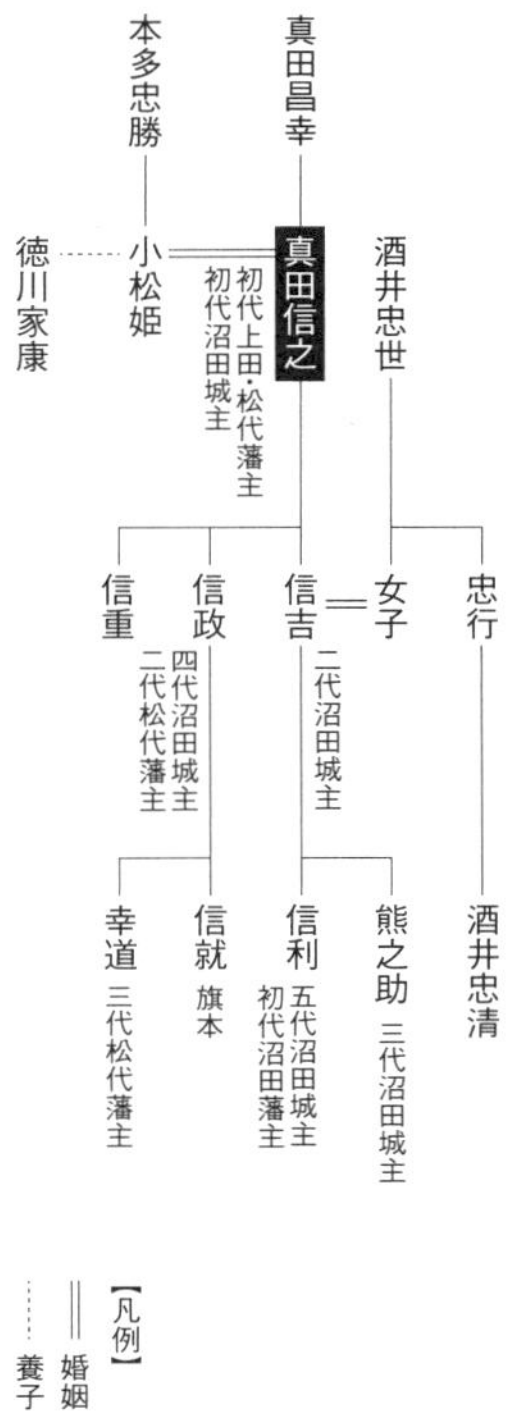

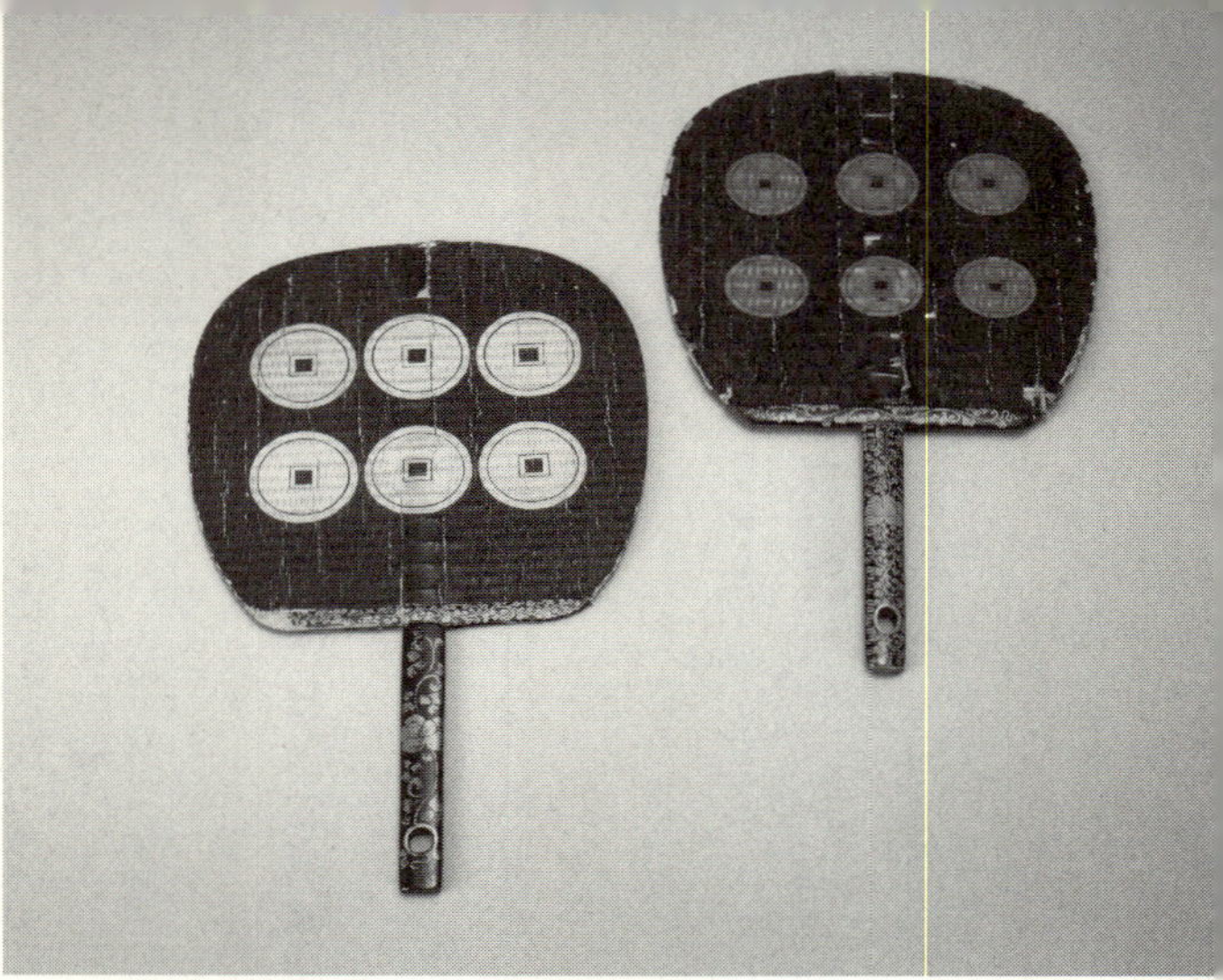

真田信之所用の軍配団扇（真田宝物館所蔵）

の息女で、当時、老中として権勢を振るい、「下馬《げば》将軍」の異名《いみょう》を持つ酒井忠清《ただきよ》の叔母《おば》にあたります。

　こうした縁もあって、酒井忠清は真田信之に対し「（松代城がある）川《かわ》中島《なかじま》は北国の押さえとして大切な場所です。右衛門殿《うえもんどの》（幸道）がご幼少ではいかにも心許《こころもと》ない。ここは伊賀守殿（信利）を当主にするのがよろしいのではないでしょうか」と圧力をかけてきたのです（『真田家御事績稿』）。

　当初、信之はお家騒動にあって、真田家中と幕閣の動向を注意深く見守っていました。しかし酒井忠清が乗り出してきたことを受け、信利を松代藩主に据えれば幕府の重大な介入《かいにゅう》を招くと考え、遂に信政の遺言を支持し、幸道擁立《ようりつ》を表明します。

信之の権威は、当時の真田家中では絶対的であり、たちまち形勢は逆転し、真田家臣五百余人が幸道擁立の誓詞に連署し血判《けっぱん》を捺《お》しました。これは幕府にも影響を与えます。真田家中が幸道で一本化されたことはもとより、信之の意志が固まったことが重要な意味を持ちました。それというのも、信之は戦国乱世の生き残りとして、幕府内で大きな権威と尊敬を集めていたからです。

かくて明暦四年六月十四日、幕府は信之が後見役になることで、幸道の松代藩相続を認めるのです。

この災厄を自らのイニシアティブで乗り切った信之は、安心したのか、同年十月十七日、松代で死去しました。享年九十三。大往生でした。

なお、真田幸道の松代藩相続により、真田家は松代藩と沼田藩に分立し、独自の藩として歩むこととなりました。そしてそれが、新たな騒動の引き金《がね》となってしまいます。

Q100 沼田藩に何が起きたのか？ その後の真田家は？

分立した松代藩と沼田藩の歩みは明暗を分けますが、暗と出たのは、沼田藩でした。松代藩十万石の藩主になる野望を砕《くだ》かれた真田信利は、沼田藩三万石を松代にひけをとらぬ身代《しんだい》とし、あらゆる点で肩を並べようと考えます。それは松代を継げなかった信利の意地だったのかもしれませんが、それが騒動を巻き起こしていくこととなります。

松代藩十万石に負けたくない信利には、難題が山積していました。沼田藩は表高三万石に対し、過大な家臣団を抱《かか》えており、藩財政圧迫の要因となっていました。沼田藩家臣は、同心《どうしん》も含めて千六百十三名を数え、知行高は合計三万七千八百二十五石に及んだといいます。

信利は、禰津、鎌原《かんばら》、湯本、鹿野氏ら戦国以来の重臣層の知行地を没収もしくは大幅に削減し、延宝《えんぽう》九年（一六七三）には家臣団の知行高の合計を三万八百石にまで削減させることに成功します。

その一方で収入増を果たすべく、検地による年貢増徴を試みました。信利の検地は、寛文《かんぶん》二年（一六六二）から同四年（一六六四）にかけて実施され、さらに寛文四年には漆《うるし》改《あらた》め、同十二年（一六七二）には新田《しんでん》検地、延宝二年（一六七四）には寺領検地が実施されました。

その結果、沼田藩の石高は大幅に増加したといいます。その結果には諸説あって定まっていませんが、十四万四千石説、十四万六千石説、十六万石説などがあるものの、いずれにせよ表高三万石に比べて約五倍近くの打ち出しがあったようです。

これは沼田領の村々の実態を無視し、無理に石高を大きくしたものだったのでしょう。このため年貢率は地域によって相違があるものの、おおよそ村高《むらだか》（田畑・屋敷などの総石高）に対して一八〜四四パーセントほどでした。ところが、もともと検地による村高の打ち出しに無理があったため、年貢負担は大幅増となりました。

現在、検地を実施する前の寛文十年（一六六一）と、実施後の延宝元年（一六七三）の年貢収納の実態がわかる村の事例をもとに、両年を比較すると、村高は約四・五倍、年貢高は二・一倍の増加だったといいます。

加えて、延宝四年からは、沼田藩領では小物成《こものなり》（田畑以外に課税される雑税）の徴収も開始されました。これでは、沼田藩領の農民はたまったものではなかったはずです。

　しかし、沼田藩の支出は年々増加の一途をたどりました。参勤交代や江戸での支出はもちろん、信利は江戸藩邸建設や沼田城天守修復、寺院建立《こんりゆう》、沼田城下町整備などの作事を万治元年から連年続け、休むことがありませんでした。

　そして延宝八年（一六八〇）、信利にとって運命の出来事が起こります。その年、大風雨で流失した江戸両国橋《りようごくばし》の再架橋《かきよう》に関与することとなるのです。架橋事業を請け負った大和屋《やまとや》久右衛門は、必要な材木を沼田藩真田領より調達することとし、信利の了承を受けてその旨《むね》を幕府に報告。完成予定は翌延宝九年（天和元年、一六八一）十月と決定しました。かくして、両国橋架橋事業に、沼田藩も関与することが幕府の了解事項となったわけです。

　ところが、用材確保は難航しました。沼田藩領では延宝八年十一月から材木の伐採が始まりましたが、大和屋久右衛門のもとに送られてきたのは使えないものばかりでした。驚いた久右衛門が慌てて沼田にやってくると、藩領の山々の木はこれ以前に多くが売却されており、めぼしい木はほとんど残されていませんでした。藩の特産物が、材木だったからです。

それでも信利は、領民はもちろん藩士まで動員して材木をかき集めましたが、予定の本数を集められませんでした。この結果、両国橋架橋は一年以上も実現せず、予定の十月になっても完成の見込みが立たない事態となります。

この不手際《ふてぎわ》から、両国橋普請奉行らは処罰され、沼田藩も不届きとして遂に天和元年十一月二十二日に改易《かいえき》となりました。この改易には、両国橋架橋問題とともに、領内統治の不始末、領民の酷使《こくし》などが原因として数え上げられています（『徳川実紀《じつき》』）。また、いわゆる磔《はりつけ》茂左衛門《もざえもん》による訴訟、すなわち沼田領の農民が信利の悪政を幕府に訴え出た事件などが影響したとも伝えられます。かくして、昌幸以来の真田氏による沼田統治は、ついに終わりを迎えたのです。

一方の松代藩真田家は、幸道以後順調に領内統治を行い、幕末には佐久間《さくま》象山《しょうざん》などの才人を出し、明治維新を迎えました。戦国以来の真田氏の伝統は、今も松代に息づいています。

おわりに

本書は、真田氏の歴史に関する私の二冊目の著書である。かつて私は、二〇一一年に、武田《たけだ》氏滅亡と本能寺《ほんのうじ》の変後の、甲信越、関東、東海地方の争乱を描いた『天正壬午の乱《てんしょうじんごのらん》』、『武田遺領をめぐる動乱と秀吉の野望』、『真田三代』という三作を書き上げたことがある。ここでは特に真田昌幸《まさゆき》という人物に焦点《しょうてん》を当て、その動向を詳細に調べ上げ、書き込むことで、真田一族がなぜ戦国時代を生き残れたのかを解き明かそうと試みた。幸いなことに、三作は江湖《こうこ》から好意をもって迎えられ、真田昌幸の変幻自在な動きをかなり詳しく明らかにできたと考えている。

それでも、真田氏については、真偽定かならぬ事柄がまだまだ多く、史実を確定することは容易ではない。だがそれを追求することは、苦しみであるとともに、楽しみでもある。真偽不詳の事項に、分析のメスを入れることはいうまでもないが、たとえ誰も疑問を差し挟《はさ》まぬ定説であっても、今一度検証する努力を怠《おこた》らぬことこそ、批判的精神を基調とする歴史学の基本である。そこに、ブレイクスルーの鍵が潜んでいることも少なくない。私は、その営みを怠りなく実行することを自らの使命と考えている。

真田氏の研究は、近年ようやく隆盛の兆《きざ》しをみせ始めている。新事実の提起や、新史料の発見も相次いでいるが、今後、大河ドラマが始まれば、この動きは加速することだろう。新事実が次々に明らかにされ、それにもとづく通説の組み替えが積み重ねられていくことで、真田氏だけでなく、戦国・織豊《しょくほう》期の歴史そのものもまた書き換えられていくであろう。研究が更新され続ければ、その都度、その研究段階の地平に立った時にみえる歴史の風景は違ってくることになる。それが劇的に変化することもあれば、わずかな違いしかないこともあろう。それでも急であろうが緩やかであろうが、歴史の事実の更新がもたらす新たな視点の開拓に、私はいつも期待を寄せている。

本書は、真田氏の最新研究をもとに成立しているが、同時に今後に続く歴史研究という永き道程の里程標《りていひょう》にすぎない。このように記している今現在、私自身の真田氏に関する歴史研究も更新され続けているわけだが、その中間報告として、本書を江湖に送り出し、真偽定かならぬ伝承と虚像のヴェールに包まれた真田一族の実像を、少しでも多くの方々に知っていただくことを念願している。
本書の刊行にあたっては、ＰＨＰ研究所文庫出版部の村田共哉氏に多大なご配慮をいただいた。村田氏とは歴史雑誌『歴史街道』で一緒にお仕事をさせていただいて以来のお付き合いになる。彼の的確なアドバイスと励ましがなければ、本書は誕生しなかったであろう。衷心《ちゆうしん》よりお礼を申しあげる。

「ぼくは禁断の海を航海し、未開の陸にあがることを愛する」
（メルヴィル『白鯨』）

二〇一五年八月四日

平山　優

真田三代略年譜

年号	おもな事績
永正10（1513）	真田幸綱誕生（父母については諸説ある）。
大永元（1521）	武田信玄誕生。
享禄3（1530）	上杉謙信誕生。
天文6（1537）	長男・信綱誕生（生母は河原氏）。
10（1541）	5月、海野平合戦。幸綱、武田・村上・諏方連合軍に攻められ敗退。海野棟綱らと上野国へ亡命。幸綱は、箕輪城主長野業正に匿われ、吾妻郡羽根尾城主羽尾幸全の娘を娶るという。 6月、武田信虎、信玄に追放される。関東管領上杉憲政、これに乗じて信濃佐久・小県に出兵するも諏方氏と和睦して撤退。海野・真田氏の本領回復ならず。
15（1546）	このころ、武田氏に臣従する。
16（1547）	幸綱の三男・昌幸誕生（一説に天文14年生まれともいう）。 8月、武田氏、佐久郡志賀城を攻め救援に来た関東管領上杉軍を小田井原合戦で撃破。志賀城もまもなく落城する。
17（1548）	2月、上田原合戦。武田信玄が村上義清に敗北。7月、塩尻峠合戦で、武田軍が小笠原長時を撃破。
18（1549）	3月、幸綱、佐久郡望月信雅に武田信玄の朱印状を手渡す。
19（1550）	7月、武田信玄、幸綱に村上攻略が実現したら小県郡諏訪方など1000貫文を与えると約す。 10月、戸石城攻略に失敗し、信玄、再び村上軍に大敗（戸石崩れ）。
20（1551）	5月、幸綱が戸石城を乗っ取る。7月、武田信玄、佐久郡に駐留する小山田虎満（内山城代）、飯富虎昌、幸綱に村上方の監視を厳重にするよう命じる。
22（1553）	1月、戸石城に小山田虎満が在城し村上氏に備える（幸綱も戸石在城か）。4月、村上義清が上杉謙信のもとへ亡命。まもなく援軍を得て義清、小県郡を奪回し塩田城に入る。 8月、昌幸を甲府に出仕させることを条件に秋和で350貫文を加増。第1次川中島合戦。義清、再び越後に亡命。

弘治元（1555）	4月~閏10月、第2次川中島合戦。
2（1556）	8月、幸綱、小山田虎満とともに尼飾城を攻略。
3（1557）	2月~10月、第3次川中島合戦。幸綱、小山田虎満らとともに活躍。
永禄元（1558）	4月、武田信玄、小山田虎満・幸綱に尼飾城に在城を命じる。
3（1560）	11月、幸綱ら信越国境に近い信濃国衆が上杉謙信に太刀を贈り誼を通じる。
4（1561）	9月、第4次川中島合戦。昌幸はこれが初陣とされる。
5（1562）	上野国四阿山白山社殿を造営。6月、武田信玄、上野国鎌原城に幸綱らを配備。
6（1563）	12月、上野国齋藤越前入道が謀叛を起こし岩櫃城を占領するもまもなく幸綱らに追放される。
7（1564）	1月、武田信玄、上野国岩下城に重臣三枝虎吉、上野国衆鎌原宮内少輔を配備。幸綱も在城か。 4月、武田軍、倉賀野城を攻略。5月、信玄、倉賀野城に飯富虎昌・幸綱を配備。 11月、幸綱、上野国衆安中越前入道が上杉謙信に内通したことを察知し信玄に報じる。
8（1565）	3月、幸綱、一徳斎の号初見。またこれ以前に上野国岩櫃城の在城を武田信玄より命じられる。 11月、幸綱、齋藤氏が籠もる嵩山城を攻略。
9（1566）	9月、武田信玄、箕輪城を攻略、長野氏滅亡。この年、昌幸の長男・信幸（信之）誕生。
10（1567）	3月、一徳斎が上野白井城を攻略。武田信玄、一徳斎・信綱父子に箕輪在城を指示する。この年、昌幸次男・信繁誕生。
11（1568）	11月、武田信玄、駿河今川氏攻めを開始。一徳斎・信綱父子は上野に残留し上杉・北条に備える。
12（1569）	10月、三増峠合戦。昌幸、この戦いで一番鑓の功名をあげる。
元亀元（1570）	1月、武田軍、駿河花沢城を攻略、昌幸、二番鑓の戦功をあげる。これにより昌幸、足軽大将に任じられる。 4月、これ以前に一徳斎が家督を信綱に譲る。
3（1572）	武田軍、三方ヶ原の戦いで徳川軍を粉砕する。

天正元（1573）	4月、武田信玄が駒場で死去（享年53）。 7月、武田勝頼、武藤昌幸らを長篠城救援のため派遣。
2（1574）	5月、一徳斎死去。
3（1575）	5月、長篠合戦で、武田軍、織田・徳川連合軍に大敗。信綱・昌輝兄弟戦死。 昌幸、武藤家から真田家に復して家督を継ぐ。
4（1576）	2月、昌幸、上野白井城代となり上杉氏に備える。
5（1577）	昌幸、武田勝頼に従って高天神城へ兵糧を搬入する。
6（1578）	3月、上杉謙信急死、御館の乱勃発。6月、上野での昌幸の調略活動が活発化、北条氏政、武田勝頼にこれを抗議する。
7（1579）	4月、武田勝頼、遠江奪回を企図し、天野藤秀に光明城攻撃を命じる。昌幸、その支援を実施する。 9月、甲相同盟破綻、武田・北条両氏の合戦が、駿豆国境と上野国で始まる。
8（1580）	8月、昌幸、北条方の沼田城攻略に成功する。
9（1581）	1月、昌幸、麾下の上野国衆らに新府築城の人足動員を伝える。
10（1582）	3月、武田氏滅亡。昌幸は北条氏と接触を試みるが織田氏に従属する。6月、本能寺の変。天正壬午の乱始まる。 昌幸、上杉景勝に従属。 7月、昌幸、北条氏直に従属し上杉氏から離叛。10月、昌幸、徳川家康に従属し依田信蕃とともに北条方を攻め補給路を遮断。徳川・北条両氏和睦。
11（1583）	4月、徳川軍の支援のもと、上田城築城を開始。上杉氏に備える。
12（1584）	1月、昌幸、小県郡をほぼ統一。6月、徳川家康、室賀正武に昌幸暗殺を命じるが失敗。
13（1585）	7月、昌幸、徳川家康と断交。上杉景勝に従属し人質として信繁を越後に送る。閏8月、昌幸、徳川軍を上田城で迎え撃ち、撃破（第1次上田合戦）。 10月、昌幸、羽柴（豊臣）秀吉と結ぶ。

14（1586）	秀吉、昌幸を「表裏比興之者」と評す。10月、徳川家康が上洛し秀吉に臣従。
15（1587）	3月ごろ、昌幸、上洛し豊臣秀吉に正式に臣従。秀吉の命令により帰途、駿河に立ち寄り、徳川家康に謁見しその与力大名となる。
17（1589）	2月、信幸が徳川家康に出仕する。7月、豊臣秀吉の裁定により、沼田城を北条氏に引き渡す。11月、北条氏、真田方の名胡桃城を攻め取る。秀吉激怒し、小田原出兵を宣言。
18（1590）	3月、昌幸・信幸・信繁父子、小田原の役に北国軍に加わって上野・武蔵に進攻。戦後、沼田城を安堵される。信繁はこの合戦が初陣と伝わる。7月、北条氏滅亡。
文禄元（1592）	文禄の役、昌幸・信幸・信繁父子、肥前名護屋に出陣。
3（1594）	3月、豊臣秀吉、真田父子に伏見城普請を命じる。
慶長2（1597）	11月、豊臣秀吉、宇都宮国綱を改易、昌幸に宇都宮領の接収を命じる。
3（1598）	8月、豊臣秀吉死去。
5（1600）	7月、昌幸父子、上杉討伐の徳川軍に従い東下するが、犬伏で昌幸・信繁と信幸は訣別。昌幸・信繁は上田城に帰還、籠城。9月、昌幸・信繁父子、徳川秀忠率いる徳川軍3万8000余を迎え撃ち、これを撃破（第2次上田合戦）。15日、関ヶ原合戦、徳川家康大勝。12月、昌幸・信繁父子、紀伊高野山に配流。
16（1611）	6月、昌幸、九度山で死去（享年65）。
17（1612）	この年、信繁、入道して好白と号す。
19（1614）	10月、徳川家康、大坂追討の命令を発す。信繁・大助父子、九度山を脱出し、大坂城に入城する。大坂冬の陣が勃発し、真田丸の戦闘で徳川勢を撃破。12月、豊臣・徳川両氏の和睦成立。大坂城の堀が埋め立てられる。
元和元（1615）	4月、休戦の和睦が破れ、大坂夏の陣が勃発。5月6日、道明寺合戦。7日、信繁、徳川家康本陣に突撃するも、遂に戦死（享年49）。8日、大坂落城、大助、豊臣秀頼、淀殿とともに自刃。

主要参考文献一覧

※真田三代に関する最も基本的な文献の掲出にとどめた。とりわけ真田昌幸に関係する文献については拙著『武田遺領をめぐる動乱と秀吉の野望』巻末「主要参考文献一覧」を参照いただきたい。

【史料集】

『大日本史料』第十一・十二編、『信濃史料叢書』全三巻（信濃史料編纂会編、一九一三年、後に歴史図書社復刻）、『信濃史料』十一〜二十二巻、『新編信濃史料叢書』十五〜十八巻、『群馬県史料集』（群馬県文化事業振興会、一九六六年）、『真田史料集』（人物往来社、一九六六年）、『滋野世記』（真田町教育委員会、一九七五年）、『校注・加沢記』（国書刊行会、一九八〇年）、『上田小県誌』第一巻（歴史編 上二 古代・中世）（上田小県誌刊行会編、小県上田教育会、一九八〇年）『真田家文書』全三巻（長野市、一九八一年）、『真田氏史料集』（上田市立博物館、一九八三年）、『真田町誌』歴史編 下（真田町誌編纂委員会編、一九九八年）『信州上田軍記』（ほおずき書籍、二〇〇六年）、『戦国遺文武田氏編』全六巻（東京堂出版、二〇〇二〜〇六年）。この他にも『群書類従』『続群書類従』『系図纂要』などに収録されている系図、軍記物、諸記録なども利用した。

【全体に関わるもの】

『川中島の戦いと北信濃』（長野市民新聞編、信濃毎日新聞社、二〇〇九年）、『クロニック戦国全史』（講談社、一九九五年）、『戦国人名辞典』（戦国人名辞典編集委員会編、吉川弘文館、二〇〇六年）、『織田信長家臣人名辞典』（谷口克広編著、吉川弘文館、一九九四年初版、二〇一〇年改訂第二版）、『後北条氏家臣団人名辞典』（下山治久編著、東京堂出版、二〇〇六年）、『戦国時代年表 後北条氏編』（下山治久編著、東京堂出版、二〇一〇年）、『戦国大名閨閥事典』一・二巻（小和田哲男編、新人物往来社、一九九六年）、『武田氏年表』（武田氏研究会編、高志書院、二〇一〇年）、『日本城郭体系』四巻（茨城・栃木・群馬編）、八巻（長野・山梨編）（新人物往来社）。この他に膨大なため一々列挙しないが、真田三代が関わった山梨・長野・群馬県の県史はもちろん、市町村誌、郡誌などや、地名辞典（『角川日本地名大辞典』、『平凡社日本歴史地名体系』）も参考にした。

【編著】

猪坂直一『真田三代録』（理論社、一九六六年）、黒田基樹『戦国大名と外様国衆』（文献出版、一九九七年）、同『戦国北条一族』（新人物往来社、二〇〇五年）、黒田基樹・浅倉直美編『北条氏邦と武蔵藤田氏』論集戦国大名と国衆2（岩田書院、二〇一〇年）、久保田順一『室町・戦国期上野の地域社会』（岩田書院、二〇〇六年）、栗原修『戦国期上杉・武田氏の上野支配』（岩田書院、二〇一〇年）、更埴市教育委員会『屋代城跡範囲確認調査報告書』（一九九五年）、小西幸雄『仙台真田代々記』（宝文堂、一九九六年）、小西幸雄

『真田幸村と伊達家』（国宝大崎八幡宮仙台・江戸学叢書六五、二〇一五年）、小林計一郎『真田幸村』（人物往来社、一九六六年）、同『真田一族』（新人物往来社、一九七二年）、同『真田三代軍記』（新人物往来社、一九八六年）、小林計一郎編『真田幸村のすべて』（新人物往来社、一九八九年）、同編『真田昌幸のすべて』（新人物往来社、一九九九年）、笹本正治『真田氏三代』（ミネルヴァ書房、二〇〇九年）、同『武田・上杉・真田氏の合戦』（宮帯出版社、二〇一一年）、柴辻俊六『真田昌幸』（吉川弘文館、一九九六年）、同『戦国期武田氏領の形成』（校倉書房、二〇〇七年）、田中誠三郎『真田一族と家臣団』（信濃路、一九七九年）、箱山貴太郎『吉田堰』（吉田堰管理組合、一九六九年）、橋場日月『真田三代――幸村と智謀の一族』（学研M文庫、二〇〇九年）、平山優『川中島の戦い』全二巻（学研M文庫、二〇〇二年）、同『天正壬午の乱【増補改訂版】――本能寺の変と東国戦国史』（戎光祥出版、二〇一五年）、同『武田遺領をめぐる動乱と秀吉の野望』（戎光祥出版、二〇一一年）、峰岸純夫『中世の合戦と城郭』（高志書院、二〇〇九年）、宮坂武男『信濃の山城と城館』三巻（戎光祥出版、二〇一三年）

【論文】

一志茂樹「名族真田氏の発祥について」（『千曲』一八号、一九七八年）、河内八郎「信州真田氏の領国形成過程――昌幸時代を中心として」（『日本経済社会史研究　近世編』吉川弘文館、一九六七年所収）、唐沢定市「真田氏の吾妻郡支配をめぐって」（『信濃』第三二巻六号、一九八〇年）、黒坂周平「滋野氏考――とくにいわゆる滋野三氏との関係について」（『千曲』一〇号、一九七六年）、黒田基樹「天文期の山内上杉氏と武田氏」（柴辻俊六編『戦国大名武田氏の役と家臣』岩田書院、二〇一一年所収）、小林計一郎「屋代家文書・室賀家文書の考察」（『長野』一一七号、一九八四年）、坂井尚登「『真田丸』を復元する」（『歴史群像』二〇一五年六月号）、千田嘉博「守りでなく攻めの砦、通説を覆す真田丸の実像とその狙い」（『歴史街道』二〇一四年十二月号）、寺島隆史「近世大名になった禰津氏――中世末から近世初頭にかけての禰津氏の動静」（『千曲』四六号、一九八五年）、同「武田氏信濃進出時代の望月氏」（『千曲』六九号、一九九一年）、同「真田幸隆の実名・法名をめぐって」（『信濃』第六〇巻二号、二〇〇八年）、同「上田築城の開始をめぐる真田・徳川・上杉の動静――上杉・小笠原の麻績合戦の再考もあわせて」（『信濃』第六〇巻一二号、二〇〇八年）、同「第一次上田合戦前後における真田昌幸の動静の再考」（『信濃』六二巻五号、二〇一〇年①）、同「第一次上田合戦の再考――戦い後の対陣の経過を中心に――」（『千曲』一四五号、二〇一〇年②）、同「海野衆真田右馬助の系統と真田氏」（『信濃』六六巻二号、二〇一四年）、堀内亨「真田氏の領国形成過程」（『古代・中世の信濃社会』銀河書房、一九九二年所収）、丸島和洋「信濃真田氏の系譜と政治的動向」（『信濃真田氏』岩田書院、二〇一四年所収）、簗瀬大輔「南牧衆市川右馬助と右近助」（『日本歴史』七二一号、二〇〇八年）、山岡信一「真田氏領における支配構造」（『駒澤大学史学論集』十五号、一九八五年）

著者紹介

平山 優（ひらやま ゆう）

昭和39年（1964）、東京都新宿区生まれ。立教大学大学院文学研究科博士前期課程史学専攻（日本史）修了。専攻は日本中世史。山梨県埋蔵文化財センター文化財主事、山梨県史編さん室主査、山梨大学非常勤講師、山梨県立博物館副主幹を経て、現在、山梨県立中央高等学校教諭。日本中世史に関する精力的な研究活動を行い、2016年放送の大河ドラマ『真田丸』の時代考証を担当。
著書に、『武田信玄』『長篠合戦と武田勝頼』（以上、吉川弘文館）、『戦国大名領国の基礎構造』（校倉書房）、『天正壬午の乱【増補改訂版】』（戎光祥出版）、『山本勘助』（講談社）、『真田三代』（ＰＨＰ研究所）など多数ある。

本書は、文庫書き下ろし作品です。

PHP文庫 大いなる謎 真田一族
最新研究でわかった100の真実

2015年9月17日 第1版第1刷

著者 平山優
発行者 小林成彦
発行所 株式会社PHP研究所
東京本部 〒135-8137 江東区豊洲5-6-52
文庫出版部 ☎03-3520-9617(編集)
普及一部 ☎03-3520-9630(販売)
京都本部 〒601-8411 京都市南区西九条北ノ内町11
PHP INTERFACE http://www.php.co.jp/
組版 有限会社エヴリ・シンク
印刷所
製本所 図書印刷株式会社

 ISBN978-4-569-76370-5